农民工
生活秩序与市民化困境

潘华/著

西南师范大学出版社
国家一级出版社 全国百佳图书出版单位

图书在版编目(CIP)数据

农民工生活秩序与市民化困境 / 潘华著. — 重庆 ：西南师范大学出版社，2019.10

ISBN 978-7-5621-9977-9

Ⅰ. ①农… Ⅱ. ①潘… Ⅲ. ①民工－城市化－研究－中国 Ⅳ. ①D422.64

中国版本图书馆 CIP 数据核字(2019)第 221446 号

农民工生活秩序与市民化困境

NONGMINGONG SHENGHUO ZHIXU YU SHIMINHUA KUNJING

潘华　著

责任编辑：张昊越

封面设计：闰江文化

排　　版：重庆大雅数码印刷有限公司·张　祥

出版发行：西南师范大学出版社

网址：http://www.xscbs.com

地址：重庆市北碚区天生路 2 号

市场营销部电话：023-68868624

邮编：400715

印　　刷：重庆荟文印务有限公司

幅面尺寸：170mm×240mm

印　　张：14.25

字　　数：300 千字

版　　次：2019 年 10 月　第 1 版

印　　次：2019 年 10 月　第 1 次印刷

书　　号：ISBN 978-7-5621-9977-9

定　　价：58.00 元

前　言

众所周知，农民工问题是改革开放以来中国经济社会发展中出现的具有深远影响的重大问题。现阶段，随着新型城镇化战略和乡村振兴战略不断深入实施，农民工市民化问题更加成为引人注目的焦点。改革开放41年来，中国的社会秩序发生了广泛而深刻的变迁，工具理性化成为社会秩序的主要发展趋势。然而，作为夹杂在城市与乡村之间的特殊群体，农民工群体通过其在日常生活中开展的社会选择行为建构了既承袭传统又面向现实的日常生活秩序，使城市的社会秩序理性化受到被农民工群体移植到城市之中的、具有强烈感性化特征的乡村秩序的制约，从而使农民工市民化面临极为复杂的社会环境。

在社会学的视野中，社会秩序是由人们在各种制度和规则的制约下开展的社会选择行为建构的、相对稳定的社会形态，其一旦形成就会对人们开展的社会选择行为形成制约。因此，社会秩序和社会选择行为之间具有互构共生的双向关系。在日常生活中，行动者的选择既有受到理性意识支配的理性选择，也有受到感性意识支配的感性选择，二者的共同展开建构了行动者的日常生活秩序。其中，由理性选择的展开所建构的社会秩序是理性秩序，由感性选择的展开所建构的社会秩序是感性秩序，二者共同构成了人们的日常生活秩序。

改革开放41年来，经济市场化不断向前推进是中国社会秩序发生变迁的根本原因。城市作为中国改革开放的前沿，其社会秩序理性化的步伐要比农村快得多。与此同时，城市的社会秩序是由包括农民工群体在内的社会各阶层的社会选择行为共同建构的。因此，农民工进城打工的行为本身以及这个群体与城市环境、城市机构和城市市民之间开展的社会选择行为必然是与城市的社会秩序理性化和市场化相契合的理性选择行为，而这种理性选择行为的展开又为农民工群体具有理性化特征的外部秩序的形成和扩展奠定了社会行动基础。

需要看到的是，尽管中国的城乡二元结构不断出现松动和解体，针对农民工群体的社会排斥并没有发生根本性的变化，反而随着市场机制的引入和城市市民对农民工群体的社会网络排斥而得到了强化。在这种情况下，作为一个弱势群体，农民工群体需要通过加强内部联系从而维持生存和自身发展，由此使农民工群体内部秩序的形成具备了必然性。由于这一群体主要来自表现为风俗、习惯和习俗等的非正式制度仍然较为盛行的农村地区，以亲情性、熟悉性和圈子性为基本特征的感性选择行为是其重要的社会选择方式，而感性选择行为的展开为这一群体感性化的内部秩序的形成和扩展奠定了社会行动基础。

由此可见，理性化的外部秩序和感性化的内部秩序共同构成了农民工群体的日常生活秩序，农民工的社会选择行为正好是这个群体的外部秩序和内部秩序之间矛盾冲突的真实写照，而农民工社会选择方式的变迁也正好反映了这个群体日常生活秩序的变迁。改革开放至今，农民工的社会选择行为经历了从生存选择、经济选择到社会选择的变迁，其间交织着理性选择与感性选择之间的矛盾和冲突，从而使农民工群体的日常生活秩序在这种矛盾和冲突中得以形成和演化，进而推动农民工市民化所面临的经济社会环境不断发生变迁。

截至 2018 年底，我国农民工群体的规模已经超过 2.8 亿人，举家随迁、新生代成为主体、老龄化加剧成为这一群体的主要发展趋势，由此导致农民工随迁子女教育、新生代农民工城市适应和农民工老龄化成为推进农民工市民化需要着重考虑和解决的重要问题。进入 21 世纪，随着“两为主”政策的出台和不断完善，农民工随迁子女在流入地接受义务教育的问题基本得到解决；2010 年以来，随着新型城镇化战略的深入实施，促进新生代农民工城市适应的经济社会条件不断得到改善；党的十九大以来，随着乡村振兴战略开始实施，城乡融合发展的格局正在形成，为应对农民工老龄化营造了良好的社会氛围。然而，需要看到的是，在经济新常态下，我国经济社会发展的大环境已经发生了深刻的变化。因此，需要在这一大背景下对处于二元生活秩序中的农民工群体的市民化问题进行战略性思考，从而为走出农民工市民化困境寻找到切实可行的政策路径。

CONTENTS

目录

第一章　导论

第一节　研究的缘起

改革开放41年来，我国的社会秩序发生了广泛而深刻的变化，这种变化的主要动力是市场化的不断推进。在市场机制的作用下，经济主体和社会成员意识到了竞争的存在，同时也唤醒了他们积极参与竞争的活力。从一定意义上看，虽然市场化为社会秩序带来了某些不稳定因素或者说风险因素，但是却使中国的经济发展和社会生活充满了生机和活力。我们可以把市场化的本质归结为根据效率原则推进社会生活的理性化，而这种在效率原则指导下的社会生活理性化实质上就是社会生活的工具理性化，通过开展理性选择行为对经济利益进行追求则是工具理性化的具体表现形式。

改革开放之前，中国社会对工具理性化进行了盲目的抵制，革命理想高于一切的原则取代了对经济利益的追求。改革开放以后，尤其是20世纪90年代中期以来，中国的市场化步伐不断加快，“植根于人类本性的经济理性，在政治理性或价值理性的独霸地位刚刚遭到挫折之时便显示出强大的生命力，它无孔不入地渗透到社会生活的各种层面，为僵化保守的社会生活引入勃勃生机，经济社会生活的计算精神、竞争意识和活动效率迅速提高，中国社会生活由此开始了新时期的理性化”①。

社会生活理性化通过人们开展的以工具理性为指导的社会选择行为（即理性选择行为）体现出来，而理性选择行为的开展又为社会秩序的理性化奠定基础。城市是中国改革开放的前沿，同时也是市场化浪潮最为高涨、社会秩序理性化的速度最为迅猛的区域。当城市的市场化不断向前推进、城市的社会秩序不断实现理性化的时候，越来越多的农民离开了自己的土地和家园进入城市谋生，从而形成了一个规模不断壮大的农民工群体。

对于广大农民工来说，城市是一个全新的场域。因此，当进入这个全新的场域之后，农民工群体必然会面临新的环境、新的问题和新的挑战。在这种情况下，这一群体必须以新的行为方式去面对这个新的场域。众所周知，农民工进城打工的目的是

---

① 刘少杰：“中国社会秩序的理性化困境”，《学习与探索》2005年第2期。

通过自己的劳动所得从而改善自己和家庭的生活状况。为了实现这一目的，在与城市环境、城市的各种机构以及城市市民进行的社会交往中，农民工需要对自己的投入(即付出的劳动)与产出(即劳动的报酬)进行理性的计算。换言之，农民工群体与城市环境、城市的各种机构和城市市民之间的关系是一种以理性选择为基础的社会关系。在这种社会关系之下，农民工与城市环境、城市机构和城市市民之间开展理性选择，构成了这一群体以理性选择为基础的外部秩序。

诚如康有为、梁漱溟和费孝通等人所言，中国传统社会是一个伦理社会和熟人社会，中国人的社会选择方式具有强烈的感性特征，比如亲情性、家族性、血缘性、圈子性和熟悉性等。与康有为、梁漱溟和费孝通等人所面对的19世纪末和20世纪前半期的中国人和中国社会相比，如今的中国人和中国社会已经发生了很大的变化。然而，中华民族在长达几千年的历史长河中形成的文化传统并没有因此发生断裂，以传统为依据的行为方式也尚未发生根本的改变，社会选择方式所具有的感性特征依然存在。改革开放以来，以城乡分割为主要特征的城乡二元结构逐渐松动和解体，但是以户籍制度为核心的针对农民工群体的社会排斥并没有发生根本性的变化，反而随着市场机制的引入而得到了强化。在这种情况下，农民工群体既无法真正融入城市社会，也无法确保自己能够从城市社会中获得维持生活和促进自身发展所需的各种资源。与此同时，农民工群体来自仍然保留着浓厚的乡土文明气息的乡村社会，血缘关系、亲缘关系和地缘关系仍然是他们在城市社会中构建社会关系网络的基础，模仿、从众和沿袭传统等具有感性特征的行为方式仍然是他们在经济生活和社会生活中经常采用的行为方式。为了应对在城市的工作和生活中所遇到的种种困境，农民工把乡村社会中存在的以血缘关系、亲缘关系和地缘关系为基础的社会关系网络复制和移植到了城市社会中，进而在农民工群体内部开展以情感而非理性计算为核心的社会交往。在以情感为基础的社会关系中，农民工在群体内部开展的具有感性特征的社会选择行为形成了这一群体的内部秩序。

由此可见，迈向理性化的外部秩序和回归感性化的内部秩序构成了农民工群体的生活秩序，它是由农民工群体在日常生活中开展理性选择行为和感性选择行为所共同构建的。在社会学的理论视野中，社会秩序是由人们开展的选择行为构建的，而社会秩序的形成必然会对人们的选择行为产生影响。农民工群体的外部秩序是农民工通过以个人利益最大化为目标的理性选择行为构建的，而这一群体的内部秩序是农民工通过以血缘关系、亲缘关系和地缘关系为基础的感性选择行为构建的。此外，理性选择和感性选择在选择意识、选择手段和选择目标等方面存在着差异。因此，这两种秩序之间必然存在着激烈的矛盾和冲突，而且这种矛盾和冲突也必然会对农民工的社会选择行为产生影响。

当农民工进入城市之后，他所面临的一个重要问题就是如何适应城市的问题。农民工对城市社会的适应由经济层面的适应、社会层面的适应和心理层面的适应这三个部分组成，而每个层面的适应都以农民工在城市中开展的社会选择行为为基础。具体地说，农民工通过在城市中开展生存选择行为使他能够在城市社会中生存下来，并通过开展经济选择行为使他在城市社会中的经济状况不断得到改善，进而通过开展社会选择行为使他进一步融入城市的社会生活。[①] 随着农民工对城市社会的不断适应，他将不断融入城市社会并不断迈向理性化的社会秩序中，从而不断远离乡村社会的"礼俗秩序"。然而，城市社会针对农民工群体的社会排斥、市场机制的缺陷以及乡村惯习的作用使农民工在从农村人向城市人转化的过程中充满了变数。

近年，推进新型城镇化成为一项国家战略，而农民工市民化既是这一国家战略的重要组成部分，同时也是其难点。对于农民工群体而言，其随迁子女的入学问题、构成这一群体主体部分的新生代农民工的城市适应问题，以及这一群体老龄化程度不断加深背景下"进城"还是"返乡"的抉择问题，是农民工市民化面临的三大困境。这三大困境的产生有非常深刻的体制根源，同时也与农民工的生活秩序存在着异常紧密的联系。可以说，这三大困境在一定程度上是由农民工的生活秩序衍生出来的，同时也经由农民工的生活秩序得以持续存在并发生演化。因此，面对这三大困境，应从其与农民工生活秩序之间的关系中寻找破解之道，而这正是笔者写作本书的初衷。

第二节 研究的意义

一、理论意义

首先，行动(即选择行为)与秩序之间的关系问题是社会学的基本问题。因此，从农民工群体的外部秩序和内部秩序与这一群体开展的选择行为之间的关系入手，对中国社会秩序的理性化及其感性制约进行研究，这无疑将丰富社会学对行动与秩序之间的关系问题的研究内容。在迪尔凯姆、韦伯、帕森斯和英克尔斯等社会学家看来，一个民族实现从传统向现代的转变的标志，就是社会行动的工具理性化。因此，通过社会行动的工具理性化实现社会生活的理性化就成为许多社会学家的理论追求。然而，中国社会是一个缺乏由基督教孕育的理性化传统的伦理社会和熟人社会，长达几千年的宗法制度和家族制度使中国人特别重视亲缘关系、熟悉关系和圈子社会，这些感性层面上的社会关系成为中国社会成员安身立命的根本。由此可见，中国

① 文军："回到'人'的城市化：城市化的战略转型与意义重建"，《探索与争鸣》2013年第1期。

社会秩序的理性化受到了来自中国传统文化的感性制约，而农民工群体的外部秩序和内部秩序以及二者之间的矛盾和冲突正好是这种制约性的真实体现。

其次，运用选择理论（包括理性选择理论和感性选择理论）对行动与秩序之间的关系问题进行研究，这是一个崭新的视角。人们开展的选择行为既有受到逻辑思维支配的理性选择行为，也有受到感性意识支配的感性选择行为。由理性选择行为的展开所形成的社会秩序是理性秩序，而由感性选择行为的展开所形成的社会秩序是感性秩序。当前，中国仍然处于社会转型的加速期。在这个历史时期，中国人的社会选择方式发生了很大的变化，由此导致中国的社会秩序发生了相应的变迁。农民工是在市场化浪潮的推动下进城打工的，因此他们在城市社会中必然要通过开展逻辑思维支配下的理性选择行为去面对新的环境和新的问题，从而形成这一群体以理性选择为基础的外部秩序。同时，农民工在城市中遭受的社会排斥，以及他们对以血缘关系、亲缘关系和地缘关系为基础的传统关系网络的依赖，使农民工群体形成了以感性选择为基础的内部秩序。因此，农民工群体在城市中面对的社会秩序是这一群体的外部秩序和内部秩序的统一体，而二者之间的矛盾与冲突则通过农民工开展的社会选择行为生动地体现出来。由此可见，以选择行为与秩序之间的互构关系入手对农民工问题进行研究，这为我们对处于转型加速期的中国社会进行研究提供了一个新的理论视角。

再次，农民工群体的外部秩序和内部秩序为理性选择与感性选择之间的对话提供了平台，从而使理性选择理论在社会学的视野中获得了丰富的内涵。在经济学看来，社会主体通过理性选择行为追求经济利益的最大化，这种行为本身具有充分的正当性和合理性。然而，对这种正当性和合理性的过分宣扬和渲染造成日常生活中出现了许多为追求经济利益而不择手段的现象，从而导致各种失序现象在日常生活中出现。然而，当我们把理性选择放到社会学的视野之中，从而使其可以和感性选择展开对话之后，我们发现社会生活中除了存在着对经济利益的追求之外，还有使人的内心感到温暖和安全的道德与情感。事实上，日常生活是丰富多彩的，并非仅仅局限于对经济利益的单向度追求，还存在着许多不容忽视的非经济因素。农民工群体的外部秩序和内部秩序为理性选择和感性选择在城市空间内展开对话与交锋提供了平台，从而使农民工群体的日常生活变得真实和鲜活，进而在选择行为与秩序之间的互动中揭示农民工群体的生活秩序。

最后，从行动与秩序之间的关系入手研究农民工的选择行为、生活秩序及其市民化困境，建构了一个呈现为“行为—秩序—困境”的、完整的分析框架，既丰富了对农民工问题的理论研究，同时也为解决我国推进新型城镇化战略的过程中遇到的突出难题寻找到一个可能的实践路径。

二、现实意义

现阶段，农民工问题是一个具有深远影响和重要战略意义的经济社会问题。因此，从农民工的选择行为、生活秩序与其市民化困境之间的关系的视角对农民工问题进行研究就具有十分重要的现实意义。具体而言，从选择行为、生活秩序、市民化困境之间的关系的角度对农民工问题进行分析，就是在微观、中观、宏观相结合的基础上，既揭示中国社会在实现现代化的过程中所表现出来的特征，同时也为加快中国社会实现现代化提供助力。

自从中国进入社会转型加速期以来，以城市分割为主要特征的城乡二元结构不断松动和解体，这使中国的社会秩序陷入急剧的解构和重构之中。与此同时，随着市场机制的引入，以及市场化进程不断向前推进，越来越多的农村人口涌入城市，从而使乡村社会的"礼俗秩序"与城市社会的理性秩序在城市空间内展开激烈的交锋。社会秩序是以人们开展的社会选择行为为基础的，因此社会选择方式的变迁必然导致社会秩序也发生相应的变迁，而社会秩序的变迁又会引发新的社会发展困境和社会问题。随着农民工对城市社会适应能力的不断增强，他们在城市中采取的社会选择方式也将发生变化，而这种变化必然导致他们的生活秩序发生相应的变化。随着农民工市民化成为推进新型城镇化战略的重要组成部分，农民工的选择行为、生活秩序必然会对其实现市民化产生重大影响。从这个意义上看，探寻农民工选择行为、生活秩序与其市民化困境之间的关系，就是要为认识和破解农民工市民化难题找到一条可能的路径，而这就是笔者写作本书的重要现实意义之所在。

第三节　基本概念与研究方法

一、基本概念

在本书中，笔者的论述主要围绕以下几个基本概念展开，即农民工、社会秩序、内部秩序、外部秩序、理性秩序、感性秩序、生存选择、经济选择、社会选择以及农民工市民化。为此，这里有必要对这几个基本概念的内涵进行界定。

(一)农民工

农民工是中国社会转型加速期出现的一个特殊现象，它一经出现就受到了社会学、人口学和经济学等学科的广泛关注。在社会学研究领域中，农民工问题是一个经常受到关注的研究领域。然而，由于研究视角的不同，不同的学者对农民工也有不同的称谓。笔者认为，在对农民工进行研究之前，必须首先弄清农民的概念。从一般意义上看，农民是一个职业概念，它指的是从事农业生产和取得土地经营收入的那部分劳动者。农民成为一个身份概念，这是新中国成立以来形成的城乡二元结构所体现出的重要特征。改革开放以来，城乡二元结构不断松动和解体，从而使越来越多的农民涌入城市中务工或经商，进而形成了规模庞大的农民工群体。因此，笔者使用的"农民工"概念，主要是指在改革开放以后，个体农民离开了农村和承包的土地，从而进入城市中务工或者经商，但是由于户籍制度的限制，其在身份上仍然是农民。

(二)社会秩序

社会秩序问题是社会生活的根本问题，同时也是社会理论的核心主题。笔者认为，社会秩序是通过人们在社会生活中开展的社会选择行为建构的，同时人们的社会选择行为也受到特定制度和规则的制约。此外，社会秩序一旦形成就具有一定的稳定性。因此，在本书中，"社会秩序"指的是在社会生活中，通过人们在各种制度和规则的制约下开展的社会选择行为建构的、相对稳定的社会形态。

(三)内部秩序和外部秩序

在《法律、立法与自由》一书中，英国著名经济学家、政治哲学家弗雷德里希·奥古斯特·冯·哈耶克首次提出了"内部秩序"和"外部秩序"的概念。在这本书中，他认为秩序有两种渊源：一是由有机体内部形成的"所谓自组织系统或自我生成系统(self-organizing or self-generating systems)的秩序"[①]；二是"由某人通过把一系列要素各置其位且指导或控制其运动的方式而确立起来的秩序"[②]。根据这一区分，他把前者称为内部秩序，把后者称为外部秩序。在哈耶克看来，内部秩序以社会成员在社会交往过程中自发形成的内部规则为基础，而外部秩序则是以组织内部成员创造出来的、表现为特定共同知识的外部规则为基础。

需要指出的是，本书中的"内部秩序"和"外部秩序"概念与哈耶克提出的概念之间存在着一定的不同。首先，本书以处于转型加速期的中国社会为背景，以社会转型过程中出现的农民工群体为研究对象，重点研究农民工开展的社会选择行为、生活秩序与其市民化困境之间的关系，因此行动与秩序之间的互构关系是笔者对"内部秩序"和"外部秩序"进行概念界定的根本出发点。其次，笔者认为，在当前的社会结构和社会制度(包括正式制度和非正式制度)的制约下，农民工在其群体内部开展的社

---

① [英]哈耶克：《法律、立法与自由(第一卷)》，邓正来、张守东、李静冰译。北京：中国大百科全书出版社，2000年，第55页。

② [英]哈耶克：《法律、立法与自由(第一卷)》，邓正来、张守东、李静冰译。北京：中国大百科全书出版社，2000年，第55页。

会选择行为不同于其在这一群体外部开展的社会选择行为，由此分别在这一群体内部和外部建构不同的社会秩序。最后，笔者对内部秩序和外部秩序的界定并不是以自生自发性和人为创造性为标准，而是以人们开展的社会选择行为的不同类型为标准。综上所述，在本书中，“内部秩序”指的是在传统、习俗等非正式制度的制约下，农民工通过其在农民工群体内部开展的社会选择行为建构的、相对稳定的社会形态；“外部秩序”指的是在户籍制度、城管制度等正式制度的制约下，农民工群体通过其与城市环境、城市机构和城市市民之间开展的社会选择行为建构的、相对稳定的社会形态。

（四）理性秩序和感性秩序

一般而言，人们的社会选择行为是在特定意识支配下展开的，而人类的意识既有表现为概念、判断、推理的理性意识（或者说逻辑思维），也有表现为感觉、知觉、表象的感性意识。从这个意义上看，人们在逻辑思维支配下开展的社会选择行为属于理性选择行为的范畴，而在感性意识支配下开展的社会选择行为则属于感性选择行为的范畴。据此言之，本书中的“理性秩序”指的是由人们开展的理性选择行为所建构的社会秩序，而“感性秩序”指的是由人们开展的感性选择行为所建构的社会秩序。

（五）生存选择、经济选择和社会选择

改革开放以后，随着城乡二元结构的不断松动和解体，农村居民逐渐拥有了进城打工的权利。在进入城市之后，农民工对城市社会的适应经历了生存适应、社会适应和心理适应的过程，而这些过程都是通过农民工开展的社会选择行为实现的。因此，笔者把农村居民为改善自己和家人的生活状况而进城打工的选择行为称为生存选择，把农民工为了获取各种资源尤其是经济利益而开展的选择行为称为经济选择，把农民工以退出城市社会或者融入城市社会为目的而开展的选择行为称为社会选择。

（六）农民工市民化

现阶段，农民工市民化既是我国推进新型城镇化战略的重要内容，同时也是其难点。从字面上理解，农民工市民化就是农民工的社会身份实现从农民向市民转变的过程。然而，把这一概念放到我国现阶段的时代背景下，那么其将被赋予更加丰富的内涵。根据研究需要并综合考虑现阶段经济社会发展的阶段性特征，笔者将“农民工市民化”定义为在法律和政策的推动下，农民工获得与城镇居民同等的社会权利和同等的合法身份的现象和过程。根据这一定义，农民工市民化不仅包含身份、职业、经济以及社会福利和公共服务等方面实现市民化，而且在认同、归属和幸福等主观感受方面也实现市民化。

二、研究方法

在本书中，笔者主要是从选择行为与生活秩序之间的互构关系入手，对农民工群体的外部秩序和内部秩序之间的矛盾和冲突进行研究，因此是一项定性研究，所采用的也基本上是定性的研究方法，具体包括文献法、个案法、参与观察法和非结构性访谈法。

(一)文献法

文献法是一种通过收集和分析现存的各种以信息形式出现的文献资源，从而对各种社会行为、社会关系以及其他社会现象进行探讨和分析的研究方法。在社会研究中，文献法是一种至关重要的研究方法。这种研究方法的重要性不仅体现在社会研究的初始阶段，而且贯穿于社会研究的整个过程。此外，人们甚至可以利用文献资料进行独立的研究。在社会研究的初始阶段，丰富而翔实的文献考察不仅加深了研究人员对本研究领域内的研究成果的了解，而且也提高了他们对研究对象的认识水平，从而为他们开展大规模的调查研究奠定了良好的基础。在研究的过程中，研究人员也可以利用文献资料对那些无法展开直接调查的情况进行研究。在研究的初始阶段，笔者主要借助了关于行动(选择行为)与秩序之间关系问题的文献资料，从而揭示行动(选择行为)与秩序之间的互构关系;在研究的过程中，笔者主要借助了农民工的选择行为与生活秩序之间关系问题的文献资料，从而揭示农民工的选择行为与农民工群体的外部秩序和内部秩序之间的关系。

(二)个案法

任何一种社会现象都是在特定的文化背景下出现的，因此我们不能用具有普适性的研究方法对这种特殊的、具体的文化进行研究，而必须坚持具体问题具体分析的态度对其进行深入研究。个案法以一个社会单位为研究对象，这些社会单位包括社会、群体和个人。以社区为研究单位的个案法被称为社区研究法，以群体为研究单位的个案法被称为群体研究法。在个案研究中，研究人员可以和研究对象进行直接接触或者对研究对象进行直接观察，从而不仅可以深入了解这些研究对象的特征以及他们所处的客观环境，而且也可以揭示他们的主观世界。这种研究方法对于深入了解一个群体的形成和发展都非常有帮助。

(三)参与观察法

参与观察就是研究人员深入研究对象的生活场景中，通过参与研究对象的日常社会生活从而实现对研究对象的直接观察，因此它是一种非结构性观察。与其他研究方法相比，参与观察降低了研究人员把他自己的看法和观点强加于他的研究对象之上的可能性，因此是揭示研究对象真实的生活图景的最好方法。本研究主要建立在笔者亲自参与农民工日常生活的基础上，通过研究感性选择行为与理性选择行为在农民工日常生活中的展开形式，以及这些行为在农民工日常生活秩序中发挥的作用，从而揭示选择行为、生活秩序与市民化困境之间的互构关系。

(四)非结构性访谈法

非结构性访谈法是访谈者事先不制订标准的程序或者问题，由访问者与研究对象就某些问题进行自由的交谈，被访者可以随时提出自己的意见。虽然非结构性访谈法并不适用于对理论或者假设进行检验，但是研究人员可以通过这种方法获得一些意料之外的信息，从而以间接的方式对理论或者假设进行检验。在本研究中，通过非结构性访谈，笔者不仅可以了解农民工真实的日常生活，而且也可以深入地了解他们的内心世界，从而可以获得一些出乎意料的信息，进而为研究农民工群体选择行为与生活秩序之间的互构关系提供丰富的素材。

第四节 研究综述

社会秩序问题是社会生活的根本问题，原因在于社会秩序是社会生活得以可能继续的前提条件。因此，这个问题与一般社会理论或者社会哲学之间存在着紧密的关联，进而构成了一般社会理论的核心主题。自从社会学诞生以来，行动与秩序一直是这个学科的基本主题，许多学者对此进行了深入的研究并取得了丰硕的研究成果。农民工的生活秩序指的是在农民工群体的日常生活中实际运行着的社会秩序，它是农民工群体通过其开展的社会选择行为建构的。

一、社会学关于行动与秩序之间关系的研究

(一)国外社会学界关于行动与秩序之间关系的研究

1.马克斯·韦伯关于行动与秩序之间关系的研究

社会学的伟大先驱、德国著名社会学家马克斯·韦伯对社会行动与社会秩序之间的关系问题进行了深入的研究。他把社会行动划分为四种理想类型，即工具理性行动、价值理性行动、传统行动和情感行动。韦伯认为，传统社会中的人类行动主要是传统行动和情感行动，而由传统行动和情感行动的展开而形成的社会秩序是一种“血缘家族网络主导性秩序”。在他看来，中国传统社会的社会秩序就是这样一种秩序。同时，韦伯认为现代社会的人类行动主要是理性行动，尤其是工具理性行动。在工具理性行动中，行动者不仅将其行动指向目的、手段及其附带的结果，同时也理性

地衡量手段与目的、目的与附带的结果以及各种可能的目的之间的相互关系。因此，韦伯把人们开展的理性行动尤其是工具理性行动看作是社会秩序理性化的基础。在他看来，西方社会之所以“合理”，是因为西方社会理性化过程的独特性，即通过人们的生活行为的新教伦理理性化推动社会秩序的理性化。

2.皮埃尔·布迪厄关于行动与秩序之间关系的研究

法国当代著名社会学家双眼皮埃尔·布迪厄认为，日常社会秩序是感性实践(即感性选择行为)无限延展的结果。在他看来，以黑格尔为代表的传统哲学和以亚当·斯密为代表的古典经济学把他们关于实践的论述仅仅停留在理性的层面上，认为实践就是理性的展开过程，因此他们所说的实践活动是一种脱离现实存在的实践活动。因此，“布迪厄不仅批评了传统哲学把人类历史过程解释为在绝对理性支配下而展开的合逻辑实践，而且反映亚当·斯密等人把个人的经济行为解释为清楚自学的理性行动”[①]。在他看来，真实存在的实践活动是受“前逻辑”或者“实践感”支配的，而这种“前逻辑”或者“实践感”实质上是一种“实践的模糊逻辑”，即感性选择的逻辑。因此，由实践感支配的选择行为就是感性选择行为，而感性选择行为的无限扩展就构成了日常生活的秩序。

3.安东尼·吉登斯关于行动与秩序之间关系的研究

英国当代著名社会学家安东尼·吉登斯通过其结构二重性理论对行动与秩序之间的关系问题进行了研究。在方法论上，吉登斯主张用结构二重性原则取代主客二元论。他认为，在社会实践过程中，社会结构(社会秩序)制约着人的行动，同时人通过发挥主观能动性从而对社会结构(社会秩序)进行认识，进而通过不断调整自己的行动使社会结构(社会秩序)发生变化，从而使结构由客观上的制约地位转入主观的创造过程。同时，吉登斯认为人们的日常生活实践在很大程度上是受到实践意识支配的。“所谓实践意识，指的是行动者在社会生活的具体情境中，无需明言就知道如何‘进行’的那些意识。”[②]因此，人们在日常生活中开展的受到实践意识支配的感性选择行为就构成了人们的日常生活秩序。

4.杰弗里·亚历山大关于行动与秩序之间关系的研究

在美国社会学家杰弗里·亚历山大看来，不同的社会学流派试图把自己的研究

---

① 刘少杰:《经济社会学的新视野——理性选择与感性选择》。北京:社会科学文献出版社，2005年，第63—64页。

② [英]安东尼·吉登斯:《社会的构成:结构化理论纲要》，李康、李猛译。北京:中国人民大学出版社，2016年，第79—80页。

主题确立为社会学的基本主题,然而只有行动和秩序才符合他对社会学基本主题的要求。他认为:“正是个体的自主性使‘秩序’成为问题,正是这种秩序问题使社会学成为可能。”[①]同时,他还指出:“正是自由和秩序之间的这种紧张关系为社会学提供了知识和道德的理论基础。从一定程度上说,社会学要探索的也正是社会秩序的本质,因为它关系到个人自由的内涵。”[②]因此,亚历山大就把行动和秩序认定为社会学的基础问题或者基本主题。

(二)国内社会学界关于行动与秩序之间关系的研究

1.梁漱溟关于行动与秩序之间关系的研究

梁漱溟对中国人的社会行动与社会秩序之间的关系进行了阐述。他认为,家庭是中国社会生活的基本单位,中国人把以血缘和亲缘为基础的家庭关系扩展到其他人际关系中,“是关系,皆伦理;伦理始于家庭,而不止于家庭”[③],从而以家庭伦理为基础对社会进行建构。在这种情况下,传统社会中的中国人把师徒关系比作父子关系,把同僚关系、乡党关系和朋友关系比作兄弟关系。在梁漱溟看来,以家庭为中心的伦理关系原则是中国人开展社会行为时必须遵循的规则。也就是说,在开展社会行为时,传统社会中的中国人“视其伦理关系之亲疏、厚薄为准:愈亲厚,愈要共,以次递减”[④]。同时,梁漱溟认为中国人开展经济行为时所追求的并不是古典经济学家所说的经济效益最大化,而是追求“义”。他由此得出的结论是,中国传统社会是一个伦理社会,它不仅体现在中国人开展的社会行为中,而且也是由中国人所开展的社会行为建构的。

2.费孝通关于行动与秩序之间关系的研究

在《乡土中国》一书中,费孝通把中国传统社会概括为“礼俗社会”,把中国传统社会的社会秩序定位为“礼俗秩序”,从而对中国人的社会行动与社会秩序之间的关系进行了阐述。费孝通认为,中国传统社会是以亲情为纽带而结成的熟人社会和圈子社会,是一种在社会结构上与西方团体格局社会不同的差序格局社会。在传统社会中,中国人开展社会行为的依据是礼俗,而礼俗实质上就是传统。因此,与现代社会的“依法治国”所不同的是,中国的传统社会是“依礼而治”,即不加推究,习惯性地服

---

① [美]杰弗里·亚历山大:《社会学二十讲:二战以来的理论发展》,贾春增、董天民等译。北京:华夏出版社,2000年,第9页。

② [美]杰弗里·亚历山大:《社会学二十讲:二战以来的理论发展》,贾春增、董天民等译。北京:华夏出版社,2000年,第9—10页。

③ 梁漱溟:《中国文化要义》。上海:上海人民出版社,2018年,第79页。

④ 梁漱溟:《乡村建设理论》。北京:商务印书馆,2015年,第26页。

膺于传统经验和世代累积而成的乡规民约。在封闭而缺少变迁的乡土社会中，传统经验的积累和沿袭依赖于世代的自然交替以及年龄的自然增长。在这种社会背景下，长幼的自然差别就演变成为社会关系的等差序列，即“长幼有序”。以此推广，父子、夫妇、兄弟和长幼等血缘关系和亲族关系就出现了上下尊卑、亲疏贵贱的身份等级秩序，并由此形成费孝通所说的“差序格局”。因此，在费孝通看来，中国传统社会中存在着“礼俗秩序”，这种秩序不仅生动地体现于中国人开展的以亲情关系为基础的社会行动中，而且也通过这些社会行动得以世代延续。

3.刘少杰关于行动与秩序之间关系的研究

在梁漱溟、费孝通等学术前辈对中国人传统社会行为方式进行分析和概括的基础上，刘少杰提出了“感性选择”的概念，进而对转型期中国人的社会选择行为与社会秩序之间的关系问题进行研究。刘少杰认为，对人类行为进行支配的不仅有逻辑思维，感性意识也可以对人类的行为进行支配。同时，他认为人类行为是一种选择行为。具体地说，“理性选择是通过逻辑思维、根据普遍性原则和一般规则，在明确的理性思维活动支配下开展的选择行为；感性选择概念还没有人做出明确界定，但就这个概念的一般涵义而言，它被用来指谓那些在模糊的、被动的、尚未进入逻辑思维层面的感性意识活动支配下开展的选择行为”①。此外，刘少杰认为人类的选择行为与社会秩序之间存在着非常紧密的联系。社会秩序是由各种具体制度相互联系而结成的制度体系所表现的社会状态。② 因此，由专家系统和政府机构在理性思维支配下开展理性选择行为而制定的正式制度是一种理性制度，而由理性制度的相互联系而结成的制度体系所表现出来的社会状态就是理性秩序；由广大社会成员通过文化传承、行为模仿与心理从众等感性选择行为所延续的习惯、习俗和惯例等非正式制度是一种感性制度，而由感性制度的相互联系而结成的制度体系所表现出来的社会状态就是感性秩序。在此基础上，刘少杰指出中国社会转型期社会秩序的理性化程度已经得到了明显的提高，但是在几千年的历史长河中积淀下来的非正式制度仍然在广大社会成员中发挥稳定而普遍的作用，因此中国社会秩序的理性化受到了感性的制约。

由此可见，行动和秩序的关系问题在社会学研究中占有非常重要的地位，许多社会学家正是通过对二者之间关系的阐述从而实现对社会学理论的建构。在笔者看来，人类的社会行为既有逻辑思维支配下的理性选择行为，也有感性意识支配下的感性选择行为，而且人类开展社会选择行为的过程是理性选择和感性选择的同时展开，人类社会的秩序正是二者同时展开所导致的结果。

---

① 刘少杰:“中国经济转型中的理性选择与感性选择”,《天津社会科学》2004 年第 6 期。

② 刘少杰:“当代中国社会转型的实质与缺失”,《学习与探索》2014 年第 9 期。

二、国内关于农民工群体的行动与其生活秩序之间关系的研究

农民工问题是中国社会转型期具有重大影响的经济社会问题，同时农民工研究在当代中国社会学研究中也占有非常重要的地位。国内的许多学者从社会学的角度对农民工的流动行为、农民工群体的内部分化与社会分层、农民工群体与城市社会的关系、农民工外出对农村发展和农民现代性的影响、农民工的社会关系网络等问题进行研究，而农民工群体的行动与这一群体的日常生活秩序之间的关系则构成了这些研究的重要内容。

(一)结构论视域下农民工群体的行动与其生活秩序之间的关系

有些学者从传统的结构论观点出发，对农民工群体的行动与这一群体的日常生活秩序之间的关系进行研究。传统的结构论观点认为，结构是深层秩序的规则总体，是隐藏的逻辑关系，结构构成了体系的潜在逻辑和深层秩序，同时结构也决定了栖居其上的位置和功能，行动者在结构上具有被动的意涵。① 这种研究把农民工的社会流动放在社会结构中进行考察，从而探讨农民工进城打工的结构性原因、对现有社会结构造成的冲击、农民工对城市社会的适应程度以及农民工群体的流动趋势。比如，李春玲认为由于受到制度安排的限制，农民工群体处于城市社会结构的最底层，而这种社会地位严重制约了他们的流动类型，从而使农民工个人的流动很难突破这种限制。② 王春光认为，农民工群体在进入城市之后与城市社会处于功能互赖性整合为主，制度性整合薄弱，认同性整合畸形的状态。③ 周大鸣也认为，农民工群体在城镇社会结构中处于被隔离的状态，形成“分割化社会”或者“二元社区”。④ 李培林认为，农民工群体是一个位于城乡之间和工农之间的边缘性群体，但是这一群体的出现不是加剧而是缓解了城乡之间的对立和差异，并正在以其特有的边缘群体的身份创造一个新的结构层次，从而通过这个新的结构层次的扩大和推延实现社会相对平衡的重组。⑤然而，这种结构分析存在严重的缺陷，主要表现在：它过分强调社会结构(农民工的日常生活秩序)对农民工行动的强制性和制约性，忽视了农民工对其日常生活

---

① 潘泽泉、杨金月：“社会关系网络构成性差异与‘强弱关系’不平衡性效应分析——基于湖南省农民工‘三融入’调查的分析”，《中南大学学报》(社会科学版)2017年第23卷第6期。

② 李春玲：“青年群体中的新型城乡分割及其社会影响”，《北京工业大学学报》(社会科学版)2017年第17卷第2期。

③ 王春光：《社会流动和社会重构——京城“浙江村”研究》。杭州：浙江人民出版社，1995年，第231页。

④ 周大鸣：“移民与城市活力——一个都市人类学研究的新视角”，《学术研究》2018年第1期。

⑤ 李培林、田丰：“中国农民工社会融入的代际比较”，《社会》2012年第5期。

秩序所产生的积极影响，从而在强调社会秩序对行动的制约性的同时忽视了人们能够对自己的生活世界进行意义建构的能力。

(二)社会分层视域下农民工群体的行动与其生活秩序之间的关系

有些学者从社会分层的视角对农民工群体的行动与这一群体的日常生活秩序的关系进行研究。从社会分层的角度看，以城乡分割为基本特征的户籍制度是一种"社会屏蔽"(social closure)制度，也就是说，这种制度把社会上的一部分人屏蔽在分享城市的社会资源之外。因此，这种制度的核心内容就是为人与人之间以及人与资源之间的关系建立起秩序。比如，李强认为由于受到自身教育水平和技术能力的限制，农民工很难在城市社会的竞争中获得社会地位上的提升；在户籍制度的限制之下，农民工不仅受到了户籍身份的限制，而且也受到了城市中的社会关系网的限制，从而使他们大都在同等身份的群体里交往，进而使他们与能够促进社会地位提升的城市社会关系网络完全隔绝；此外，农民工的社会地位与他所属的单位的地位之间并没有什么联系，因此他们不仅不能享有这个单位的身份和利益，而且也不能进行地位的积累，从而使他们的职业地位难以得到提升。[①] 李培林认为，进城农民工经济地位的提高在一定程度上提高了他们的社会地位，但是相对经济地位的提高，他们的社会地位并没有明显的变化。[②] 刘精明也认为，当前大量就业于城市的农民工，既不能取得城市人的身份，更无法获得社会制度赋予城市人的各种教育与生活机会、各种福利待遇，并且还经常为城市人所排斥，与城市人群体有着深刻的社会隔阂，他们始终没有突破农民与非农民之间最为明显的阶层界限。[③] 在这些学者看来，农民工向城市的流动以及他们在城市中的工作和生活难以改变他们在城市社会中所处的位置，进而难以改变他们的日常生活秩序。

(三)社会网络分析视域下农民工群体的行动与其生活秩序之间的关系

有些学者从社会网络与社会行为之间关系的角度对农民工的行动与其日常生活秩序之间的关系进行研究。社会网络分析认为社会个体或群体的存在是社会互动所形成的纽带关系，并强调个体在其社会关系网络中所处的相对位置、主体从特定的社会网络中摄取资源的能力、主体间关系所展开的结构化过程及这种过程对主体行为的影响等，因此它是对社会个体行为的微观解读。比如，李培林认为农民工在从农村到城市的流动过程中，其信息的来源、找到工作的方式、进城工作的行为方式及在城市中的交往方式主要依赖于其传统的亲缘和地缘的社会网络；流动农民工在流动中

---

① 李强："论农民和农民工的主动市民化与被动市民化"，《河北学刊》2013 年第 4 期。

② 李培林、田丰："中国农民工社会融入的代际比较"，《社会》2012 年第 5 期。

③ 刘精明："能力与出身：高等教育入学机会分配的机制分析"，《中国社会科学》2014 年第 8 期。

其社会生活场发生的变化，并没有从根本上改变他们以血缘关系和地缘关系为纽带的社会网络边界；流动农民工在社会位置上的变动中对血缘关系和地缘关系的依赖，并非一种传统的“农民习惯”，而是一定结构安排下的节约成本的理性选择，而且这种选择在影响和改变着制度化结构的安排。[①] 在对农民工的关系网络进行研究时，李汉林提出了“虚拟社区”（virtual community）的概念。他认为，“虚拟社区”主要是指在一个城市内，农民工按照差序格局和工具理性的结构所形成和构造出来的一个社会关系网络，农民工之间的非制度化信任是构成这种虚拟社区的基础，而关系强度则是这种社区组织与构造的一种重要的方式。[②] 渠敬东认为，农民工的社会网络是围绕着血缘、地缘和业缘等同质关系构成的，其中，信任是这一网络的基础和枢纽，而且关系强度取决于非制度化信任，能够带来制度化信任的是强关系；农民工进入和融入城市生活有两个基本阶段，即以血缘、地缘和业缘等同质关系构成为主的“生存阶段”和以强关系为主、利用了异质成分和制度性因素的弱关系且工具理性在社会行动中逐渐占了主导地位的“发展阶段”。[③] 在他看来，农民工以及他们的社会网络乃至农民工社区都是社会网络及其运动的结果。在这些学者看来，农民工群体的传统社会关系网络会对他们在城市社会中开展的社会行为产生巨大的影响，而农民工也可以通过他们的社会行为对这种社会关系网络进行扩展和改造，从而提高他们对城市的适应能力。

（四）社会变迁视域下农民工群体的行动与其生活秩序之间的关系

有些学者从社会变迁的角度对农民工群体的行动与这一群体的日常生活秩序之间的关系进行研究。这种研究关注的是以现代化、城市化和工业化为标志的社会变迁的具体过程和历史结果，并关注由于城市社会或乡村社会的价值秩序重构所导致的农民工在社会文化、社会心理以及社会行为上的变迁。比如，周晓虹认为无论是流动经历还是城市体验都是一个普通农民完成从传统向现代转变的不可或缺的方面，单纯的流动经历无疑能够提高农民工的个人责任感、自我依赖、风险意识、灵活性和适应性，却难以使他们养成现代工业或城市文明所需要的秩序感、计划性、时间感和科层制原则，这需要通过城市体验才能获得。[④] 朱力认为，流动农民工很难与城市实现融合，阻碍其适应的因素主要有“经济地位低下”“制度障碍”“文化差距”“缺乏对城

---

① 李培林、田丰：“中国农民工社会融入的代际比较”，《社会》2012年第5期。

② 李汉林：“关系强度与虚拟社区——农民工研究的一种视角”，载于李培林：《农民工——中国进城农民工的经济社会分析》。北京：社会科学文献出版社，2003年，第112页。

③ 渠敬东：“生活世界中的关系强度——农村外来人口的生活轨迹”，载于柯兰君、李汉林：《都市里的村民——中国大城市的流动人口》。北京：中央编译出版社，2001年，第44页。

④ 周晓虹：“中国社会心态危机蔓延”，《人民论坛》2014年第17期。

市的认同和归属感”“以赚钱为目标的进城动机”“以初级群体为基础的社会网络(交往局限)”“与城市市民的摩擦和土地牵制”。[①] 在他看来,虽然城市的生活经历改变了农民工的传统心理和文化意识,但是农民工对城市的适应仅仅是一种生存适应,因此他们很难真正融入城市社会。

① 朱力:“群体性偏见与歧视——农民工与市民的摩擦性互动”,《江海学刊》2001年第6期。

第二章　理性选择、感性选择与二元秩序

农民工群体内部秩序和外部秩序的形成以他们的选择行为为基础，而选择行为与秩序之间的关系正好体现了人们的社会行动与社会结构之间的互构关系。一般而言，人们的社会行动都是一种选择行动，而社会秩序正好是通过社会成员具有选择性的社会行动不断生产和再生产出来的。因此，农民工群体的内部秩序和外部秩序也是由农民工群体的选择性社会行动建构的。农民工群体在开展社会行动时所进行的选择既包括了理性选择，又包括了感性选择。具体地说，在社会转型期，农民工群体通过以理性选择为基础的社会选择行为构建了这一群体的外部秩序，通过以感性选择为基础的社会选择行为构建了这一群体的内部秩序。

第一节　理性选择：人类行为的理想境界

自古以来，理性一直是社会科学领域一个经久不衰的核心概念，英国古典经济学的鼻祖亚当·斯密正是根据西方的理性传统尤其是根据宗教改革运动以后形成的理性传统提出了经济学的"理性人"假设。随后，由"理性人"假设衍生出来的理性选择理论在经济学的理论体系中占据了核心地位。因此，我们可以在某种意义上把经济学称为关于理性选择的社会科学。以加里·贝克尔为代表的新古典主义经济学家固守新古典主义经济学的基本原则，尤其是坚持利益最大化原则和理性计算原则，并运用理性选择的基本原则和方法对人类社会几乎所有的领域进行分析，从而实现了"经济学帝国主义"的扩张。为了对"经济学帝国主义"的扩张做出回应，经济学领域之外的许多社会科学家（尤其是政治学家和社会学家）也自觉地运用理性选择的基本原则和方法对本研究领域内的许多问题进行研究，从而使其对社会科学其他领域产生越来越大的影响，并且这种影响在政治学领域和社会学领域表现得尤为突出。

一、理性概念与理性主义

（一）理性主义在古希腊哲学中的生成与扩展

理性主义是西方文化的精髓，而古希腊的理性主义传统和基督教精神则构成了

西方文化的主要渊源。[①] 从哲学思想史上看，理性通常被看作是只有人类才具有的探索真理的能力，或者是人类在某个历史阶段上对真理的认识水平。古希腊的理性主义传统以自然哲学对世界本原的思考为开端，然而古希腊理性主义传统的核心在于赫拉克利特提出的“逻各斯”概念和阿那克萨戈拉提出的“努斯”概念，原因是这两个概念分别奠定了西方理性主义的客体性原则和主体性原则。赫拉克利特的“逻各斯”概念指的是隐藏在万事万物背后的本质和规律，它具有客观性、普遍性和必然性。这一概念超越了古希腊自然哲学的经验性，第一次从本体论的意义上提出了西方理性主义的基本规定，即理性意味着事物背后所蕴含的客观规律。同时，赫拉克利特认为由于自然界的真理是蕴藏在事物内部的，因此只有通过人的“思想”(即理性)而不是通过感觉才能掌握真理。阿那克萨戈拉在他的“努斯”学说中把理性从客观事物中分离出来，并赋予其至高无上的地位。他认为物的“种子”构成世界的“始基”，而只有通过理性才能揭示这些“始基”的内涵。

赫拉克利特对理性本体论的规定在柏拉图的理念论中得到了进一步的发展，并且贯穿于他所提出的认识论领域和人本学领域。[②] 在本体论领域中，柏拉图对理念的本原性、客观性、普遍性、先验性和完满性进行了强调，同时突出了理念在理念世界和现象世界二元关系中的绝对地位。在认识论领域，柏拉图认为理性不仅指世界背后的本体性存在，而且也指认识这种本体性存在的能力。同时，柏拉图还把世界分为“可见的世界”和“可知的世界”两个部分，前者是感性的认识对象，而后者则是理性的认识对象，而以“可知的世界”为认识对象所获得的“理智”和“理性”才是真正的“知识”。在人本学领域中，柏拉图把理性等同于人类控制情欲的能力。在柏拉图看来，正是理性把人与动物区别开来，它构成了人类灵魂的最高原则，人的激情和欲望都应该服从理性的原则。

苏格拉底进一步弘扬了阿那克萨戈拉“努斯”学说中的主体性原则，他把人的精神世界放到至高无上的地位，号召人们“认识你自己”，在人自身的灵魂中寻求真理。同时，苏格拉底并不把自己看作是一个先知先觉，而是把自己看作是对真理进行不懈探索的人。在不断的探索过程中，苏格拉底得出了“自知无知”的结论。亚里士多德在其实体哲学中把柏拉图的理念论和苏格拉底的目的论结合起来，试图以此弥合代表客体性原则的“逻各斯”精神和代表主体性原则的“努斯”精神之间的二元对立。他把事物的运动和变化归结为“质料因”“形式因”“动力因”和“目的因”，而这四个原因又可以归结为两个，即“质料因”和“形式因”，从而事物形成和变化的过程实质上就是

---

① 王国有：“哲学反思活动中的哲学基本问题”，《江海学刊》2011 年第 4 期。

② 刘翀：“论马克思哲学后现代意蕴中的经纬线”，《哈尔滨学院学报》2011 年第 6 期。

赋予“质料”以“形式”,由此事物便经历了从“潜能”变成“现实”的过程。① 肇始于赫拉克利特和阿那克萨戈拉,并得到苏格拉底、柏拉图、亚里士多德等人继承和发展的古希腊理性主义传统对西方文化产生了非常深远的影响。

(二)基督教精神中的“隐性的理性主义”

基督教精神对西方社会以理性主义为基本特征的文化产生了非常重要的影响。从表面上看,基督教精神属于信仰领域,它与理性精神格格不入,但是从本质上看,基督教精神是一种“隐性的理性主义”。② 在《圣经》的“创世纪”中,基督教把蕴含在古希腊理性主义传统之中的“逻各斯”精神和“努斯”精神统一起来,并对其进行人格化,从而使其转变成无所不知和无所不能的上帝。与此同时,基督教的原罪说揭示了人性与神性、自由性与必然性之间的矛盾与冲突。基督教精神试图在异化的上帝那里解决客体性原则与主体性原则之间的矛盾与冲突,然而在现实世界中,这种冲突依然存在。因此,只有当人们把上帝从虚无缥缈的天上拉回世俗世界之中的时候,我们才能找到解决二者之间的矛盾与冲突的途径,而这正是近代西方理性主义思潮的旨趣所在。

(三)近代西方哲学对理性概念和理性主义的探究

文艺复兴运动尤其是宗教改革运动之后,随着认识自然和发展生产的需要,理性主义出现了显著的发展,对人类认识的反思也不断走向深入。包括培根、笛卡尔、洛克、斯宾诺莎、莱布尼兹和休谟在内的西方近代哲学家对感性认识和理性认识的关系问题进行了反复的讨论,从而形成了观点各异、内容丰富的认识论,然而对感性认识和理性认识之间的关系论述得最为丰富的是康德。在《纯粹理性批判》一书中,康德把人的认识能力划分为三种:感性、知性和理性。感性是人通过感官接受外部刺激产生感觉并进而形成感性认识的能力;知性是利用人头脑中的先验范畴概括感性现象,从而形成概念、判断和推理的能力,其实就是一般意义上的逻辑思维能力;理性是以超经验现象为对象的认识能力,是人们在信仰和玄思中表现出来的指向抽象本体的能力。③ 由此看来,康德把理性看作是人类认识能力的最高发展阶段。与此同时,康德指出理性在认知理性化的过程中所具有的能力是有限的,这与笛卡尔认为人的理性无所不能的观点截然不同。在康德之后,西方理性主义传统在黑格尔的辩证法中达到了巅峰。黑格尔的辩证法以思维和存在的同一性为基础,运用辩证逻辑的方法对理性理论所包含的绝对至上性原则进行了辩证的思考。黑格尔认为,唯有理性才

---

① 王国有:“哲学反思活动中的哲学基本问题”,《江海学刊》2011 年第 4 期。

② 王国有:“哲学反思活动中的哲学基本问题”,《江海学刊》2011 年第 4 期。

③ 刘少杰:“符号价值消费的现实基础与感性选择”,《探索与争鸣》2018 年第 9 期。

具备揭示真理的能力，因此理性意味着精神对真理的追求和把握。

从西方理性主义传统的发展过程来看，不同历史时期的哲学家对理性概念及其内涵的阐述存在着巨大的差异，而这正好反映了人类对主观世界和客观世界认识的不同发展水平和过程。需要着重指出的是，当理性概念被引入经济学、政治学和社会学等学科之后，人们对理性及其具体内涵的理解和讨论变得更加丰富。尽管西方理性主义内部存在着众多的分歧，但是理性主义者都遵循着这样一个原则：理性可以把握本质、认识普遍，而内在的本质和普遍性是稳定的，只有那些外在的现象和个别性才是偶然的、不确定的。用这个原则来看待社会生活，自然就会得出必须借助理性，并用本质联系和普遍原则去规定社会行为、改变社会生活，社会才能维持和谐和稳定秩序的结论，这也就是社会学追求的社会理性化。①

在本书中，笔者将沿用社会学对理性概念的界定，即认为理性是人们对社会生活的各种现象和各个方面的内在本质和普遍性的把握和认识。理性是人类超出动物而独具的一种认识和思维能力，正是这种能力的存在，不仅使我们能够调整达到目的之手段，而且使我们能够建立起价值体系，对目的本身做出判断和取舍。②

二、理性选择理论的兴起与演化

（一）理性选择理论的兴起

理性选择理论的核心观点以英国古典经济学家亚当·斯密的"理性人"假设为基础。"理性人"假设认为，人的所有经济行为都是合乎理性的，出于利己的动机，"理性经济人"在对各项利益进行比较时总是追求以最小的代价追逐和满足自我的最大利益。在《国富论》一书中，亚当·斯密认为个人的利益最大化是通过交易实现的，在人们追逐自我利益的过程中，市场这只"看不见的手"会使整个社会富裕起来。此后，"理性人"假设几乎成为经济学所有流派进行经济分析的共同逻辑前提。在进行经济分析时，经济学家往往采用演绎推理的研究范式，也就是说，他们在进行经济分析时往往会以一系列严格的假设前提为基础，然后经过严密的逻辑推理过程得出一个模型化的理论结构，即"竞争—均衡"模型。在这些假设中，"理性人"假设占据了主导地位，从而使"理性经济人"假设成为人们进行经济分析时的基本前提假设。那么什么是"理性经济人"呢？所谓"理性经济人"指的是那些具有充分有序的偏好、完备的信

---

① 刘少杰："海量信息供应下的预期判断与选择行为"，《中国人民大学学报》2018 年第 32 卷第 1 期。

② 文军、田珺："身体、话语和权力：'农民工'群体的污名化建构过程分析"，《学术界》2017 年第 9 期。

息和无懈可击的计算能力的人，这些人在经过深思熟虑之后会选择那些能更好地满足自己偏好的行为。[①]

新古典经济学对古典经济学的"理性人"假设进行了继承和发展。新古典经济学家认为，理性经济人所面对的竞争是充分的，他们所掌握的信息也是相当完备的，而且是在完全没有摩擦的条件下进行交易。新古典经济学对人的行为的假定包括以下几个方面：第一，个体的行动决定是合乎理性的（指为达到目的而选择的手段）；第二，个体可以获得足够充分的有关周围环境的信息（完全信息假定）；第三，个体根据所获得的各方面信息进行计算和分析，从而按最有利于自身利益的目标选择决策方案，以获得最大利润或效用（利润或效用最大化假定）。[②] 理性选择理论的核心观点与"理性人"假设之间存在着一致性，从而使以"理性人"假设为基础的理性选择理论在经济学的理论体系中占据了核心地位。

（二）理性选择理论的基本假设

理性选择理论建立在以下几个前提假设的基础之上：首先，个人是自身最大利益的追求者。个体的行动是人们运用理性选择理论对问题进行分析时的逻辑起点，因此理性选择理论从微观层面的个体出发去认识和理解社会，从而得出了个体的选择与决策构建了社会结构的结论。其次，在特定的情境中存在着可供选择的不同行为策略，而个体行动者认为不同的选择会导致不同的结果。作为自身最大利益的追逐者，个体拥有完全的意志和记忆能力，并且掌握着完备的信息，从而可以对各种可供选择的不同行为策略做出选择。最后，个体行动者对不同的选择结果表现出不同的偏好，而由不同的偏好所组成的偏好序列只与个体行动者自身有关，与外在的环境因素无关。环境的不相关性是理性选择理论对个体的决策环境所提出的基本要求。具体地说，理性选择理论认为人们的选择行为是在孤立的环境下进行的，个体行动者总是根据自己所面临的情境单独进行决策，除非其他人的选择对他产生影响。同时，个体行动者在做出决策时也排除了历史因素和制度因素的影响。理性选择理论的上述假设使其在分析和解释人类行为时产生了积极的效果，但同时也决定了这一理论本身所具有的局限性，原因在于上述假设忽略了对人类行为产生影响的其他因素，从而其所解释的是属于"理想型"的人类行为而非现实生活中的人类行为。

（三）经济学理性选择理论的"扩张"

经济学研究的核心内容是人们在经济交往中的理性选择行为，因此理性选择理

---

① ［英］约翰·伊特韦尔：《新帕尔格雷夫经济学大辞典》。北京：经济科学出版社，1996 年，第 57—58 页。

② 何大安："西方理性选择理论演变脉络及其主要发展"，《学术月刊》2016 年第 48 卷第 3 期。

论构成了经济学的核心理论。正是围绕这个核心理论，经济学建立了关于经济行为的实质与特征，经济行为的动机、手段、方式，开展经济行为的条件、环境、限制，以及人们开展经济行为时的组织形式、制度关系和效益模式等十分丰富的理论。也正是在十分充实的理性选择理论的基础上，经济学雄心勃勃地向其他学科进行了大规模的“扩张”。①

加里·S.贝克尔是“经济学帝国主义”对其他学科进行“入侵”的主将，他运用理性选择理论的原则和方法对日常生活的各个领域进行分析。贝克尔宣称：“经济学已经进入第三阶段。在第一阶段，人们认为经济学仅限于研究物质资料的生产和消费结构，仅此而已（即传统经济学）；到了第二阶段，经济理论的范围扩大到全面研究商品现象，即研究货币交换关系；今天，经济研究的领域业已囊括人类的全部行为及与之有关的全部决定。经济学的特点在于，他研究问题的本质，而不是该问题是否具有商业性或物质性。因此，凡是以多种用途为特征的资源稀缺情况下产生的资源分配与选择问题，均可以纳入经济学的范围，均可以用经济分析加以研究。”②

20世纪60年代，美国经济学家詹姆斯·布坎南运用主流经济学的理性选择原则和方法，对现实生活中与民众相关的政治个体的行为特征以及由此引出的政治团体的行为特征进行分析，提出了现代公共选择理论，进而实现了经济学向政治生活领域的扩张。以布坎南为代表的公共选择学派认为，所谓公共选择指的是对非市场行为的经济学研究，它把经济学的分析工具和分析方法应用于研究集体的或者非市场的政治管理过程。同时，公共选择分析以经济学的“经济人”假设为基本假设前提，分析公众的公共选择对政治管理行为的影响以及二者之间的关系。正如布坎南所指出的，公共选择是政治上的观点，它是由经济学家的工具和方法大量应用于集体或非市场决策而产生，“它是观察政治制度的不同方法”③。布坎南认为，政府、国家和政治领袖都是具有自身利益的实体，它们所开展的政治行为是以趋利避害和实现自身最大利益为目的的理性选择行为。因此，他指出不能轻信政府和国家对自身职能所进行的界定，而应该运用经济学的理性选择原则和方法对它们所开展的政治行为以及一般社会成员对政治活动的参与进行分析。在布坎南看来，政府本身也是一个利益集团，它往往会利用自身所掌握的权力和资源开展“寻租”行为，而这种“寻租”行为往

① 邢瑞磊：“理解理性选择理论：历史、发展与论争”，《武汉大学学报》（哲学社会科学版）2015年第3期。

② [美]加里·S.贝克尔：《人类行为的经济分析》，王业宇、陈琪译。上海：上海人民出版社，2015年，第2页。

③ 董翠翠：《布坎南公共选择理论对我国政府转型的启示》，《法制与社会》2015年第12期。

往会导致行政垄断的出现，从而造成社会生产的无效率和社会运行的高成本，进而降低社会的福利。因此，“政府失灵”是以布坎南为代表的公共选择学派的核心理论之一。

博弈论被认为是20世纪社会科学领域所取得的最重大的研究成果之一，它同样是以经济学的“经济人”假设为基础的，因此博弈论也可以被看作是经济学以理性选择的原则和方法对其他学科的扩张。传统经济学运用理性选择原则对个体所开展的经济行为进行分析，而博弈论则运用理性选择原则对两个或者两个以上的个体之间的互动行为进行分析。人们通常认为，对博弈理论所进行的最早研究可以追溯到18世纪初。1713年，瓦德格拉夫提出了两人博弈的极小化极大混合策略解。然而，现代博弈理论的萌芽出现于20世纪20年代初。之后，1944年，匈牙利数学家冯·诺伊曼和经济学家奥斯卡·摩根斯特恩合著并出版了《博弈论与经济行为》这部具有划时代意义的著作。在这部著作中，他们把二人博弈推广到多人合作博弈，并将博弈论引入经济领域，从而奠定了这一学科的理论基础，现代博弈理论由此诞生。1950年，美国经济学家约翰·纳什完成了名为《非合作博弈》的博士论文。在这篇论文中，纳什提出了著名的“纳什均衡”概念，并将博弈论拓展到了非零和博弈，从而标志着非合作博弈理论的创立。此后，博弈论取得了长足进展，并不断走向成熟。博弈论对社会科学有着重要的意义，它正成为社会科学研究“范式”中的一个核心工具，以至于我们可称博弈论是“社会科学的数学”，或者说是关于社会的数学。[①] 从理论上看，博弈论是研究理性的行动者之间相互作用的形式理论，而从实际上看，它正在不断深入到经济学、政治学和社会学等学科当中，并被各门社会学科所应用。

通过在不同学科领域内的扩张，理性选择理论形成了不同的理论流派，比如说这一理论在政治学领域的应用被称为“公共选择理论”，在社会学领域的扩张被称为“社会学理性选择理论”。然而，不管是在哪个学科领域内的扩张，这些理论的核心假设并没有发生实质性的变化，也就是说，理性人假设仍然是这些理论的前提假设。理性选择理论的原则和方法被用于对政治学、法学、社会学等学科的固有领域的研究，从而动摇了这些学科的理论基础，并进而在这些学科中掀起了对自身的理论基础进行反思和重建的浪潮，而这对于“经济学帝国主义”的扩张起到了推波助澜的作用。

三、经济社会学视野中的理性选择

经济社会学是经济学和社会学之间的交叉学科，它把经济现象放到社会结构当

---

① 石佑启、王振标：“民间规范的生存空间及其受国家法的规制与改造——基于博弈论与新制度经济学的视角”，《江苏社会科学》2018年第6期。

中进行考察。在经济社会学看来，现实生活中的经济行为与社会结构是不可分割的统一过程，也就是说，既没有脱离社会关系和社会结构而孤立存在的“经济人”的理性选择，也没有完全排除人们的经济行为的社会结构。新古典经济学的“经济人”假设及其对理性选择的模式化设计和逻辑化推论使经济学研究走向理想化和抽象化，从而使其在很大程度上同现实生活相脱离。经济社会学把经济现象放到社会结构中进行考察，从而使人们对经济现象和经济问题的研究与现实的社会生活紧密地联系在一起，进而实现经济学研究的现实化，而经济社会学视野中的理性选择研究正是在现实化的社会环境中展开的。

（一）古典经济社会学对理性选择的拒斥与接纳

从经济社会学的发展史来看，经济社会学在诞生之初和取得初步发展的阶段上对理性选择研究采取了拒斥的态度。埃米尔·迪尔凯姆被认为是古典经济社会学的代表人物之一，他认为社会学的研究对象是外在于个体的社会事实，而社会事实是客观存在物，它不仅对个体的行为进行制约，而且也有其自己的特点和规律，因此不能用个体的行为对社会事实的实质和功能进行解释。迪尔凯姆的“整体主义方法论”对后世的社会学家产生了重要的影响，从而使以个人行为为研究对象的理性选择研究在社会学诞生之初就被排除在社会学的研究范围之外。

马克斯·韦伯也被认为是古典经济社会学的代表人物之一，然而他并不赞同由迪尔凯姆所确立的原则，而是主张把个体的行为也纳入社会学的研究视野。然而，韦伯所研究的并不是理性选择理论视野内的个体行为，而是不同的行动者之间由于主观意愿发生联系而开展的社会行动。因此，当韦伯把人们的社会行动划分为工具理性行动、价值理性行动、传统行动和情感行动之后，他并没有进一步解释个体行为的动机、目的、手段、策略模式以及选择方式，而是研究在这些行动类型基础上的权威类型和社会管理模式。[①]

塔尔科特·帕森斯被认为是后古典经济社会学的代表人物之一，他把迪尔凯姆的结构论和韦伯的行动论整合进了自己的结构功能论当中，从而进一步在社会学的视野中排除了理性选择研究。帕森斯从类型学的角度出发对人们的社会行动模式进行研究，而不是在个体的选择行为进行研究。此外，当对社会系统论进行阐述时，帕森斯把经济子系统和社会子系统看作是两个具有各自研究对象的、完全独立的系统。因此，把研究个体行为的理性选择排除在社会学的研究视野之外就是理所当然的事情了。众所周知，经济生活在任何国家和任何时代都是人们的社会生活的中心。然

---

① 王永益:“在理想与现实之间:韦伯理性官僚制的再思考”,《学海》2012 年第 4 期。

而，古典经济社会学家、后古典经济社会学家及其追随者却不断淡化对以理性选择为基本特征的经济生活的研究，从而使社会学研究不断远离社会生活的中心，把目光聚集于社会生活的边缘地带，进而导致了社会学的边缘化。

(二)现代经济社会学对理性选择的引入与扩展

在现代经济社会学中，理性选择的原则和方法首先是通过交换理论进入人们的视野。在对小群体内部的交换行为进行研究时，美国社会学家霍曼斯把经济学的经济人理性原则引入社会学。霍曼斯认为，人们在小群体内的社会交换行为是一种以实现自身利益最大化为目的的理性选择行为，因此人们所进行的社会交往实质上是一种利益的交换。在霍曼斯之后，包括埃默森和库克在内的交换论理论家进一步运用理性选择的原则和方法对社会交换行为进行研究。然而，与经济学的理性选择理论所不同的是，交换论理论家的理性选择理论坚持社会交换的道德维度和规则维度，强调道德和规则在人们开展交换行为时所发挥的作用。[①] 交换理论通过引入经济学的理性选择原则和方法，不仅让正在走向边缘化的社会学看到了重新回归社会生活中心的曙光，而且也为后来的学者进行社会心理实证研究奠定了社会交换的理论基础。

1990年，美国著名社会学家科尔曼发表了自己的鸿篇巨著《社会理论的基础》。在这部著作中，科尔曼提出了“理性行动理论”，即社会学的理性选择理论。在理性行动理论中，科尔曼所采用的方法论原则是个体主义方法论，即用系统的不同组成部分的行为来解释系统的行为，也就是他所说的“系统行为的内部分析”。这种个体方法论不同于心理学和某些行为科学的个体方法论，即不是仅仅依据个人的动机和倾向来解释社会现象和人类行为，而是要考虑到由个人到系统的多个层次，然后根据所要解释的具体问题来选择令人满意的解释层次。在理论视角上，理性行动理论以经济学的“理性人”假设为出发点。科尔曼认为，行动者根据理性原则在不同的行动或者事物之间进行有目的的选择，但是“理性”与“效益”并不局限于狭窄的经济含义，而且还包括社会的、文化的、情感的、政治的目的。因此，理性行动是为了达到一定的目的而通过人际交往或者社会交换所发展出来的社会性行动，这种行动需要理性地考虑(或者计算)对其目的有影响的各种因素。在理论形式上，科尔曼借用了经济学的理性选择模型和均衡分析方法，并从社会学的角度对其进行了扩展，其侧重于研究人的理性行动是如何受到社会结构制约的，以及结构制约下的人们又是如何选择行动方式的。在研究对象上，理性行动理论把现代社会结构中的法人行动确立为自己的研

---

① [美]鲁思·华莱士、[英]艾莉森·沃尔夫：《当代社会学理论：对古典理论的扩展(第六版)》，刘少杰等译。北京：中国人民大学出版社，2008年，第291页。

究对象。法人行动既是一种个体行动，也是一种团体行动，因此在这个层面上对人们的理性选择行为进行研究就具有十分具体的社会学意义。社会学的基本问题是个人与社会之间的关系问题，因此把法人行动确立为研究对象就实现了科尔曼创立理性行动理论的初衷：提供一种以个人理性为基础的社会行动理论，并以此把社会科学的微观理论与宏观理论结合起来。与传统的理性选择理论相比，科尔曼的理性行动理论把社会学重视制度结构和重视规范的传统蕴含于其中，从而使理性选择理论进一步走向了精致化和系统化。

霍曼斯和科尔曼等人把经济学的"理性人"假设和理性选择的原则、方法引入社会学领域，不仅给社会学带来了新的生机，而且也为经济学和社会学之间的对话构筑了一个新的平台，从而为新经济社会学的诞生和发展提供了契机。

(三)新经济社会学对理性选择的升华

美国社会学家马克·格兰诺维特是新经济社会学的代表人物之一，他在 20 世纪 70 年代初开展的社会网络研究中把理性选择引入社会学研究。1973 年，格兰诺维特在《弱关系的力量》一文中指出当前社会学理论的一个基本缺欠是没有以令人信服的方式把微观层次的互动与宏观层次的互动的模式联系起来。1974 年，他发表了《求职》(*Getting a Job*)一书，从社会学的视角出发，以人们在社会关系网络中开展的求职行为为研究主题，从而实现了对能够使微观层次的互动与宏观层次的互动联系起来的模式的伟大尝试。格兰诺维特认为，人们在社会关系网络中开展的求职行为也是一种理性选择行为，原因在于人们在求职的过程中需要对各种复杂的利益关系(尤其是经济利益)进行计算分析和逻辑推论。1985 年，格兰诺维特发表了名为《经济行动与社会结构：嵌入性问题》的论文。在这篇论文中，他对最早由卡尔·波兰尼(Karl Polany)提出来的嵌入性概念进行了进一步的阐发，从而论述了经济活动和经济关系植根于社会生活之中的观点。在格兰诺维特看来，以理性选择为核心的经济行为和经济制度是嵌入于社会网络和社会结构之中的，经济行动是一种特殊类型的社会行动，因此应该把经济行动放到具体的社会网络和社会结构之中进行考量。格兰诺维特把理性选择引入经济社会学研究中，并通过嵌入理论使之得以升华，从而为新经济社会学的勃兴做出了不可磨灭的贡献。

由上述可知，在霍曼斯的小群体交换理论中，人们的社会交往行为被等同于追求经济利益最大化的理性选择行为；在格兰诺维特的网络结构理论中，包括求职在内的社会行为也是理性选择行为，只不过这种理性选择行为所追求的目标不仅包括经济利益，而且也包括职业、社会地位和声望等；在科尔曼的理性行动理论中，人们的社会交往是社会结构制约下的理性选择行为。由此可以看出，理性选择理论在经济社会学中居于核心地位，它是当代社会学针对“经济学帝国主义”的扩张所做出的积极回应。

在本书中，笔者采用的理性选择概念以经济社会学的理性选择理论为基础。也就是说，本书中的理性选择指的是人们在分析计算和逻辑推论等理性思维活动的支配下所开展的选择行为。笔者认为，判断某种选择行为是否是理性选择行为的依据既不在于这种行为是否达到目的，也不在于行动者通过何种手段去实现其目的，而在于行动者是否是在理性意识的支配下开展这种选择行为的。

四、理性选择理论面临的困境和挑战

无论是经济学的理性选择理论，还是社会学的理性选择理论，都以“理性人”假设为核心。具体地说，理性选择理论始终坚持下面几个前提：第一，个人是自身利益最大化的追求者；第二，在特定情境中有不同的行为策略可供选择；第三，人在理智上相信不同的选择会导致不同的结果；第四，人在主观上对不同的选择结果有不同的偏好排列。因此，理性选择可以概括为最优化或者效用最大化，即理性行动者趋向于采取最优策略，以最小代价取得最大收益。[①] 然而，这一假设无论是在理论层面还是在现实层面都存在着严重的缺陷，从而使理性选择理论面临一系列的困境，并进而受到了来自经济学、政治学和社会学等领域的社会科学家的批评和挑战。

（一）理性思维并非支配人类选择行为的唯一因素

从心理学和认识论的角度看，人的意识活动并非只是单纯的逻辑思维过程。也就是说，在实际过程中，人的意识活动一定是在理性和感性这两个层面同时展开的。就人们的选择行为而言，完全脱离人们的感性意识活动，从而仅仅受人们的理性思维支配的选择行为是不存在的。无论是以经济利益为对象的经济选择行为，还是以职业、社会地位和声望等方面的利益为对象的社会选择行为，都具有明确目的性和功利性，因此这些选择行为中的理性思维程度要强于日常生活领域中的其他选择行为。然而，这并不意味着这些选择行为就是一个可以脱离感性意识的纯粹逻辑推论或数学计算过程。[②] 在理性选择研究中，人们开展选择行为时的意识活动被简化为单纯的理性思维，这不仅可以减轻对人们的选择行为进行分析时所面临的沉重负担，而且也可以使分析的过程变得更加清晰，以及更加具有可操作性。然而，理论对现实的抽象是有限度的，当它达到仅凭逻辑就可以支持自己的展开体系时，它已经不是对现实

---

① 何大安：“西方理性选择理论演变脉络及其主要发展”，《学术月刊》2016 年第 48 卷第 3 期。

② 刘少杰：《经济社会学的新视野——理性选择与感性选择》。北京：社会科学文献出版社，2005 年，第 43 页。

的抽象，而是福柯所说的"词的秩序同物的秩序分离的知识型"，是一种话语体系和逻辑体系同现实分离、异化对立的知识系统，它可以不顾现实存在而仅凭自己的想象力任意地展开自己的逻辑形式，理性不仅走向空虚，而且已近疯狂。[①]

从现实生活的角度上看，仅仅受到理性思维活动支配的选择行为是不存在的。此外，人们所面对的是一个充满了复杂性和不确定性的现实世界，人们不可能完全掌握开展选择行为所需的所有信息。更为重要的是，人的理解能力、计算能力和认知能力都是有限的。[②] 因此，在开展选择行为时，人们根本无法做到理论上所设想的完全理性化，而是按照与理性选择理论的预设之间存在偏差的方式开展选择行为。与此同时，人们在现实生活中开展的选择行为既有理性地追逐利益最大化的一面，也有非理性的、偏离最大化追求的一面。在通常情况下，人们只有在掌握了充分的信息之后才能进行以实现自身利益最大化为目的的理性计算，而人们所做出的许多决策通常以习俗、惯例、道德规范和标准化程序为依据。需要着重指出的是，人们在现实生活中的选择行为比理性选择要复杂得多，原因是现实生活中的选择行为不仅受到行动者个人的理解能力、认知能力和计算能力的制约，而且也受到选择环境和选择条件的制约。

(二)理性选择理论的前提假设面临的挑战

人类选择意识的多元性和现实生活的复杂性使理性选择的前提条件无法获得充分的满足，从而使理性选择理论的有效性和适用性受到了质疑和挑战。这种挑战不仅来自经济学内部，而且也来自政治学、社会学和心理学等其他学科。需要着重指出的是，这种挑战主要是针对理性选择理论的几个前提假设。

首先，理性选择理论的"完全理性"假设受到了来自经济学内部的质疑和挑战。英国政治经济学的创始人托马斯·罗伯特·马尔萨斯在其人口理论中对"理性人"假设进行了猛烈的批判。马尔萨斯认为，人并不是理性的动物，而是受制于情感和欲望的非理性的动物，而正是由于人类的非理性才导致了人口过剩、困苦、战争和罪恶的出现。[③] 制度经济学的鼻祖凡勃伦也对古典经济学的"理性人"假设提出了挑战。他从制度分析的角度强调了制度因素对个体行为的制约作用。凡勃伦认为，人们的经济行为受到了习惯、嫉妒和其他心理的激发，而不是受到了理性和利己主义的驱动。[④]

---

① 刘少杰:《经济社会学的新视野——理性选择与感性选择》。北京:社会科学文献出版社，2005年，第45页。

② 卢现祥:《西方新制度经济学》。北京:中国发展出版社，2003年，第10—11页。

③ [英]托马斯·罗伯特·马尔萨斯:《人口原理》，杨菊华、杜声红译。北京:中国人民大学出版社，2018年，第6—8页。

④ [美]凡勃伦:《有闲阶级论》，李华夏译。北京:中央编译出版社，2012年，第89页。

1978年诺贝尔经济学奖获得者赫伯特·西蒙对主流经济学的“完全理性”假设进行了质疑和批判，并提出了“有限理性”的概念。西蒙认为，传统经济学忽视了人是在特定的条件限制下开展选择行为的，以效益最大化为目的的理性选择理论夸大了人的理性选择能力。因此，他指出人的理性是一种有限理性，人类的行为由决策的环境与主体本身的认知能力共同决定。同时，西蒙还对传统经济学只注重结果而不顾及过程的实质理性进行了批判，提出了“过程理性”的概念，即理性选择是选择者在选择过程中的心理活动或认识活动。此外，西蒙还对传统经济学的“最优”原则进行了纠正，他认为人们在选择的过程中所追求的并不是“最大”或者“最优”，而是以“满意”为标准。以科斯和诺斯为代表的新制度经济学也对新古典经济学的理性选择理论提出了挑战。与新古典经济学把制度看作是个人行为的结果所不同的是，新制度经济学强调制度对选择行为的重要作用。这一学派认为，制度（包括正式制度和非正式制度）和文化不仅会影响行为本身，而且也会影响人们对世界的看法以及人们对目标的追求。

其次，理性选择理论的“完全理性”假设也受到了以卡尼曼为代表的认知心理学的批判。卡尼曼通过实验的方法对人的选择行为进行研究，以便解释个人在不确定条件下是如何做出选择的。与传统经济学认为个人基于自利原则和理性原则做出选择行为所不同的是，卡尼曼认为选择行为还应当包括直觉、感情、态度以及记忆等更多更为复杂的因素。因此，在卡尼曼看来，个人的选择行为不可能是传统经济学所界定的完备的选择过程，选择过程中的心理活动是超出理性思维之外的复杂的意识过程。[①] 同时，卡尼曼也对理性选择理论的理性预期假设提出了挑战。卡尼曼认为，人们开展选择行为时所面临的是一个充满了不确定性的环境。在这种环境下，人们在做出判断时往往是依靠有限的几个试探性原则来对不确定性事情进行简化，即不是收集了所有信息之后再做全面的权衡，而是根据自己过去的经验与认知偏好，选择自认为能够反映事情之间关系的信息来做判断。[②] 卡尼曼从认知心理学的视角出发，对大量非理性选择行为进行了解释，不仅对理性选择理论进行了批判，而且也为我们理解实际生活中个人的选择行为提供了认知心理学的基础。

最后，理性选择理论也受到了来自社会学的批判和挑战。在进行经济分析时，经济学的“理性人”假设几乎是所有的经济学学派进行经济分析时的共同逻辑前提，然

---

① 刘少杰：《经济社会学的新视野——理性选择与感性选择》，北京：社会科学文献出版社，2005年，第40页。

② 王君柏：“论卡尼曼经济学的理论基础”，《江南大学学报》（人文社会科学版）2003年第2卷第3期。

而这一前提从一开始就受到社会学"社会人"假设的挑战。多数社会学家认为，现实中的社会行动存在着许多复杂的动因，因此仅仅从经济学关于利益最大化的假设前提出发进行解释就具有极大的局限性。在这些社会学家看来，包括心理因素、文化因素和社会结构因素等在内的非经济因素也是影响人们的选择行为的重要变量。同时，经济社会学的"嵌入"理论也对经济学的"理性人"假设提出了挑战。经济社会学的一个基本观点是：以理性选择为核心的经济行为或经济制度嵌入社会网络或社会结构之中。[①] 也就是说，人们的经济行为或者经济制度本身要受到社会网络或社会结构的影响和制约，纯粹的、不受任何条件限制的经济行为是不存在的。

此外，理性选择理论的"理性人"假设也受到了来自社会学"主体间性理论"的批判。"主体间性理论"认为，研究者与作为研究对象的人之间的关系并不是一种主体和客体的关系，而是一种互为主体的关系。[②] 因此，"主体间性理论"所推崇的研究方法是一种互为主体的理解方法，是一种以批判性反思为基本特征的"换位思考"。也就是说，应该从行动者自身的立场而非外部立场来判断行为是否为理性选择。[③] 然而，理性选择理论的"理性人"假设却悬置了研究者的主观偏见和行动者自身的主观感受，从而把研究者对理性的认知强加到行动者头上，进而使其关于选择行为的假定与现实生活中的选择过程发生偏离。正如科尔曼所说的，"局外人认为行动者的行动不够合理或非理性，并不反映行动者的本意"[④]。

理性选择是人类的选择行为所要达到的理想境界，而理性选择理论则是对人类的选择行为进行解释的理想模型。然而，理性思维活动并不是对人类的选择行为进行支配的唯一一种意识形式，而且现实生活中的选择行为要比理性选择理论所预想的情况要复杂得多。因此，理性选择理论受到了来自经济学内部以及社会学和政治学的批判和挑战。然而，正是在不断地经受历练中，这一理论实现了向纵深方向的拓展，从而不断实现与现实生活的契合。

---

① Mark Granovetter, *Getting a Job: A Study of Contracts and Careers*, Cambridge: Harvard University Press, 1974, pp.1—4.

② [德]于·哈贝马斯：《交往行动理论(第一卷)》，洪佩郁、蔺青译。重庆：重庆出版社，1994 年，第 78 页。

③ 范笔德、柏宇洲："市场与金钱：对理性选择理论的批评"，《宗教社会学》2017 年第 0 期。

④ [美]詹姆斯·S.科尔曼：《社会理论的基础》，邓方译。北京：社会科学文献出版社，1999 年，第 22—23 页。

第二节　感性选择：人类行为的现实基础

理性选择理论面临的困境和挑战表明，纯粹的理性选择行为是不存在的，人的选择行为并非仅仅受到理性思维的支配。感性是理性的前提和基础，然而这并不意味着感性在理性面前完全是被动的。表现为概念、判断和推理的理性意识可以对人们的选择行为进行支配，而表现为感觉、知觉和表象的感性意识也同样可以对人们的选择行为进行支配，而且受到感性意识支配的感性选择构成了人们在现实生活中的选择行为的基础。

一、感性概念与感性主义

（一）感性意识是开展理性思维的前提和基础

感性是人头脑中的一种意识活动，它通过直接的感知、整体性的知觉和形象性的回忆对具体的事物进行表征。因此，所谓感性认识就是由人的感觉器官与外在事物进行接触时所产生的一种片面的、现象的、以外部联系为基础的认识。感觉、知觉和表象是感性认识的基本形式。在人类诞生之后的很长一段时间内，人类的本能和感性之间并没有明显的区别，人类的理性则仍然处于萌芽状态。然而，随着人类的不断进化，人类开始学会使用和制造工具，从而使自身与动物出现了根本性的区别，同时也表明人类具有把直观的、片面的感性经验上升为理性认识的独特能力。正是在求生的本能以及包括欲望、意愿等感性意识的驱使之下，人类不断积累生存、生产和生活等方面的经验，并以这些感性的经验为基础不断进行新的实践，从而实现感性认识到理性认识的升华。因此，从人的认识的发展过程来看，感性意识在先，理性意识在后，而且感性是理性的前提和基础。

感性在人类的思维中占据了基础性地位，然而自古以来，感性就是一个人们尽力回避但是又不得不提及的问题。在柏拉图之前，古希腊的哲学家们通常用可见的事物来说明世界的本原。比如，德谟克里特用水来解释万物的构成，赫拉克利特用火来描绘世界的运动和变化。这表明感性存在被他们看作世界的本质，而感性认识则是人们认识世界本原的基础。自从柏拉图对人的认识能力进行划分之后，情况发生了很大的变化。柏拉图认为，人的认识能力由四个等级构成，即理性、知性、信念和想象。理性和知性是广义上的理性认识能力，而信念和想象则是广义上的感性认识能力。由柏拉图的四分法所得出的推论是：理性和知性都是以真实存在的可知世界为认识对象的，是哲学家和科学家的认识能力与认识活动，它们的意义是创造知识、统治社会和指导人生；信念和想象是以作为变动不居的偶然事物的可见世界为对象的，是工匠和艺术家的认识能力，是不能获得知识而只能产生意见的认识活动，它们是对事物的肤浅认识甚至是虚假幻觉。① 柏拉图所构造的认识论模式对后世产生了深远的影响，而且这种影响一直延续至今。然而，正是这种认识论模式导致了感性和感性意识受到了人们的冷落，并进而使其陷入被压抑的境地。

（二）感性意识的能动性、选择性、实践性和历史性

在西方哲学史上，唯心主义哲学扮演了非常重要的角色，而感觉主义则是唯心主义哲学的重要内容之一。在感觉主义看来，人类对由人体感官所获得的信息存在着无限依赖，人的主观感受是人类认识世界的依据，因此应该根据人体感官所具有的功能去认识世界和解释世界。后来，随着认识论向本体论的转化，感觉主义把由人体感官所获得的感觉看作物质的本原。比如，18 世纪的英国哲学家贝克莱认为“物是观念的集合”“存在就是被感知”；奥地利哲学家马赫认为“物是感觉的复合”；法国启蒙思想家霍尔巴赫也认为观念是“对象的映象”；等等。

然而，感性并不等同于感觉主义所说的感觉，相反，感觉只是感性的具体表现形式之一。在心理学看来，感觉是事物直接作用于感觉器官时，人的大脑对事物个别属性的反映，它是人类最简单的认识形式。比如当菠萝作用于我们的感觉器官时，我们通过视觉可以反映它的颜色；通过味觉可以反映它的酸甜味；通过嗅觉可以反映它的清香气味；同时通过触觉也可以反映它表皮的粗糙程度。因此，人类是通过对客观事物的各种感觉来认识事物的各种属性的。然而，感性所涵盖的内容要远远大于感觉。具体而言，感性既包括感觉，也包括知觉和表象。知觉是外界刺激作用于感官时，人脑对外界的整体的看法和理解，它为我们从外界所获得的感觉信息提供初步的组织和解释；而表象是被人们所感知的客观事物在大脑中的呈现。因此，我们可以说感觉是感性的初始形式，知觉和表象是对感觉的进一步升华。

在西方哲学史上，康德对感性的基础性地位进行了充分的肯定。在《纯粹理性批判》一书中，康德把人的认识能力划分为感性、知性和理性。他认为，感性是人通过感官接受外部刺激所产生的感觉，并进而形成感性认识的能力。此外，康德提出了感性的时空形式的概念，并对其进行了论述，从而说明感性在人的认识过程中并不是完全被动的，揭示了感性在全部意识活动和选择行为中的基础性地位。在康德看来，人的感官受到客观存在的刺激之后会产生一些杂乱无章的现象质料，而在以时空形式存在的感性对这些现象质料进行加工和整理之后，这些感性现象就呈现在了人们的意

---

① 刘少杰：《经济社会学的新视野——理性选择与感性选择》。北京：社会科学文献出版社，2005 年，第 68—69 页。

识之中，从而为人们进一步明确选择的目标和追求的对象奠定基础。只有当人们清晰地知道自己所要选择的目标和追求的对象时，才有可能运用自己所掌握的能力和资源进行逻辑推论和计算，而这个过程就是理性选择的过程。因此，感性意识是人们开展理性选择的前提和基础。

感性意识具有能动性和选择性。在对感性的时空形式进行论述时，康德认为感性认识并不是单纯的被动反映，相反，它具有主观的、感性形式的整理功能。由此，康德已经论及了感性的能动性和选择性问题。人们通常认为感性意识只能简单地把由感觉器官所接收到的外部信息映射到人的大脑中，因此感性意识既谈不上能动性，也谈不上选择性。然而，在康德看来，以时空形式存在的感性能够对现象质料进行整理，从而为人类开展理性认识奠定基础。这表明，人的感性认识过程并不是完全被动的，而是具有能动性和选择性的。康德仅仅是在抽象的意义上对感性意识的选择性进行了探讨，而当德国哲学家马尔库塞提出要在具体的历史条件中看待人的感性认识时，这种潜在性就呈现为具体的、丰富的能动性。因此，没有客观存在对感官的刺激，不可能产生现象质料；而没有时空形式对现象质料的整理，感性现象将无法呈现在人们的意识之中，一切认识将无法展开。[①]

同时，感性意识还具有实践性和历史性。自从亚里士多德之后，西方人普遍认为只有理性才是人性的本质，而感性只是作为人们获得理性认识所必须克服的障碍。马克思对这种单一人性论进行了批判。他指出："人以一种全面的方式，就是说，作为一个总体的人，占有自己的全面本质。人对世界的任何一种人的关系——视觉、听觉、嗅觉、味觉、触觉、思维、直观、情感、愿望、活动、爱，总之，它的个体的一切器官，正像在形式上直接是社会的器官的那些器官一样，是通过自己的对象性关系，即通过自己同对象的关系而对对象的占有，对人的现实的占有；这些器官同对象的关系，是人的现实的实现。"[②]由此，马克思把包括感觉在内的感性形式也看作人性或者人的本质的不同方面，而且认为感性认识能力和理性认识能力只有在现实生活中才能真正发挥作用。因此，当强调感性作为人的本质应当在现实中得到实现时，马克思实际上已经提出了感性的实践性和历史性问题。在马克思看来，现实生活不仅是人们的感性实践过程，而且也是受到各种具体条件制约的、不断发展变化的历史过程。

此外，马克思以感性的实践性和历史性为基础，对感性的异化和解放问题进行了讨论。在马克思看来，感性受到异化和扭曲的根本原因在于制度，因此只有推翻具有压抑性的制度才能解放被扭曲的感性。马克思认为，感性受到压抑和扭曲的根本原

---

① 刘少杰："符号价值消费的现实基础与感性选择"，《探索与争鸣》2018年第9期。

② [德]卡尔·马克思：《1844年经济学哲学手稿》。北京：人民出版社，2015年，第85页。

因在于私有制，“因此，对私有财产的扬弃，是人的一切感觉和特性的彻底解放”①。此外，他认为只有在实践的不断循环运动中才能实现感性到理性的不断提升，而且积淀和蕴含于实践之中的感性是人类社会发展的重要力量。正如马克思所指出的，“感性必须是一切科学的基础。科学只有从感性的意识和感性的需要这两种形式的感性出发，因而只有从自然界出发，它才是真正的科学”②。马克思对感性的阐述建立在辩证唯物主义实践观的基础上，从主体与客体之间的对立统一中揭示感性在实践中的能动性和选择性。

在现实生活中，人们的选择行为以感性选择为基础，理性选择是对感性选择的进一步提升，因此人类社会的历史进程实质上就是感性选择和理性选择共同作用下的变化发展过程。理性主义从单一人性论出发，把人的本质简单地定义表现为逻辑思维和功利计算的理性，从而否认了感性意识的能动性与选择性。马克思对此进行了批判，并强调实践在全面认识人的本质当中的重要意义。

二、社会学视野中的感性意识

（一）孔德：感性是人类的灵魂、行为的动力

社会学的创始人奥古斯特·孔德认为社会秩序问题是社会学的基本问题，并且提出了运用实证主义的新理性对社会成员进行教化，从而克服社会的混乱，进而实现重建社会和谐秩序的目的。孔德的实证社会学充分强调了理性在社会秩序重建当中的重要作用，正如他所说的“确立理性秩序，这是其他一切秩序的基础”。然而，孔德后来在《实证政治体系》第三卷中把“情感进化的法则”确立为社会学的四大法则之一，强调情感进化与社会进化的一致性，从而立足于人性的统一性来重建社会的秩序。孔德认为，人性具有三重性质，即感情、行为和才智，其中起决定作用的是人的感情。在孔德看来，“感情是人类的灵魂、行为的动力。推动力总是来自感情，才智永远只是一个指挥手段或控制手段。”③需要指出的是，孔德关于社会秩序的论述虽然意识到理性和感性在社会秩序的形成过程中所发挥的不同作用，但是他并没有在现实的社会背景中对二者之间的关系进行进一步的探讨，而是热衷于建立一种情感性的“人道教”作为治理社会的良方。

（二）马克思：感性就是现实性

卡尔·马克思是古典社会学的代表人物之一，他在《1844年经济学哲学手稿》中

① [德]卡尔·马克思：《1844年经济学哲学手稿》。北京：人民出版社，2015年，第85—86页。

② [德]卡尔·马克思：《1844年经济学哲学手稿》。北京：人民出版社，2015年，第81—82页。

③ [法]雷蒙·阿隆：《社会学主要思潮》，葛乘宁译。上海：上海译文版社，2015年，第67—68页。

指出应该在理性和感性的对立统一中全面认识人的本质。马克思认为，包括视觉、听觉和嗅觉在内的感性因素构成了人性或者人的本质的不同方面，因此只有当人的各种感觉或者感性能力连同人的其他方面的能力在现实生活中真正发挥作用的时候，人性或者人的本质才能真正实现。此外，在《关于费尔巴哈的提纲》中，马克思对感性的现实性和实践性进行了深刻的论述。马克思认为，费尔巴哈和法国的唯物主义者并没有把感性放到实践当中进行理解，而是简单地把它当作客观现象来看待，从而忽视了感性意识的能动性和创造性。同时，马克思还对唯心主义者抽象地谈论感性的能动性进行了批判。在马克思看来，感性就是现实性，感性行动就是实践。[①]

（三）韦伯：基于感性意识的价值理性是“另外一只看不见的手”

韦伯在论述经济行为的合理性时提出了实质理性和形式理性的概念，目的在于对支配理性选择行为的意识活动的计算形式、计算程度，以及理性选择行为所追求的目标的实现程度进行界定。在韦伯看来，形式理性指的是支配理性选择行为的意识活动形式应当是可以计算的，即可以对这种意识活动形式进行量化、符号化、逻辑推论或者效益预测；实质理性是就理性选择行为的内容而言，即理性选择行为所要追求的目标和结果的实现程度。韦伯认为，形式理性只有一种价值原则，即经济效益最大化原则，因此形式理性从概括的意义上看是一种工具理性，因为韦伯在对工具理性进行定义时也强调了它的计算性、功利性和推论性。与形式理性具有清晰的表现形式相比，实质理性的表现具有一定程度的模糊性，因为它不仅仅以形式上的计算为根据，还要从伦理、政治、享乐、等级、平均主义等非经济因素的角度对经济行为提出要求。也就是说，在实质理性的支配下，人们的经济行为受到了上述非经济因素的制约。因此，实质理性包含了非经济的原则。由此可以看出，实质理性指向理想目标的价值理性，从而降低了计算、推论等技术形式在经济行为中的地位。然而，与实质理性关注选择行为的目的和结果不同的是，价值理性行动的目的是给定的。也就是说，行动者不能根据自己的利益要求主动地衡量和挑选何种行动目标。在这种情况下，行动者能够选择的仅仅是通过何种途径或者何种方式来实现给定的目标和达到理想境界。[②] 因此，“从目的合理性的立场上看，价值合理性始终是非理性的。确实，价值合理性越是把自身价值推崇到绝对价值的地步，与之相应的行动就越是‘非理性的’。因为行动者越是无条件的善行、对义务的献身，他就越不考虑其行动的后果”[③]。正

---

① 刘少杰：《经济社会学的新视野——理性选择与感性选择》。北京：社会科学文献出版社，2005 年，第 74 页。

② 刘少杰：《国外社会学理论》。北京：高等教育出版社，2006 年，第 98—99 页。

③ 苏国勋：《理性化及其限制——韦伯思想引论》。上海：上海人民出版社，1988 年，第 92—93 页。

是在这个意义上，韦伯认为形式理性与价值理性必然要分道扬镳。[①]

（四）帕累托：非逻辑的情感因素是支配社会行动的主要动力

在对经济行为进行深入的量化研究之后，意大经济学家、社会学家维弗雷多·帕累托发现许多社会行为的发生并不符合逻辑，并且把经济行为都归结为经济人的理性选择行为是不符合实际的，因此应当超越经济学的视野去研究那些被排斥的非逻辑的或者非理性的社会行为。与韦伯从人本主义立场出发，对社会行为开展反实证研究所不同的是，帕累托从科学主义的立场出发，对社会行为开展实证研究。帕累托认为，组成社会系统的各种要素与个人的情感欲望和利益追求之间存在着紧密的联系，但是这些要素是自在的、相互依存的。在对人们的社会行为进行研究时，帕累托提出了非逻辑行为的概念。帕累托把逻辑行为定义为："使用适合于目的的手段并将手段与目的逻辑性地联系起来的行为。"[②]因此，那些不是根据目的来选用手段以及不存在逻辑根据的行为都属于非逻辑行为。帕累托并不排除逻辑思维在社会行为中的作用，但是他认为逻辑思维或理论观念的作用要小于情感体验的作用。因此，他把非逻辑的情感因素看作是支配社会行动的主要动力，这些情感因素包括明确的心理状态、情感和潜意识等。正是通过对非逻辑行为的分析，帕累托实现了对把非逻辑社会行为逻辑化和合理化的理论观念和信仰体系的批判。

（五）哈耶克：感性意识在人类社会的发展过程中扮演非常重要的角色

哈耶克对根据理性原则对人类社会进行人为的整体性设计的做法进行了批判，并把这种做法戏称为理性的"致命的自负"。哈耶克认为，人类通过学习和模仿形成遵守规则的行为模式，而且这种行为模式是进化和选择过程的产物，它介于人类的动物本能和理性之间，但又不是来自理性。在《致命的自负》一书中，哈耶克指出："从科学解释的角度说，并不是我们所谓的理智发展出了文明，更不用说指导进化的方向了，而是理智和文明在同时发展或进化。我们所谓的理智，并非像个人生来就有大脑一样，是他生来便有的东西或是由大脑产生的东西，而是他的遗传组织（例如他的具有一定尺寸和结构的大脑）在他成长的过程中，帮助他从自己的家庭和成年同胞那里吸收不是由遗传传递的传统成果而获得的。"[③]在哈耶克看来，人类社会的文明是通

---

① 刘少杰：《经济社会学的新视野——理性选择与感性选择》。北京：社会科学文献出版社，2005 年，第 37 页。

② ［美］刘易斯·A.科塞：《社会学思想名家——历史背景和社会背景下的思想》，石人译。北京：中国社会科学出版社，1990 年，第 430 页。

③ ［英］弗雷德思希·奥古斯特·哈耶克：《致命的自负》，冯克利、胡冒华等译。北京：中国社会科学出版社，2015 年，第 97 页。

过学习传统而获得的,人并非天生而具有理性和良知,因此唯有通过教育才能使人们变得理性、聪颖和拥有良知。从认识论的角度上看,介于本能与理性之间的是感性,而模仿则是人们在感性意识支配下开展的行为。因此,根据哈耶克的观点,感性意识在人类社会的发展过程中扮演着非常重要的角色。

(六)加芬克尔:社会学应立足于感性的日常生活世界

在舒茨现象学社会学回归生活世界的口号的直接影响下,以美国社会学家哈罗德·加芬克尔为代表的常人方法学对传统社会学和主流社会学单向度地追求社会理性化的倾向提出了挑战。常人方法学主张把社会学研究的立足点转移到日常生活之中,并主张通过常人处理日常生活的方法和主体间性的方法进行社会学研究,从而不仅为社会学关注感性意识和感性选择提供了契机,而且也奠定了方法论基础。根据西方的理性主义传统,日常生活世界和常人的思维方式都是位于理性层面之下的、需要提升到理性高度的感性事物。此外,在许多人看来,只有理性才是正确的,而感性则常常使人走上歧途。加芬克尔对这些观念和看法进行了猛烈的批判。他认为,在开展社会学研究时,社会学家应该以常人的姿态与被研究者开展日常对话,因为唯有如此,才能真实而具体地理解社会生活的意义。由此,常人方法学明确提出社会学应该立足于感性的日常生活世界,面对感性的社会现象和社会生活,进而以感性的方式开展研究。

(七)布迪厄:实践感的实质就是感性意识

法国社会学家布迪厄通过对“实践的模糊逻辑”或者“实践感”的论述,从而阐述了内容十分丰富的感性实践理论。布迪厄认为,在对人类行为进行研究之前必须摆脱两种错误的思路:一是传统哲学把人类的历史发展归结为绝对理念的逻辑展开;二是亚当·斯密等人把个人的选择行为解释为清楚自觉的理性行动。在布迪厄看来,日常生活实践也有自己的逻辑。这种逻辑既不是亚里士多德的形式逻辑,也不是德国古典哲学的辩证逻辑,而是人们在实践行为中的“实践感”逻辑,或者如布迪厄所说的“实践的模糊逻辑”。布迪厄认为,“实践感”逻辑是一种没有清晰的原则,但是能够使感性实践表现出一定秩序的规则的逻辑,因此它是理性思维所包含的逻辑的“前逻辑”。由此可以看出,“实践感”是一种介于理性思维和无意识的本能之间的意识,其实质就是感性意识,而布迪厄所论述的实践感的模糊逻辑实质上就是在论述感性意识和感性活动的逻辑。由此可以推断,实践感支配下的选择行为实质上就是感性意识支配下的感性选择,布迪厄通过对实践感进行论述,从而证实了感性选择的存在。

(八)吉登斯:感性意识通过记忆、实践和知识创造作用于社会行动

英国当代著名社会学家安东尼·吉登斯所论述的“记忆痕迹”“实践意识”和“共

同知识”实质上也是对感性意识在社会行动中的作用所进行的肯定。吉登斯认为，在社会实践过程中，社会中的结构、制度、制约性与人的主观性、能动性、创造性通过人的行动发生动态的相互作用和相互转化，从而使社会结构同时具有客观制约性和主观能动性的特征。此外，具有客观制约性和主观能动性的社会结构，不仅存在于社会层面上，而且也存在于个人的思想意识之中。[①] 吉登斯把人们头脑中的结构观念称为“记忆痕迹”。他认为，支配人们的社会行动的结构观念既不是传统认识论所称的逻辑思维，也不是用语言表达出来的概念和判断，而是日常生活实践中日积月累而形成的习惯性的“实践意识”。“所谓实践意识，指的是行动者在社会生活的具体情境中，无需明言就知道如何‘进行’的那些意识。”[②]吉登斯指出，实践意识虽然是一种能够对人们的行为进行支配的意识，但是它并不是形成概念、判断和推理的理性意识，而是介于无意识和话语意识之间的“只做不说的意识”。此外，吉登斯还论述了存在于行动之中，但是行动者意识不到的“共同知识”。这种不可言说的、处于广阔的“灰色区域”之中的共同知识实质上也是实践意识。由此可以看出，吉登斯所论述的只可意会而不可言传的“记忆痕迹”“实践意识”和“共同知识”实质上就是感性意识。

加芬克尔的常人方法学、布迪厄的感性实践理论、吉登斯的结构二重性理论以及德国社会学家哈贝马斯的交往行为理论都主张社会学应当回归生活世界，立足于感性的日常生活，从而对各种社会现象和社会问题进行研究。尽管这些理论中也常常提出社会生活进一步理性化的问题，例如哈贝马斯就明确坚持理性化是未竟的事业，应当用交往理性来化解一些导致社会生活走向分裂的非理性因素，但是，此时的理性已不再是迪尔凯姆所说的与日常生活对立的科学理性，而是立足日常生活、肯定感性世界的新理性。[③]

三、感性选择理论的提出

诚如赫伯特·西蒙所言，从理性选择的角度对实际发生的经济行为和其他层面的人类行为所进行的研究仅仅触及“冰山上的一角”，在理性选择层面之下的，表现为从众、模仿、习惯和习俗等的感性选择行为则构成了“海平面之下的大部分冰山”。经济学专心致志地构筑各种各样的理性选择模式，目的是更加有效地引导人们追求效率。然而，以综合性视角直面社会生活的社会学却不能仅仅顾及对理性选择的推论

---

① 刘少杰：《后现代西方社会学理论》。北京：社会科学文献出版社，2002 年，第 343 页。

② [英]安东尼·吉登斯：《社会的构成：结构化理论纲要》，李康、李猛译。北京：中国人民大学出版社，2016 年，第 79—80 页。

③ 刘少杰、王克蛟：“网络交流中的感性意识形态”，《福建论坛》(人文社会科学版)2015 年第 12 期。

和设计，而应当以更为广阔的视野去关注处于各种层面上的人们展开的多种多样的行为模式。[①] 经济社会学尤其是新经济社会学认为，经济行动是社会行动的一种特殊类型，经济行动是社会定位的。[②] 把人们的经济行动看作是在特定的社会背景下开展的一种特殊类型的社会行动，这不仅为经济学与社会学之间的对话构筑了一个崭新的平台，而且也为研究中国人在社会转型期的社会行为方式提供一个新的视角。

（一）感性选择概念的提出

在中国社会学发展史上，包括康有为、梁漱溟和费孝通在内的许多社会学家对中国人的社会行为方式进行了分析和概括，从而论述了中国人社会选择方式的感性特征，比如亲情性、家族性、血缘性、圈子性和熟悉性等。在此基础上，刘少杰提出了与中国人的社会行为方式非常契合的“感性选择”概念。他指出：“由感性意识支配选择行为是有别于理性选择的另一种选择方式，我称之为感性选择。理性选择是通过逻辑思维、根据普遍性原则和一般规则，在明确的理性思维活动支配下开展的选择行为；感性选择概念还没有人做出明确界定，但就这个概念的一般涵义而言，它被用来指谓那些在模糊的、被动的、尚未进入逻辑思维层面的感性意识活动支配下开展的选择行为。”[③]

（二）感性选择在当代中国社会转型中的地位

随后，刘少杰对感性选择在当代中国社会转型中的地位进行了论述。当前，中国社会转型从性质上看就是中国社会的现代化过程，而要实现现代化就必须推进社会理性化，社会理性化是现代化的核心内容。然而，中国是一个缺乏理性化传统的感性化社会，广大社会成员在社会转型过程中所开展的选择行为仍然是感性意识支配下的感性选择。因此，刘少杰认为 20 世纪 80 年代初开始的中国社会现代化过程是一个理性选择和感性选择共同发挥作用的过程。在这个过程中，“理性选择的主要表现是政策制定、战略规划、体制改革、制度创新、法制建设和行为监督等，概言之是组织化和制度化行为，正是这些行为支配或决定着中国社会转型的性质与方向，所以说理性选择处于主导地位，而感性选择处于从属地位；感性选择是主流，这是就理性选择和感性选择的实现表现程度而言的”[④]。具体地说，在社会转型期，理性选择一般要

---

① 刘少杰：《经济社会学的新视野——理性选择与感性选择》。北京：社会科学文献出版社，2005 年，第 2 页。

② Mark Granovetter，Richard Swedberg，eds.，*The Sociology of Economic Life*，Boulder：Westview Press，1992.

③ 刘少杰：“中国经济转型中的理性选择与感性选择”，《天津社会科学》2004 年第 6 期。

④ 刘少杰：《经济社会学的新视野——理性选择与感性选择》。北京：社会科学文献出版社，2005 年，第 94—95 页。

通过感性选择或者转化为感性选择才能成为广泛的社会实践，典型的理性选择只能在十分有限的条件下才能成立，因此感性选择在社会转型期是一种占主流地位的社会行为方式。

(三)社会转型期的感性选择的特点

接下来，刘少杰对中国社会转型期的感性选择的特点进行了概括。他认为，在社会转型期，中国人的感性选择主要有以下几个特点：(1)选择意识具象化。也就是说，在感性选择行为中，人们的意识活动具有形象性和具体性的特征。支配感性选择行为的并不是把握事物的本质规定性的抽象思维，而是对具体事物和具体问题进行直接观察的感官知觉。(2)选择目标综合化。也就是说，在感性选择行为中，人们所追求的目标是经验生活中未分化和非专业化的具体事物，而且只有当人们把这些目标同日常生活中的道德、情感、人际关系等其他因素结合起来之后才能成为感性选择的现实目标。(3)选择路径伦理化。也就是说，当确定了感性选择的目标之后，人们往往会求助于包括亲戚、熟人、同乡在内的以亲情为纽带、以圈子为展开形式的伦理关系。(4)选择根据经验化。也就是说，在开展感性选择行为时，人们所根据的是亲身经历或可以亲身感受的经验事实，而不是对信息的审慎分析、对效益的精密测算、对经济规律和科学原则的严格遵守。(5)选择秩序传统化。与理性选择一样，感性选择也有自己的秩序，所不同的是它的秩序是经验层面的传统，是表现为风俗、习惯、礼仪、惯例等的感性的行为模式，它具有延续性、重复性、特殊性和实践性等特点。具体地说，感性选择秩序是对传统的延续、对经验的重复、对个别性的肯定，它是人们日常生活实践中的秩序。①

(四)感性选择理论的现实意义和理论意义

感性选择概念和感性选择理论的提出，对研究中国社会转型过程中的社会现象和社会问题具有非常重要的现实意义和理论意义。首先，感性选择概念的提出，深刻地揭示了中国社会在实现理性化的过程中受到了感性制约的现实，从而有助于抓住中国社会转型和中国现代化的本质特征。其次，对作为中国社会实践主流的感性选择进行深入理解有助于对理性选择在中国遇到的各种障碍给出明确的解释。再次，对中国社会转型中感性选择的构成因素、表现形式、开展环节及其同理性选择的并存与冲突等问题给出社会学的理论概括，有助于建立与西方现代化理论相对应的、本土化的中国社会转型理论。最后，只有对感性选择的地位、作用给予正确的评价，中国才能从对西方现代化历史的简单模仿中解脱出来，在看到广大社会成员感性实践中

① 刘少杰："符号化消费：网络社会的感性化趋势"，《北京日报》2016年11月7日。

蕴含着创造性和建构性的同时，克服对理性选择的单纯崇拜，依靠社会实践的主体力量和主流过程，走出中国社会转型自己的道路。①

此外，感性选择概念和感性选择理论的提出是对传统理性观的挑战和超越。以西方理性主义为代表的传统理性观认为，人们的选择行为仅仅受到了逻辑思维的支配，而表现为感觉、知觉和表象的感性意识和感性思维仅仅是人们开展选择行为时需要克服的障碍。刘少杰认为，在人类的选择行为中，不仅存在着受逻辑思维支配的理性选择，而且也存在着受感性意识支配的感性选择，感性选择是人们开展理性选择的基础。同时，刘少杰指出感性选择具有自己的行为根据，这种根据并不是逻辑层面的思维，而是感性自身及其所直接面对的事物。此外，根据马克思关于感性的实践性和实践的感性特点的论述以及布迪厄的感性实践理论，刘少杰认为感性选择的逻辑是一种介于无意识的本能和理性思维之间的"实践的模糊逻辑"。

在本书中，笔者对理性选择和感性选择的划分以支配人们选择行为的意识形式为标准。具体地说，人们开展选择行为是以逻辑思维为根据，还是以感性经验为根据。需要着重指出的是，笔者并不把人们开展选择行为的手段、目的和结果作为对行为本身的合理性进行评判的标准。由此，本书在使用理性选择和感性选择这两个概念时暂且搁置了形式合理性和实质合理性的概念。

第三节　选择行为与秩序

社会秩序问题是社会生活的根本问题，它是社会生活得以可能的前提条件，因此与社会理论或社会哲学有着深刻的关联，构成了一般社会理论的核心主题。自从社会学诞生之日起，行动与秩序的关系问题一直是社会学的基本问题。正如美国当代著名社会学家杰弗里·亚历山大所指出的："正是个体的自主性使'秩序'成为问题，正是这种秩序问题使得社会学成为可能。"②如前文所述，人们的社会行动是一种选择行动，而人们所开展的选择行动又生产和再生产社会秩序。此外，在人们的选择行为中，既有受到逻辑思维支配的理性选择，也有受到感性意识支配的感性选择。因此，由人们的理性选择行为的开展所形成的社会秩序是一种理性的秩序，而由人们的感性选择行为的开展所形成的社会秩序是一种感性的秩序。

---

① 刘少杰：《经济社会学的新视野——理性选择与感性选择》。北京：社会科学文献出版社，2005年，第95—96页。

② [美]杰弗里·亚历山大：《社会学二十讲：二战以来的理论发展》，贾春增、董天民等译。北京：华夏出版社，2000年，第9页。

一、理性选择与理性秩序

(一)通过理性选择构建理性秩序是人类的不懈追求

理性秩序指的是人们在开展理性选择行为的过程中所形成的具有理性特征的社会秩序。理性秩序的形成以人们开展的理性选择行为为基础,同时理性秩序的存在也为理性选择行为的开展提供空间。在人类历史上,实现社会秩序的理性化是许多思想家的理论追求。自近代以来尤其是工业革命之后,指向未来理想和追求道德伦理的价值理性不断让位于指向现实事物和追求功利目标的工具理性,通过理性选择行为的开展构建理性秩序不断成为众多社会理论家的理论追求。

(二)霍布斯:理性秩序源于理性思维基础上的理性设计

在社会思想史上,秩序问题首先出现在"霍布斯问题"中,而这一问题也是人们首次对理性选择与理性秩序之间的关系问题进行研究。"霍布斯问题"的基本含义是:人们在合理地追求自己的私人利益时,如何保持社会秩序,而不至于陷入一切人反对一切人的战争中。霍布斯坚持人性恶的假设,他认为如果每个人都只追求自我利益的最大化,那么将导致一种大家都不愿接受的非理性的集体结果,即陷入一种一切人反对一切人的战争状态。同时,霍布斯还认为,由于人性本恶,人们又受到了无休止的权力和欲望的驱使,因此人与人之间达成一致并进行合作的可能性非常小,而自然法可以为人与人之间达成一致提供方便易行的和平条件。然而,自然法归根到底只是一种道德规则,仅仅依靠人们基于道德规则的自律是不可能真正避免一切人反对一切人的战争状态的。因此,为了使公共安全得到持久的保障,"只有一条道路——把大家所有的权力和力量付托给某一个人或一个能通过多数的意见把大家的意志化为一个意志的多人组成的集体"①。由此可以看出,霍布斯认为个人以实现自我利益最大化为目的的理性选择将导致社会的失序或无序,而国家及其代表的社会秩序则可以避免这种后果的出现。在霍布斯看来,理性秩序是人们运用逻辑思维并通过理性能力设计出来的,而不是上帝的旨意和安排,而且建构理性秩序的目标是为了消除个人的理性选择行为所带来的消极后果。

(三)亚当·斯密:理性秩序在"经济人"的理性选择中自发生成

亚当·斯密首次从经济学的角度对理性选择与理性秩序之间的关系问题进行研究。他认为,人的理性在于他在各项利益的比较中选择自我的最大利益,以最小的牺牲满足自己的最大需要,而人们对自我利益的理性追求会促进理性秩序的形成,而且

① [英]霍布斯:《利维坦》,黎思复、黎廷弼译。北京:商务印书馆,2017年,第132页。

理性秩序是利己的“经济人”在交易的过程中形成的。在他看来，市场这只“看不见的手”是一种自发秩序，市场体系所具有的自我调节的特征并不是一种设计的产物，而是价格机制的一种自发结果。在这一过程中，政府只扮演了“守夜人”的角色。由此可以看出，亚当·斯密认为理性秩序是追求自我利益最大化的“经济人”在开展理性选择行为的过程中自发形成的，政府只发挥了辅助性的作用。

（四）新制度经济学：理性秩序源于受到制度和规则制约的理性选择

制度经济学尤其是新制度经济学也对理性选择与理性秩序之间的关系问题进行了研究。与新古典经济学不同的是，新制度经济学强调了制度、文化和社会等因素对人们的选择行为的制约作用，进而指出理性秩序的形成和维系并不是社会个体之间的理性选择行为放任自流的结果，而是受到了人们根据理性原则设计出来的制度和规范的制约。诺斯认为，制度是一种社会博弈规则，是人们所创造的、用以限制人们相互交往的行为的框架。诺斯所说的博弈规则既包括表现为宪法、产权制度和规约制度等的正式规则，也包括表现为规范、习俗和意识形态等的非正式规则。青木昌彦则直接从博弈论的角度对制度进行定义，他指出：“制度是关于博弈如何进行的共有信念的一个自我维持系统。制度的本质是对均衡博弈路径显著和固定特征的一种浓缩性表征。该表征被相关域几乎所有参与人所感知，认为是与他们策略决策相关的。这样制度就是以一种自我实施的方式制约着参与人的策略互动，并反过来又被他们在连续变化的环境下的实际决策不断再产生出来。”①同时，新制度经济学认为制度减少了人们开展理性选择行为时所面临的不确定性，从而降低了交易费用。此外，制度还可以为人们开展合作创造条件，并且可以提供激励机制和促进外部效应内在化。由此可见，新制度经济学强调了制度对人们的理性选择行为的制约作用，从而表明理性秩序是在人们的理性选择行为受到制度制约的前提下形成和维系的。

（五）理性选择制度主义：经由理性选择而形成的制度促进理性秩序的形成

作为政治学新制度主义分支之一的理性选择制度主义也对理性选择与理性秩序之间的关系进行了研究。理性选择制度主义认为，在一个由众多理性的行动者组成的集体中，以实现集体利益为目的的集体行动会导致奥尔森所说的集体行动的困境（即“囚徒困境”或者“公地危机”）的出现，而制度不仅是化解集体行动困境的策略回应，而且也是促进自利的行动者在集体行动中进行合作的工具。同时，这一理论也认为制度通过化解集体行动的困境和增进集体成员之间的合作从而成为社会秩序的基础，而社会秩序反过来又为经济增长、政治稳定和社会发展提供了前提。美国著名政

---

①［日］青木昌彦：《比较制度分析》，周黎安译。上海：上海远东出版社，2016年，第28页。

治学家埃莉诺·奥斯特罗姆是理性选择制度主义的代表人物之一,她提出了著名的"自主治理理论"。奥斯特罗姆通过这一理论,对在政府与市场之外寻求自主治理的可能性进行了探讨。她认为,存在利益相互依赖的行动者之间能够在长期的接触中经常进行沟通和不断增进了解,从而在彼此之间建立信任和依赖感。由于长时间的交流,人们之间建立了共同的行为准则和互惠的处事模式(即广泛的制度),从而使个体与个体之间能够为了维护公共利益而组织起来,采取集体行动,实现自主治理。[①]与新制度经济学强调制度对人们的理性选择行为的制约作用所不同的是,理性选择制度主义认为人们可以在开展理性选择行为的过程中形成更加有利于促进理性选择行为开展的制度,从而促进人与人之间的合作,进而促进理性秩序的形成。

(六)韦伯:理性选择行为是理性秩序的关键因素

在古典社会学中,马克斯·韦伯着重探讨了社会行动与社会秩序之间的关系。韦伯把社会行动划分为四种理想类型,即工具理性行动、价值理性行动、传统行动和情感行动。韦伯认为,传统社会中的人类行动主要是传统行动和情感行动,而现代社会中的人类行动主要是理性行动,尤其是工具理性行动。在工具理性行动中,行动者不仅将其行动指向目的、手段及其附带的结果,同时也理性地衡量手段与目的、目的与附带的结果以及各种可能的目的之间的相互关系。此后,韦伯对行动与规范(秩序)之间的关系进行了研究。与迪尔凯姆过分强调社会规则对个人行动的制约所不同的是,韦伯强调个人行动在规范(秩序)形成过程中的重要性:规范起源于个人行为方式的"本能习惯化",规范演变(从习俗到法律)的根本动力来源于个人的某种"反常"状态即创新的影响;规范并不能"决定"和塑造个人行动,而只能为人们的行动提供一种"向导";规范的有效实施不仅取决于它的约束力和强制性,而且取决于它是否符合个人的"私利"。[②] 由此可见,韦伯认为人们开展的理性选择行为在理性秩序的形成中发挥了至关重要的作用。

(七)帕森斯:理性选择与理性秩序之间具有互构关系

在现代社会学中,帕森斯对行动与秩序之间的关系问题进行了卓有成效的研究。在其早期著作《社会行动的结构》一书中,帕森斯构建了一个旨在解释行动与秩序之间关系的"唯意志论的行动参考架构",从而强调行动参考架构中的"规范取向"。他认为,行动者根据规范取向(秩序)做出符合其主观目的的工具性选择,而行动者的这种选择体现了行动与规范(秩序)之间的和谐一致,从而为秩序的稳定提供保障。此

---

① [美]埃利诺·奥斯特罗姆:《公共事物的治理之道:集体行动制度的演进》,余逊达、陈旭东译。上海:上海译文出版社,2012年,第70页。

② 童星:《现代社会学理论新编》。南京:南京大学出版社,2003年,第231页。

后，在社会系统理论中，帕森斯对社会秩序与社会整合问题进行了研究。他把社会系统区分为人格系统、社会系统和文化系统。帕森斯认为，文化系统为人格系统和社会系统提供了控制机制。具体地说，文化系统能够向处于人格系统和社会系统之中的行动者提供基本的文化模式和规范取向，并通过社会化（即价值内化）的过程使人们的动机、行动与社会对他们的角色期待之间保持一致。需要着重指出的是，帕森斯认为行动者并不是规范取向（秩序）的被动接受者；相反，行动者可以通过对下面这五对模式变量的选择来显示其行动的自主性，即普遍性与特殊性、扩散性与专一性、情感性与中立性、先赋性与自获性、私利性与公益性。[①] 由此可见，帕森斯的行动理论和社会系统理论不仅强调社会秩序对人们的选择行为所具有的制约性，而且也强调人们的选择行为在秩序制约下所具有的自主性和能动性。

（八）哈贝马斯：通过交往行为的理性化重建现代社会的理性秩序

在当代社会学中，德国著名社会学家哈贝马斯在他的交往行为理论中对理性选择与理性秩序之间的关系问题进行了探讨。哈贝马斯认为，社会行动可以划分为两种类型，即目的理性行动和交往理性行动。在他看来，"有目的—理性行动可以在两个不同方面被考察——技术手段的经验效能和各种适宜手段间选择的连贯性，行为和行为系统在这两方面都能被理性化。手段的理性化要求技术功利性的经验性的知识；决策的理性化要求价值系统、决策准则以及行为选择之正确推导的解释和内在连贯性"[②]。由此可见，哈贝马斯的目的理性行动其实就是韦伯所说的工具理性行动。哈贝马斯认为，在公共领域结构转型的过程中，资产阶级国家通过目的理性行动对公共领域进行入侵，从而使人们通过交往行动从私人领域进入公共领域的道路受到了阻碍，进而导致了生活世界的殖民化。在哈贝马斯看来，不能因为生活世界在现代社会中受到了殖民化而认为现代性已经过时，而应该对现代社会表现出来的病症进行积极的诊治。他所开出的药方是：限制资产阶级国家的政治权力和经济权力，为生活世界留下足够的运行空间，梳理人们的交往关系，特别是建构交往理性，促进人们按照交往理性的真、诚、正、通四条原则，开展能够有效沟通的交往行动，保证生活世界的合理化状态，同时保证公共领域和私人领域的和谐关系，使它们都能充分发挥自己的积极功能。[③] 由此看来，哈贝马斯主张对工具理性的疯狂扩张进行限制，通过交往行动的理性化促进生活世界的合理化，进而重建现代社会的理性秩序。

经济学、政治学和社会学关于行动与秩序之间关系的研究表明，人们在现代社会

---

① 贾春增：《外国社会学史》，北京：中国人民大学出版社，2000 年，第 226—228 页。

② [德]哈贝马斯：《交往与社会进化》，张博树译。重庆：重庆出版社，1989 年，第 120 页。

③ 刘少杰：《国外社会学理论》。北京：高等教育出版社，2006 年，第 397 页。

中往往会根据工具理性的原则开展理性选择行为，而理性选择行为的开展又为理性秩序的形成奠定基础。正如迪尔凯姆、韦伯、帕森斯和英克尔斯等人在他们的现代化理论中所指出的那样，一个民族告别传统走向现代的根据与途径就是工具理性化。[①]改革开放之前，中国人的思想观念受到了指向虚幻的思想世界的价值理性的支配，革命理想高于天的原则取代了对经济利益的追求。改革开放41年来，植根于人类本性之中的工具理性显示出了越来越强大的生命力。在人们的经济生活中，计算精神和竞争意识逐渐取代"等靠要"的思想观念，而理性选择行为的开展又推动了中国社会秩序不断迈向理性化。

二、感性选择与感性秩序

感性秩序指的是人们在开展感性选择行为的过程中所形成的具有感性特征的社会秩序。感性选择行为的开展构成了感性秩序的基础，而感性秩序的存在又为感性选择行为的开展提供空间。在西方社会学史上，包括韦伯、布迪厄、哈耶克和吉登斯在内的社会学家对感性选择与感性秩序之间的关系进行了深入的理论探讨。在中国社会学史上，康有为、梁漱溟和费孝通等人对中国人社会行为的感性特征进行了论述，进而验证了感性秩序在中国传统社会中的真实存在。

(一)韦伯：中国人依传统而展开的社会行动建构了中国社会的感性秩序

马克斯·韦伯根据"主观意义的客观分析"的方法，把社会行动划分为以下四种理想类型：工具理性行动、价值理性选择、传统行动和情感行动。在韦伯看来，传统行动是以传统习惯为根据而展开的社会行动。这种类型的社会行动既不计算功利，也不追求超越功利的理想，相反，它所坚持的是习惯的继续和历史的沿袭。传统行动所遵循的基本原则是：只要从前是这样做的，祖先是这样做的，行动就有了根据，至于目的、手段和行动的结果都是没有经过理性思考的。[②] 在韦伯看来，传统行动是一种面向过去的、保守的社会行动类型，它同以理性化为核心的社会现代化过程是背道而驰的。因此，韦伯认为在社会现代化的过程中，传统行动必将逐渐被功能日益强大的工具理性行动所取代。然而，韦伯也承认传统是根深蒂固的，因此在短期内用工具理性行动彻底取代传统行动是不可能实现的。在对20世纪初的中国社会秩序进行分析时，韦伯认为当时的中国社会秩序是一种"血缘家族主导性秩序"。由此看来，韦伯认为中国人当时的社会行动仍然以传统行动为主，而由此形成的社会秩序是一种感性的秩序。

---

① 刘少杰、王建民："追求社会学理论思维与经验研究的综合：刘少杰教授访谈"，《学术月刊》2011年第43卷第2期。

② 刘少杰：《国外社会社会学理论》。北京：高等教育出版社，2006年，第99页。

(二)布迪厄:实践感支配下的感性选择行为建构了日常生活中的感性秩序

在马克思关于感性的实践性和实践的感性特点的论述的影响下,布迪厄阐述了内容十分丰富的感性实践理论。在布迪厄看来,按照黑格尔的绝对理念展开的实践是一种超越现实的、一般性意义上的实践,它以高度的思辨性代替了具体实践的丰富性;按照以亚当·斯密为代表的古典经济学家的"理性人"假设所展开的实践是一种经过高度抽象的、单纯的经济行为,而不是现实生活中的具体存在。布迪厄认为,真实存在的实践活动并不是人类理性的展开过程,而是受"前逻辑"或者"实践感"支配的、遵循"实践的模糊逻辑"的感性实践。在日常生活中,实践感支配下的选择行为是感性选择行为,而由感性选择行为的展开所形成的日常生活秩序则是一种感性的秩序。

(三)哈耶克:自发秩序实质上是一种感性秩序

在对社会秩序进行阐述时,哈耶克提出了"自发秩序"的概念,从而肯定了秩序的自生自发性。在《致命的自负》一书中,哈耶克对这个概念进行了进一步的发展,从而提出了"扩展秩序"的概念。哈耶克认为,人类社会的秩序是一种自生自发的秩序,它是人类行动的结果,而不是人类根据理性原则设计出来的。此外,哈耶克对理性选择之外的选择行为的重要性进行了强调。他认为,人类社会的经济秩序和社会秩序都不是理性选择行为的产物,而是在介于理性和本能之间的意识的支配下,通过人们的自发行为形成的。因此,哈耶克把这种秩序称为"自发的扩展秩序"。介于理性和本能之间的意识活动就是感性意识,因此由感性意识支配的选择行为的开展所形成的秩序就是感性秩序。

(四)吉登斯:实践意识支配下的感性选择建构了日常生活中的感性秩序

吉登斯在他的结构化理论中也对感性选择与感性秩序之间的关系问题进行了探讨。他认为,支配人们社会行为的结构观念并不是传统认识论所称的逻辑思维,也不是用语言表达出来的概念和判断,而是在日常生活实践中日积月累而形成的习惯性的实践意识。"所谓的实践意识,指的是行动者在社会生活的具体情境中,无需明言就知道如何'进行'的那些意识。"[①]实践意识既不属于本能层面的无意识,也不属于能够形成概念、判断和推理,并可以用语言表达出来"话语意识",而是介于无意识和话语意识之间的、能够支配人类行为的"只做不说的意识"。这种"只做不说的意识"实质上就是感性意识,而由此支配的选择行为就是感性选择行为。除了"只做不说"

---

① [英]安东尼·吉登斯:《社会的构成:结构化理论纲要》,李康、李猛译。北京:中国人民大学出版社,2016 年,第 42 页。

的特点之外，实践意识还具有日常性和惯例性的特点。[①] 由此可见，实践意识支配下的感性选择行为是在日常生活世界中展开的，而感性选择行为的展开又为日常生活世界中感性秩序的形成奠定基础。

（五）梁漱溟：中国传统社会具有浓厚的感性特征

在《中国文化要义》一书中，梁漱溟对中国人社会行为的感性特征和中国传统社会中存在的感性秩序进行了论述。梁漱溟认为，西方的社会关系始终是个人与团体之间的契约关系，中国社会缺乏团体生活，因此家庭关系就突显了出来。在日常生活中，中国人往往将家庭关系加以推广，“以伦理组织社会”[②]，从而使中国人的社会关系伦理化。家庭关系以情感为基础，而这种情感关系在中国传统社会中扩展成伦理关系，即“此一人与彼一人相互间的情谊关系”。由此，整个中国传统社会就变成了由“此一人与彼一人”的相互联结而构成的社会关系网络。人们在这个伦理化的社会关系网络中开展的、以情感为基础的社会行为实质上就是感性选择行为，从而使以家庭为根基、以伦理为本位的中国传统社会的社会秩序具有浓厚的感性特征。

（六）费孝通：感性秩序是礼俗社会的基本秩序

在《乡土中国》一书中，费孝通把中国传统社会概括为“礼俗社会”，把中国传统社会的社会秩序定位为“礼俗秩序”，从而表明了感性秩序在中国传统社会中的真实存在。费孝通认为，以亲情关系为纽带而结成的熟人社会、圈子社会，是一种在社会结构上与西方团体格局社会不同的差序格局社会。[③] 在这种差序格局的社会中，人们开展社会行为的依据是礼俗，而礼俗实质上就是传统。“传统是社会所累积的经验，……在乡土社会中，传统的重要性比现代社会更甚，那是因为在乡土社会里传统的效力更大。”[④]费孝通进一步指出，礼治是中国传统社会的重要社会情态。在礼治社会中，对传统的服从并不是依靠外在权力的推行，而是通过长期的教化使其转变成行动者的习惯，使行动者把对传统的服从看作是理所当然的。在费孝通看来，礼就是中国人的行为规范，是对行为和目的之间的关系不用逻辑推论、不用计算预测的传统经验，是对人们的行为具有形象示范和象征规定的仪式。不用逻辑推论、只需直接效仿经验模式等，这些都正是感性选择的基本特征。因此，人们在中国传统社会中所开展的模仿、从众和沿袭传统等社会行为实质上就是感性选择行为，而由感性选择行为的开展所形成的礼俗秩序实质上就是一种感性秩序。

---

① 刘少杰：《后现代西方社会学理论》。北京：社会科学文献出版社，2002 年，第 345 页。

② 梁漱溟：《中国文化要义》。上海：上海人民出版社，2018 年，第 70 页。

③ 刘少杰：“符号价值消费的现实基础与感性选择”，《探索与争鸣》2018 年第 9 期。

④ 费孝通：《乡土中国》。北京：商务印书馆，2018 年，第 52—53 页。

改革开放41年来，中国社会已经发生了翻天覆地的变化，但是乡土文明的基础和以家庭为根基、以伦理为本位的传统仍然普遍存在。时至今日，农村户籍人口在中国总人口中仍占相当大的比重，而且许多城市里还拥有规模庞大的、以农民的心态和行为方式进行生活和工作的农民工群体，他们共同构成了乡土文明和伦理本位的社会传统的重要载体。在这些重要载体中，模仿、从众和沿袭传统等具有感性特征的社会行为方式仍然普遍存在。因此，在社会转型加速期中仍然存在着由感性选择行为的开展所形成的感性秩序。

第三章 迈向理性化的外部秩序

社会秩序的形成和演化以人们开展的社会选择行为为基础，而理性秩序的形成和演化又是以人们开展的理性选择行为为基础的。改革开放41年来，中国的社会秩序发生了广泛而深刻的变化，而市场化的不断推进正是这种变化得以发生的根本原因。城市是中国改革开放的前沿，因此，与农村地区相比，城市的社会理性化步伐要快得多。与此同时，城市的社会秩序是由包括农民工群体在内的行为主体通过开展社会选择行为构建的。因此，作为中国社会转型的产物，农民工群体进城打工的行为本身及其与城市环境、城市机构和城市市民之间开展的社会选择行为必然是一种与城市社会秩序理性化和市场化相契合的理性选择行为，而这种理性选择行为的展开又为农民工群体外部秩序的形成和扩展奠定基础。

第一节 社会选择方式的变迁：外部秩序的前提

20世纪70年代末以来，中国进入了社会转型的加速期，即从农业的、乡村的、封闭和半封闭的传统社会快速地向工业的、城镇的、开放的现代社会的转型。在这个历史时期中，随着政治体制改革和经济体制改革的不断深入，中国人的社会选择方式发生了重大的变迁，由此导致中国的社会秩序发生了相应的变化。作为中国社会转型的产物，农民工群体既是社会选择方式变迁的重要实践者，同时也是转型期社会秩序变迁的重要推动者。农民工群体的外部秩序是通过这个群体开展的以理性选择为基础的社会选择行为构建的，因此这个群体的社会选择方式的变迁就构成了外部秩序得以构建的前提。

一、从伦理感性选择到政治理性选择

(一)伦理感性选择是传统中国人的重要社会选择方式

感性选择指的是那些在模糊的、被动的、尚未进入逻辑思维层面的感性意识活动的支配下开展的选择行为。虽然这种选择行为只是受到了初级意识活动的支配，人们在开展感性选择行为时对事物的认识程度远远不及理性选择行为，但是它与理性选择一样都是人们在社会生活中广泛开展的选择方式。正如康有为、梁漱溟和费孝

通等人所说的一样，中国人的社会行为方式具有强烈的感性特征，比如亲情性、家族性、血缘性、圈子性和熟悉性等。社会行为方式实质上就是社会选择方式，因此中国人的社会选择方式也具有强烈的感性特征。由此可见，在传统社会中，中国人在开展社会选择行为时并不是根据具有普遍性的原则进行逻辑推论，而是根据感性意识活动在人际关系中开展具有强烈的伦理特征的感性选择。在这个意义上，我们把中国人传统的选择方式称为伦理感性选择。[①]

梁漱溟对中国传统经济生活中"伦理本位"的感性选择方式进行了阐述。在他看来，家庭是中国经济生活的基本单位，中国人把家庭关系扩展到其他人际关系中，"是关系，皆伦理；伦理始于家庭，而不止于家庭"[②]，进而实现以伦理组织社会的目的。因此，在传统社会中，中国人往往把师徒关系、同僚关系、乡党关系和朋友关系等"或比之于父子之关系，或比之于兄弟之关系，情义益以重"[③]。梁漱溟指出，传统社会中的中国人把以家庭为中心的伦理关系原则作为开展经济行为时必须遵守的准则。也就是说，在开展经济行为时，"视其伦理关系之亲疏、厚薄为准：愈亲厚愈要共，以次递减"[④]。具体表现为："夫妇、父子共财，乃至祖孙兄弟等也共财。若义庄、义田一切族产等也为共财之一种。兄弟乃至宗族间有分财之义；亲戚、朋友间有通财之义。以伦理关系言之，自家人兄弟以讫亲戚、朋友，在经济上皆彼此顾恤，互相负责；有不然者，群指目以为不义。"[⑤]因此，梁漱溟把中国社会中存在的"共财""分财"和"通财"的经济称为"伦理本位的经济"，从而与西方的"个人本位的经济"区别开来。以亚当·斯密为代表的西方经济学家认为，在西方社会"个人本位的经济"中，理性的经济人按照效益最大化原则开展经济理性选择。然而，在中国传统社会"伦理本位的经济"中，效益最大化的经济原则并不适用，因为人们在开展经济行为时所追求的并不是效益最大化，而是追求"义"。因此，这种经济行为表现出伦理感性选择的特征。

在论及中国人的社会行为时，费孝通对在中国传统社会的经济生活中存在的伦理秩序和感性选择行为进行了阐述。费孝通认为，西方社会是由"一捆一捆清楚的柴"所形成的"团体格局"，而中国社会则是"好像把一块石头丢在水面上所发生的一圈圈推出去的波纹"所形成的"差序格局"。在"团体格局"的西方社会中，人们往往按照法律或者规则等普遍原则开展社会行动，而在"差序格局"的中国社会中，人们往往

① 刘少杰：《经济社会学的新视野——理性选择与感性选择》。北京：社会科学文献出版社，2005 年，第 109 页。

② 梁漱溟：《中国文化要义》。上海：上海人民出版社，2018 年，第 79 页。

③ 梁漱溟：《乡村建设理论》。北京：商务印书馆有限公司，2015 年，第 26 页。

④ 梁漱溟：《乡村建设理论》。北京：商务印书馆有限公司，2015 年，第 27 页。

⑤ 梁漱溟：《乡村建设理论》。北京：商务印书馆有限公司，2015 年，第 26 页。

是在家庭关系的基础上，通过血缘关系、亲情关系和熟悉关系，在以自己为中心的水波纹般散开的差序格局中开展社会行动的。[①] 同时，费孝通认为虽然差序格局中的社会行动不像西方团体格局中的社会行动那样有界限清楚、概念明确、原则普遍的规则性，但是它有自己特殊的规则性，即作为传统和经验而发生作用的"礼"。在他看来，礼是中国人的行为规范，是对行为和目的之间的关系不用逻辑推论、不用计算预测的传统经验，是对人们的行为具有形象示范和象征规定的仪式。无需逻辑推论，只需直接效仿传统和经验，这正好就是感性选择行为所具有的基本特征。因此，中国人在传统社会中开展的以亲情关系、血缘关系和熟悉关系等伦理关系为基础的社会选择行为实质上就是伦理感性选择。

需要指出的是，伦理化的选择行为并不一定是感性选择行为。在长达 2000 多年的中国封建社会史上，以孔孟的儒家学说为基础的儒家伦理经由汉代董仲舒的今文经学得以进一步发展，并在宋明时期的程朱理学的推动下达到了顶峰。到封建社会后期，儒家伦理纲常发展到了极致，从而使"存天理，灭人欲"的观念受到了封建王朝的推崇。所谓"存天理，灭人欲"，就是要维护封建社会的伦理道德和典章制度，对人们的感性欲望和感性选择进行压制，从而维持如孟子在《孟子·滕文公上》所说的"父子有亲，君臣有义，夫妇有别，长幼有序，朋友有信"的封建伦理秩序。梁漱溟所说的"伦理社会"和费孝通说所的"礼俗秩序"都是在儒家伦理的影响下提出来的，然而它们并不等同于儒家伦理本身。相反，它们是经过经验化、仪式化、日常生活化的感性存在，是老百姓的日常生活秩序。[②] 因此，笔者所说的伦理感性选择指的是老百姓在日常生活中开展的以亲情化、熟悉化和仪式化为基本特征的选择行为，从而与儒家伦理道德所推崇的、具有崇高价值追求的"伦理理性选择"相区别。

(二)政治理性选择成为新中国成立后城乡居民的重要社会选择方式

新中国成立以后，我国逐步形成了以城乡分割为基本特征的城乡二元结构。在这种社会结构下，城乡之间的正常联系被割断，从而造成了城市与乡村之间的巨大落差。在这种情况下，由传统社会沿袭下来的社会选择方式在农村居民那里得到了较好的保存。与此同时，中国共产党领导的新民主主义革命以及新中国成立以后风起云涌的政治运动，使对远离现实的政治目标的追求成为广大农村居民开展社会选择行为的重要动机，进而使政治理性选择成为农村居民重要的社会选择方式。

在中国共产党领导的新民主主义革命之后，不仅封建统治者推崇的伦理理性选

---

① 费孝通："礼治秩序"，载于《乡土中国》。北京：商务印书馆，2018 年，第 40—44 页。

② 刘少杰：《经济社会学的新视野——理性选择与感性选择》。北京：社会科学文献出版，2005 年，第 112 页。

择退出了历史舞台，而且连老百姓在日常生活中开展的伦理感性选择也面临严重的危机。以实现共产主义为目标的革命理想和革命行动不仅宣告了维护封建等级秩序的儒家伦理的终结，而且也向传统社会的乡土文明提出了挑战，连日常生活中存在的伦理感性选择和具有感性特征的“礼俗秩序”也受到了猛烈的批判。正如周晓虹所指出的那样，“地主阶级的被推翻，整个冲击并改变了中国乡村原有的社会联系，其中首当其冲的是乡土社会的宗族血缘关系”[①]。与经济理性选择相比，政治理性选择所追求的是远离现实的政治目标，而不是经济效益的最大化；所坚持的是不容置疑的政治原则，而不是个人利益最大化原则；所建立的是人人自危的政治秩序，而不是市场主导的理性秩序。[②] 在现实生活中，政治元素侵入了农民社会生活的各种层面，从而使“平均主义”和“吃大锅饭”等现象成为农民社会生活的常态。到了“文化大革命”时期，农民社会生活和社会行为的政治化程度达到了顶峰。因此，经过一次又一次的政治运动，以狂热和“左”倾为基本特征的政治理性选择取代了传统社会的伦理感性选择。

由此可见，在城乡二元结构下，无论是传统社会沿袭下来的伦理理性选择，还是由政治运动的推动而兴起的政治理性选择，都无法使中国农民走出其世代厮守的田园，更无法使他们通过与外界的接触构建一种全新的社会秩序。因此，只有打破城乡二元结构的束缚，只有使中国农民真正拥有为维持自身生存和促进自身发展而开展社会选择行为的权利，中国农民才会选择离开农村和离开土地，进而通过与外界尤其是与城市和城市市民的接触，构建一种新的社会秩序。

二、从政治理性选择到经济理性选择

(一)经济理性选择成为改革开放后中国人重要的社会选择方式

从20世纪70年代末开始，中国开始实行改革开放政策，“以经济建设为中心”的战略方针取代了“以阶级斗争为纲”的政治路线。由此，以狂热和“左”倾为基本特征的政治理性选择逐渐失去了主导地位，取而代之的是以经济利益最大化为目标的经济理性选择。与此同时，随着经济体制改革和政治体制改革的不断深入，以城乡分割为基本特征的城乡二元结构不断松动和解体，从而使越来越多的农村居民为谋求自身更好的发展而涌入城市，从而形成波澜壮阔的“民工潮”。作为中国社会转型的产

① 周晓虹：《传统与变迁：江浙农民的社会心理及其近代以来的嬗变》。北京：生活·读书·新知三联书店，1998年，第160页。

② 刘少杰：《经济社会学的新视野——理性选择与感性选择》。北京：社会科学文献出版，2005年，第113页。

物，农民工群体与城市环境、城市机构和城市市民之间开展的以获取经济利益为目的的社会选择行为是一种经济理性选择行为。

所谓经济理性选择，指的是人们在经济生活中以追求经济利益最大化为目标，按照人们约定的经济活动规则和认识的经济规律，对经济活动的成本与效益进行计算、预测、评价和推论等逻辑思维的社会行为。[①] 由此可见，笔者的经济理性选择概念与亚当·斯密等经济学家所说的经济人的理性选择概念基本上是一致的。并且与其他领域中的理性选择行为相比，经济理性选择是目标最为明确、思考最为充分、计算最为精确以及推论最为严密的选择行为。包括亚当·斯密在内的西方经济学家对经济理性选择行为开展了广泛而深入的研究，从而建立了内容非常丰富、分析非常细致的理性选择理论。在这些理论的指导下，人们开展的经济理性选择行为变得越来越精致和严密。

当前，经济理性选择的行为主体主要是各种经济部门和经济机构的管理者，以及参与经济活动的知识分子和一部分具有一定文化基础的经济活动者。从人数上看，开展经济理性选择的人并不占多数，然而经济理性选择如今已经成为中国经济生活的主导。人们通过开展经济理性选择梳理中国经济的中枢神经，引导中国经济发展的方向，从而促使中国经济朝着理性化、制度化和高效化的目标迈进。与此同时，经济理性选择还担负着利用其思维方式和方法原则上的优势去影响和教化仍然开展经济感性选择的广大社会成员的任务，原因是：只有当各种决策机构、管理机构和专家系统制定的各种经济政策和经济规划同广大社会成员在日常经济生活中开展的经济感性选择有机地结合起来时，这些经济政策和经济规划才能成为推动中国经济发展和社会进步的现实力量。

(二)农民工进城打工是一种经济理性选择行为

1978 年以来，中国的经济社会开始了全面而深刻的变革，中国社会不仅加速了由传统到现代的转型，同时也经历了由计划经济体制到市场经济体制的转变。农民工劳动力市场是伴随着这一经济社会转型而逐步形成和发育起来的，因此农民工进城打工是一种典型的市场行为。在进城打工之前，农民工已经对外出打工的成本和收益进行了理性的计算。具体地说，农民工择业标准的参照物是农业生产，只要进城打工的劳动强度不比农业生产更大，收益不比农业生产更差，他们还是愿意干的，而

---

① 刘少杰：《经济社会学的新视野——理性选择与感性选择》。北京：社会科学文献出版社，2005 年，第 117 页。

且这样的工作在城市里还是普遍存在的。[①] 此外，当农民工进入城市社会之后，他们与城市环境、城市机构和城市市民开展的并不是以亲情性、熟悉性和圈子性等为基础的感性选择行为，而是一种需要对工作的性质、地点、服务对象、劳动报酬等因素进行通盘考虑的经济理性选择。由此可见，农民工群体的形成和壮大是中国市场化不断向前推进的结果，而农民工进城打工以及他们在城市社会中开展的经济行为都属于市场行为，是一种经济理性选择行为。

由此可见，城乡二元结构的松动和解体使越来越多的农村居民离开了农村和土地，从而在更为广阔的城市社会空间中开展社会选择行为，进而构建一种新的社会秩序。与农村居民在乡村社会中开展的以其他农村居民为对象的伦理感性选择和政治理性选择相比，农民工群体在城市空间中开展的以获取经济利益为目的的经济理性选择行为的对象是城市环境、城市的各种机构和城市市民，由此构建的是以理性选择为基础的社会秩序，即农民工群体的外部秩序。

三、从经济理性选择到社会理性选择

(一)生存理性、经济理性、社会理性

20 世纪 70 年代末以来，随着家庭联产承包责任制的实行，农村地区的劳动生产率得到了大幅的提升，而城乡二元结构的松动和解体促使农村居民通过进城打工改善自己和家人的生存状况。在这种情况下，农村居民面临的生存压力得到了大幅度的缓解。然而，随着生存压力的减缓，农村人口外出就业活动并没有因此而减少，相反在某种程度上还有所增加，原因是什么呢?

在社会学的视野中，理性行为就是为了达到一定目的而通过社会交往或交换所表现出来的社会性行为，这种行为需要理性地考虑对其目的有影响的各种因素。因此，根据人们追求的目的的不同，我们可以把人类的理性行为划分为三个层次，即生存理性、经济理性和社会理性。在生存理性的层面上，人们开展理性选择行为的动因是缓解生存压力，其目的是使自身的生存安全得到切实的保障，因此人们开展生存理性选择行为时遵循的是生存原则;在经济理性的层面上，人们开展理性选择行为的动因是获取最大化的经济利益，其目的是使自身的生存状况大为改观，因此人们开展经济理性选择行为时遵循的是最优原则;在社会理性的层面上，人们开展理性选择行为的动因是使自身的社会身份、社会地位和社会声望处于比较理想的状态，其目的是获取最大化的社会利益，因此人们开展社会理性选择行为时遵循的是满意原则。

---

① 陈阿江、朱启彬:"未能随迁的乡土关系——锦镇搬迁对商贸活动影响的分析",《中国农业大学学报》(社会科学版)2016 年第 33 卷第 3 期。

(二)社会理性选择是一种最高层次的社会选择方式

人多地少是中国的基本国情,而农业生产效益的相对低下又是广大农村居民不得不面对的问题,因此中国农民面临着巨大的生存压力。改革开放之前,城乡二元结构的建立和强化扼杀了广大农村居民为缓解生存压力而开展生存理性选择的积极性和主动性,从而使他们只能通过从事农业生产来谋求生存。改革开放之后,随着城乡二元结构的不断松动和解体,对农村居民外出就业的限制不断减少,从而使广大农村居民可以通过选择进城打工来缓解生存压力。因此,我们可以把农村居民为缓解生存压力而选择进城打工的行为称为生存理性选择。从总体上看,通过进城打工获取缓解生存压力所需的经济利益是农民工群体开展生存理性选择的重要动机,因此我们也可以把这个群体开展的生存理性选择称为初级的经济理性选择。

在通过生存理性选择成功地实现外出就业之后,如何通过对进城打工过程中涉及的成本和收益进行计算、预测、评价和推论,从而获取最大化的经济利益就成为许多农民工不得不面对的问题,而开展经济理性选择是解决这个问题的最佳途径。因此,在与城市环境、城市机构和城市市民开展的以获取最大化的经济利益为目的的经济行为中,经济理性选择行为就成为许多农民工经常采取的社会选择方式。与生存理性选择仅仅需要对外出就业的成本和效益进行计算和预测相比,农民工开展经济理性选择时需要把更多的因素纳入考虑的范围,包括从事的工作、服务的对象和服务的地点等。因此,农民工群体在城市空间中开展的经济理性选择是一种更高层次的理性选择行为。

对于选择外出就业的农村居民而言,人多地少和农业生产效益的低下仍然是他们不得不面对的问题,然而传统的乡土观念已经不再像他们外出就业之前那样具有强烈的文化意义了。相反,他们可以通过对农村和城市的生活方式和价值观念进行横向的比较,从而决定是继续滞留城市还是返回农村。此外,改革开放以来,随着中国城市化步伐的不断加快,城市为农民工提供了大量可供选择的生存和发展机会。因此,当农民工通过生存理性选择和经济理性选择使其所面临的生存压力大为减缓之后,他们仍然一如既往地游离于乡村之外。在这种情况下,农民工开展社会选择行为的目的并不仅仅局限于获取最大化的经济利益,而且也在于获得包括社会身份、社会地位和社会声望在内的社会利益。在我们看来,人们以获取社会身份、社会地位和社会声望等社会利益为目的而开展的理性选择行为是一种社会理性选择行为。因此,通过开展社会理性选择从而获得合法的社会身份、较高的社会地位和社会声望就成为广大农民工开展社会选择行为所要实现的目标。

新中国成立以来,中国农民(包括农民工)的社会选择方式经历了从伦理感性选择、政治理性选择、经济理性选择到社会理性选择的变迁。作为占中国人口绝大多数的人群，中国农民的社会选择方式的变迁必然会对中国的社会秩序产生深远的影响，而作为中国农村居民中选择进城打工的部分，农民工群体在城市社会空间中开展的社会选择行为也必然会对城市的社会秩序产生影响。在当前的社会背景下，虽然城乡二元结构已经出现了松动和解体，但是支撑这种社会结构的规则、制度、行为方式和价值观念等因素仍然在发挥作用。因此，农民工群体在城市社会中仍然作为一个有别于城市市民的社会阶层而存在，其与城市环境、城市机构和城市市民开展的以理性选择为基础的社会选择行为构建了农民工群体的外部秩序。

第二节　城市社会秩序的理性化与外部秩序的发展趋势

社会选择行为展开了人与社会的关系，因此人们通过开展不同类型的社会选择行为展开了不同类型的人与社会的关系，进而构建了不同的社会秩序。改革开放以来，中国进入了社会转型的加速期。在这个时期，中国的社会秩序发生了广泛而深刻的变化，而导致这种变化的主要动力是市场化的不断推进。在市场化浪潮的推动下，各种经济主体和社会成员为了实现自身的经济利益而投入到激烈的市场竞争中。市场化的实质是根据效率原则推进社会生活的理性化，而以工具理性化为基本特征的社会生活理性化又不断推动了社会秩序的理性化。作为城市社会中的重要行为主体，农民工群体通过与城市环境、城市机构和城市市民开展的理性选择行为构建了这个群体的外部秩序，而这种外部秩序是不断迈向理性化的城市社会秩序的重要组成部分，因此迈向理性化也就成为农民工群体外部秩序的发展趋势。

一、从伦理理性化到工具理性化：城市社会秩序的理性化之路

(一)工具理性化是中国社会现代化的核心内容

当前，中国社会正处于从农业的、乡村的、封闭和半封闭的传统社会向工业的、城镇的、开放的现代社会转型。从性质上看，中国的社会转型与西方 18 世纪的社会转型是相同的，即都是社会现代化的发生和发展过程，也就是包括韦伯在内的许多社会学家所说的社会理性化的过程。韦伯认为，实现现代化必须大力推进社会理性化，而工具理性化又是现代化的核心内容。然而，中国社会是一个缺乏理性化传统的感性化社会。[①] 因此，从某种意义上看，中国的社会转型可以被看作是从感性化社会向理

---

① 刘少杰："传递经验的地位提升、社会作用与尖锐挑战"，《江海学刊》2018 年第 5 期。

性化社会的转型，而中国的社会秩序理性化也可以被看作是从伦理理性化向工具理性化的转型。

诚如梁漱溟所言，中国传统社会是一个以家庭为根基、以儒家伦理为本位的伦理社会。作为中国历代王朝所尊崇的意识形态，儒家伦理在长达两千多年的封建社会中使中国社会实现了伦理理性化，从而使中华民族的文化传统和中国社会生活秩序呈现出浓厚的伦理理性特征。费孝通认为，中国的乡土文明为伦理理性化社会秩序的存续提供了客观根据。在他看来，中国传统社会是一个以亲情关系为纽带而结成的熟人社会、圈子社会。从社会结构上看，中国传统社会是一种与西方团体格局社会存在着重大区别的差序格局社会。这种以家庭为根基、以“己”为中心的像水波纹一样扩展开来的差序格局根源于中国的乡土文明。费孝通指出，乡土文明所展开的是一个世代厮守田园的、难以流动的熟悉社会。乡土文明所具有的封闭性和稳定性为以家庭或家族为基本单位的生活方式提供了支持，从而维持着以血缘关系、地缘关系和熟悉关系为纽带，以“己”为中心向外扩展的差序伦理关系，而这种差序伦理关系为中国传统社会中伦理理性化社会秩序的存续提供了前提。

(二)市场化的实质就是工具理性化

改革开放以来，市场化不断侵入中国社会生活的各种层面，从而使中国的社会生活秩序发生了广泛而深刻的变化。市场化的实质就是工具理性化，即根据效率原则对经济活动进行考量。因此，市场化的不断推进必将促进社会秩序的理性化进程。1978 年以来，以城乡分割为基本特征的城乡二元结构随着“民工潮”的到来而不断松动和解体。在市场化浪潮的推动下，越来越多的农民工涌入城市社会，从而在城市社会中与其他经济主体开展以理性选择为基本特征的经济交往。随着政治体制改革和经济体制改革的不断深入，计划经济体制下的“单位制组织”不断走向解体，取而代之的是以经济效益或者经济利益为目标的经济机构、经济部门和经济活动者。在市场经济条件下，这些经济行为主体不再是各种各样的政府部门的附属物，而是可以自主经营和自负盈亏的“经济人”。同时，政府部门对经济活动的管理已经不仅仅局限于政治目的，更多的是出于促进各种经济活动的制度化和规范化这一考虑，以此促进经济增长和保持社会稳定。由此可见，在社会主义市场经济条件下，在经济活动中开展以理性选择为基本特征的经济交往已经成为越来越多的经济活动主体的自觉行为，而理性选择行为的广泛开展又构成了社会秩序不断理性化的基础。

韦伯在《新教伦理与资本主义精神》中指出，以塑造人的精神为核心的伦理理性化对于现代西方社会秩序的理性化具有非常重要的意义。具体地说，它通过“天职观”使日常生活中的现世义务成为塑造个性的关键，从而为社会秩序的程序技术提供重要的推动力。因此，基督教自觉地为西方社会理性化提供了必要的前提。[①] 中国社会缺乏西方社会由基督教自觉提供的伦理理性化前提，由儒家伦理提供的伦理理性化通过各种方式抵制着工具理性化的进程。因此，当前在中国社会推进的市场化实质上就是用工具理性改造已经被伦理理性化了的社会结构和社会运行机制。

理性是行为的规则和根据，所在的领域和面对的问题不同，所凭依的理性根据也应当发生转换。伦理理性为人们在差序格局的传统社会中开展以亲情性、熟悉性和圈子性等为基本特征的感性选择行为提供了规则和根据，而工具理性则为人们在市场经济条件下开展理性选择行为提供了规则和根据。因此，随着城市社会生活的不断分化，工具理性在人们的日常生活中将扮演越来越重要的角色。与此同时，日常生活的工具理性化又将不断推动社会生活秩序的理性化。因此，我们可以说城市的社会秩序在社会转型期经历了从伦理理性化向工具理性化的变迁。

二、当前中国城市社会秩序的理性化

（一）社会秩序理性化源于日常生活行为的理性化

韦伯在为《宗教社会学论文集》撰写的前言中指出，西方理性化的独特性体现在诸如系统严密的史学、政治思想和法律体系，和谐的音乐，以及理性化、系统化、专业化的科学职业，理性的国家和理性的资本主义组织方式，等，这些都属于韦伯的诸社会秩序。[②] 在他看来，社会秩序的理性化突出表现为各种系统化的程序技术的发展，比如科学领域和组织管理中的科层制，以及以复式簿记制度为基础的现代资本核算等。在《新教伦理与资本主义精神》一书中，韦伯认为西方社会秩序的理性化正是因为根植于人的生活行为的伦理理性化中，它才具有了独特性。这种独特性就体现在，社会秩序理性化的动力来自伴随伦理理性化过程的冲突与张力。[③] 由此可见，韦伯所说的社会秩序理性化既表现为各种系统化的程序技术的发展，也表现为人们日常生活行为的理性化，而这种理性化的动力来自人们日常生活行为的伦理理性化。

（二）社会秩序理性化是现代城市的基本特征

城市是人类社会的物质与文化的凝聚体，是人类社会发展过程中人口、政治、经济、文化、社会在一定空间上的交汇。[④] 城市在人类社会发展过程中扮演了非常重要的角色，它不仅是人类社会进步的加速器，而且也是新的社会关系成长的基础。在许

---

① 李猛："理性化及其传统：对韦伯的中国观察"，《社会学研究》2010 年第 5 期。

② 李猛："理性化及其传统：对韦伯的中国观察"，《社会学研究》2010 年第 5 期。

③ 李猛："理性化及其传统：对韦伯的中国观察"，《社会学研究》2010 年第 5 期。

④ 张鸿雁："'拔根'与'扎根'：从'乡愁'到'城愁'"，《中国乡村发现》2018 年第 3 期。

多社会学家看来,从传统社会向现代社会转型的过程实质上就是城市社会秩序不断实现理性化的过程。德国社会学家滕尼斯在《公社与社会》一书中指出,公社是通过共同语言和传统对社会关系进行维系,习俗和情感在公社中发挥了至关重要的作用,因此它是传统社会重要的社会组织形式;在城市社会中,法律和理性支配一切,社会秩序的维持是建立在人们对法律的遵守以及人们的日常行为理性化的基础上。在《社会分工论》一书中,迪尔凯姆认为传统农业社会的社会秩序是通过共同的价值观、信仰、道德标准和行为规范进行维系的,因此传统社会是一种"机械团结"的社会;在工业化城市中,个体不必受制于以血缘为基础的机械性关系,城市变成了以分工为基础而建立起来的社会联系,人们根据职业道德和行会规范开展社会行动,因此现代社会是一种"有机团结"的社会。德国社会学家齐美尔从城市生活的角度对人的现代性进行研究。他认为,城市生活中的货币制度、文化精神和个人主义等因素使人们从农村社会狭隘、封闭的思想观念以及各种压迫性的关系中解放出来,从而获得了自由和独立性。同时,齐美尔认为城市生活的复杂性迫使人们对日常生活进行规划和组织,以获得更高的效率。在他看来,正是人们在城市生活中不断获得的现代性,使城市的社会秩序不断走向理性化。

(三)中国城市社会秩序理性化的具体内涵

中国当前正处于社会转型的加速期,市场化在推进经济发展的同时也推动了中国社会秩序尤其是城市社会秩序的理性化。韦伯认为人们日常生活行为的伦理理性化构成了西方社会秩序理性化的动力,然而中国当前城市社会秩序理性化的动力则来自人们日常生活行为的工具理性化。城市市民日常行为的工具理性化,以及由其所引申出来的城市生活的组织化和城市管理的制度化,构成了城市社会秩序理性化的重要内容。

在韦伯看来,人的理性化最重要的表现就是人的社会行动理性化。美国社会学家科尔曼从微观层面上对人的理性化进行解读。他认为:"理性行动是为达到一定目的而通过人际交往或社会交换所表现出来的社会性行动,这种行动需要理性地考虑(或计算)对其目的有影响的各种因素。"[①]在现阶段,人们已经从计划经济体制下对"单位制组织"的全方位隶属关系中解放出来,从而获得了独立开展社会行动的空间。在市场经济条件下,人们对经济欲望、经济权益和经济地位等的意识不断趋于明确。作为拥有充分的行动空间、行动权利和行动意识的行动者,城市市民(包括在城市中生活和工作的农民工)日益根据工具理性的原则开展日常生活。在与其他社会成员和社会组

① [美]科尔曼:《社会理论的基础(上册)》。北京:社会科学文献出版社,1999年,第23页。

织开展社会交往或者社会交换时，对策略、成本和收益等进行计算日益成为广大城市市民的自觉行为。城市市民日常行为的理性化尤其是工具理性化使城市的社会秩序发生了巨大的变化，以工具理性化为基本特征的城市社会秩序正在悄然形成。

组织化是现代社会生活的重要特征之一，它不仅表现为城市社会中各种科层制组织的出现，而且也表现为具有组织特征的各种社会团体的涌现。在市场经济条件下，市场机制的引入调动了经济主体和社会成员的竞争活力，同时也引入了不稳定甚至是充满风险的因素。因此，把分散的经济主体和社会成员组织起来，从而以规模效益应对市场风险就成为许多经济主体和社会成员的选择。在当前的城市社会中，按照科层制原则组织起来的社会团体如雨后春笋般涌现出来。在社会转型加速期中，城市社会的组织化与改革开放之前的政治组织化有着很大的差别，原因是这一时期的组织化对组织的自主权和独立性进行了承认，从而使各类组织可以通过自己开展的社会行动对社会秩序产生影响。

现代社会中的城市管理指的是多元的城市管理主体依法管理或者参与管理城市的社会活动。它既包含以城市政府部门为主体的城市管理者依据国家法规体系，通过国家计划和发展规划对城市运转和发展所进行的控制行为和活动，也包含城市政府部门通过制定各种经济政策和城市管理法规对城市的企业、公民、非政府机构的生产生活所进行的组织、控制、协调的行为和活动。[①] 改革开放以来，我国的城市管理体制发生了巨大的变化。目前，城市政府部门日益发挥经济调节、市场监督、社会管理和公共服务的职能，从而逐步实现从“全能政府”向“有限政府”，从“管制政府”向“服务政府”，“从权力政府”向“责任政府”的转变。在政府部门转变管理职能的同时，城市市民参与城市管理的方式和内容也发生了很大的变化，从而使他们从被管理者逐步转变成城市管理的参与者。需要指出的是，无论是政府部门管理职能的转变还是城市市民参与方式的改变，都是以制度作为根据的。从某种意义上说，社会秩序是由各种具体制度相互联系而结成的制度体系所表现的社会状态。因此，城市管理的制度化对城市社会秩序的理性化发挥了至关重要的作用。

城市市民日常行为的理性化为城市社会秩序的理性化奠定了基础，而城市生活的组织化和城市管理的制度化则进一步促进了城市社会秩序的理性化。然而，中国城市社会秩序的理性化是在市场化的推动下实现的，因此它与韦伯所说的西方社会由人们日常生活行为的伦理理性化所推动的社会秩序理性化之间存在着本质区别。在社会转型加速期中，农民工群体是城市社会秩序理性化的重要推动力，因此由农民工群体与城市环境、城市机构和城市市民之间开展的理性选择行为所构建的这一群

① 顾朝林、刘佳燕等:《城市社会学》。北京:清华大学出版社，2013 年，第 257 页。

体的外部秩序也就构成了不断迈向理性化的城市社会秩序的重要组成部分。由此可见,不断迈向理性化是农民工群体外部秩序的发展趋势。

第三节　外部秩序的形成与扩展

在城市的社会秩序不断实现理性化的时候,越来越多的农村人口在市场化浪潮的推动下涌入城市,从而与城市环境、城市机构和城市市民之间开展越来越广泛的社会交往,进而促进这一群体的外部秩序的形成和不断扩展。这里所说的外部秩序与哈耶克在《法律、立法与自由》一书中所说的"外部秩序"并不是同一个概念。在哈耶克那里,外部秩序指的是只有系统外的或"源于外部的"(exogenously)力量才能够创造的秩序。[①] 因此,哈耶克所说的外部秩序是一种有别于自生自发秩序的"人造秩序"。农民工群体的外部秩序的形成以他们与城市社会中其他群体开展的理性选择行为为基础,而农民工群体在城市空间中开展的以理性选择为基础的社会选择,其方式的变迁又促进了这种外部秩序的扩展。

一、农民工的理性

(一)农民的理性

自从改革开放以来,随着以城乡分割为基本特征的城乡二元结构的不断松动和解体,越来越多的农村人口涌入城市,从而形成蔚为壮观的"民工潮",进而使城市社会中出现了一个规模庞大的农民工群体。从时间维度上看,农民工群体的发展和壮大与中国的市场化进程几乎是同步的。因此,我们可以把农民工进城打工的行为看作是一种市场行为,农民工群体在城市社会中与其他行为主体展开的社会交往也是一种基于理性选择的交往,而由此形成的外部秩序是一种与城市社会不断走向理性化的社会秩序相融合的理性秩序。

在当前的社会背景下,农民工虽然在城市中工作和生活,但是在身份上仍然是农民。因此,对农民工行为的研究与对农民行为的研究之间就具有很大的一致性。关于农民的行为是否理性的问题,学术界曾经进行了一场旷日持久的论战。比如,韦伯曾经指出,处于"传统主义"下的农民,其追求的并不是得到最多,而只是追求为得到

---

① [英]哈耶克:《法律、立法与自由(第一卷)》,邓正来、张守东、李静冰译。北京:中国大百科全书出版社,2000年,第55页。

够用而付出最少。[①] 由此可见，韦伯眼中的传统社会中的农民并不是现代经济学所说的追求利益最大化的理性行动者，因此他们的行为是非理性的。在对荷属爪哇的农村进行了30年的跟踪研究之后，波耶克指出“农民社会”中的人们缺乏求利欲望和积极动机，他们所追求的仅仅是“够用”，因而表现出了与“正常的”供应曲线反常的“非理性”行为。[②] 詹姆斯·斯科特在《小农的道义经济：东南亚的叛乱和生计维持》一书中也认为，小农经济行为的主导动机是“避免风险”“安全第一”，在同一个共同体中尊重人人都有的维持生计的基本权利的道德观念，以及“主客”间的“互惠关系”等。这种认为农民追求代价最小化就是“非理性”的观点曾经风行一时。持有这种观点的学者普遍认为追求利益最大化的“经济人”假设并不适用于农民，由此产生了把农民经济称为“道义经济”和“爱与怕的经济”[③]的说法。

然而，这种认为农民的行为属于“非理性”行为的看法受到了许多学者的批评。美国经济学家舒尔茨从理论和经济两个方面证明，农民和其他人一样都是理性的行为主体，而且小农作为“经济人”毫不逊色于任何资本主义企业家。[④] 美国学者波普金在《理性的小农》一书中指出，小农经营的农场与资本主义的“公司”非常相似，而作为政治行动者的小农与政治市场上的政治家非常相似。具体地说，在对长期利益、短期利益和风险因素进行权衡之后，小农会根据其对最大生产利益的追求做出合理的抉择，因此他们是“理性的小农”。[⑤] 此外，还有许多经济学家和历史学家以“经济理性”来解释农民的经济行为。这些学者认为，农民具有与土地投资者一样的潜质，一旦有来自外部的新的经济刺激，那么农民同样可以摆脱对他们的日常生活进行支配的“生存逻辑”的束缚，进而根据利益最大化原则开展理性选择行为。[⑥]

这场关于农民的行为是否是理性行为的争论主要是在经济学的场面上展开的，因此这些学者自觉地把经济学“成本最小化”和“利益最大化”这两个原则作为判定农民的行为是否理性的标准。与经济学的“经济人”假设所不同的是，社会学强调人的

---

① [德]马克斯·韦伯：《新教伦理与资本主义精神》，康乐、简惠美译。上海：上海三联书店，2019年，第47页。

② J.B.*Boeke*, *Economics and Economic Policy of dual Societies as Exemplified by Indonesia*, New York: Institute of Pacific Relations, 1953.

③ K.E. Boulding, *The Economy of Love and Fear*, Belmont, California, 1973.

④ T.W. Schultz, *Transforming Traditional Agriculture*, New Haven: Yale University Press, 1964, pp.14－64.

⑤ S.Popkin, *The Rational Peasant: The Political Economy of Rural Society in Vietnam*, Berkeley: University of California Press, 1979.

⑥ 黄宗智：《长江三角洲小家家庭与乡村发展》。北京：中华书局，2000年，第38页。

行动受到来自社会环境和社会结构等的各种非经济因素的制约，因此社会学视野中的人是“社会人”。在社会学的理性选择理论看来，理性行为就是为了达到一定目的而通过社会交往或者社会交换所表现出来的社会性行为，这种行为需要理性地考虑对其目的有影响的各种因素。虽然经济学和社会学对人的理性有不同的认识，但是它们都承认人的行动的目的性，即承认人们开展行动的目的是为了追求“利益”或者“效益”的最大化。因此，经济学和社会学仍然坚持以行为的结果来看待行为本身是否是理性的。对此，刘少杰明确指出：“理性与非理性的区别不在于是否达到目的，也不在于采用何种手段去实现目的，而在于选择者是在何种意识活动形式支配下开展选择行为。理性与非理性的含义也正是建立在意识活动的形式上……按照工具理性的原则，人们能区分的仅仅是合适不合适，也就是这个手段是否适合所选择的目标，于是，由非理性手段而实现的选择也可以被看成是理性的选择，所以理性还是非理性的讨论已经没有了真实意义。”[①]因此，在对农民工的行为是否理性进行探讨时，笔者坚持认为农民工的理性指的是他们形成概念、做出判断以及进行推理的逻辑思维形式，而不是以他们的行为是否达到预期目的为标准。

(二)农民工是理性选择行为的行为主体

农民工进城不仅仅是农村人口在空间上移居城市，也是现代意义上的“文化移民”，更是指农民工从农村人向城市人的转变过程，它涉及农民工生活方式、价值观念和社会心理等方面的转变过程。[②] 也就是说，当农民工群体来到城市后，他们必须不断地调整自己的行为方式，以便实现对城市社会环境的适应。在这个适应的过程中，农民工必须不断地提高自己的逻辑思维能力，从而对遇到的新情况、新问题和新环境做出及时的应对，进而做出相应的选择。因此，农民工在适应城市社会环境的过程中开展的选择行为是一种在逻辑思维支配下的理性选择行为。同时，农民工群体的理性选择行为是在与城市环境、城市机构和城市市民之间的社会交往过程中展开的，因此由这种理性选择行为的展开所形成的关系是一种理性的关系。由这种理性关系的维系和演化所形成的社会秩序是城市不断实现理性化的社会秩序的组成部分，或者更确切地说是农民工群体的外部秩序。

作为在城市中工作和生活的农民，农民工是理性的行动者，或者说农民工是在城市社会中开展理性选择行为的行为主体。对于这一群体来说，城市环境、城市的各种机构和城市市民是外部的存在，是需要他们不断动用逻辑思维去应对的外在因素。

---

① 刘少杰：《经济社会学的新视野——理性选择与感性选择》。北京：社会科学文献出版社，2005 年，第 41 页。

② 朱力：“农民工二代与中国未来”，《人民论坛》2011 年第 24 期。

因此，由他们与这些外在因素之间的社会互动所形成的社会秩序是一种建立在理性选择基础之上的理性秩序。

二、生存理性选择与外部秩序的初步形成

(一)生存压力与生存理性选择

美国心理学家亚伯拉罕·H.马斯洛认为人是一个拥有多种动机和需要的有机整体，并由此提出了著名的需求层次理论。在马斯洛看来，人的需求可以按照从低级到高级的顺序划分为五个层次，即生理的需求、安全的需求、爱和归属的需求、尊重的需求以及自我实现的需求。① 同时，马斯洛认为人类的需求与人类的行为之间是息息相关的。② 换句话说，需求是行为的驱动力，而当人们通过开展某种行为使较低层次的需求得以满足的时候，这种需求就不再是行为的激励因素，另外一种新的、更高层次的需求将会取而代之，而这种需求也将成为人们开展新的行为的驱动力。因此，根据人们行为驱动力的不同，我们实际上可以把人的理性行为分为三个层次，即生存理性、经济理性和社会理性。生存理性是最基础的层次，只有在生存理性得到充分表现和发挥的基础上，人们才能进一步产生和做出经济理性和社会理性的选择。

生存压力是农民工选择进城打工最为重要的原因之一，这种压力既包括资源和环境等自然条件方面的压力，也包括社会制度等结构性方面的压力。实践证明，生存的压力越大，农民工进城打工的动机就越强烈。因此，在生存压力下，对农村居民是否外出就业产生决定性影响的因素来源于他们的生存理性。对广大农村居民而言，为了整个家庭或者自己的生存而选择那些并非效益最差的行为方式是他们开展选择行为时更为现实的推动力。因此，作为一个理性的行为主体，农村居民在任何制度和社会结构面前并不是完全无能为力的，相反，在生存理性的驱使之下，他们总是为了自己的家庭和自己的生存而不断地试错、选择、反省和行动。20 世纪 80 年代以来，从家庭联产承包到乡镇企业，再从乡镇企业到进城打工，中国的农村居民都是在生存理性的支配下一步一步地改变着自己的行为规则以及现行制度对他们的约束，进而通过开展生存理性选择行为改变经济资源和社会资源的分配。因此，生存理性是农村居民选择外出就业的根本动因，而生存理性支配下的生存理性选择则是农村居民外出就业时采取的重要社会选择方式。

---

① [美]马斯洛:《马斯洛人本哲学》，康译编译。长春:吉林出版集团有限责任公司，2013 年，第 24—35 页。

② [美]马斯洛:《马斯洛人本哲学》，康译编译。长春:吉林出版集团有限责任公司，2013 年，第 43 页。

(二)生存理性选择对外部秩序的初步建构

改革开放以来,以城乡分割为基本特征的城乡二元结构不断松动和解体,但是由于制度惯性的存在和城市市民根深蒂固的观念,因此针对农民工的排斥和歧视仍然存在。尽管如此,当农村居民进入城市从而成为农民工之后,他们仍然可以通过特定的方式对城市的社会秩序产生影响,进而在一定程度上改变着城市的社会秩序。从农村居民进入城市的方式上看,主要存在着以下四个方式。第一种方式是在城市的企业中打工,即进入城市的国有企业、集体企业、三资企业、私营企业或者个体企业。从农村居民进入企业的方式上看,主要存在着以下两种方式:一是通过政府或者企业有组织地进入;二是个人进入,即通过应聘的方式进入企业。由于包括三资企业、私营企业和个体企业在内的非国有企业是城市吸纳农村劳动力的主要力量,因此个人进入是农村劳动力进入城市企业的主要方式。第二种方式是进入城市的建筑队或者装修队,包括进入城市的国有建筑企业和集体建筑企业或者进入由农民牵头组成的建筑队。第三种方式是在城市中自我雇用或者成为雇主。第四种方式是进入城市家庭中当保姆或者在城市的街头巷尾当散工等。由于农村居民是在生存理性的驱使下进入城市的,因此他们进入城市的方式也就是他们开展生存理性选择行为的方式,而他们进入城市的过程也就是他们开展生存理性选择行为的过程。

从总体上看,无论农村居民以何种方式进入城市,他们在进入城市之后都会以特定的方式与城市环境、城市机构和城市市民产生联系。比如,进入企业的农民工必然要与企业的管理人员、企业中拥有城市户籍的同事及城市的社会保障体系等产生联系,进入城市建筑队或装修队的农民工必然要与建筑企业的管理人员或者城市市民产生联系,在城市中自我雇用或者成为雇主的农民工,以及在城市家庭中当保姆或者在城市的街头巷尾当散工的农民工则直接与城市的环境、城市的各种管理机构和城市市民产生联系。由此可见,农民工通过开展生存理性选择行为进入城市,并与城市环境、城市机构和城市市民建立了某种社会关系,这种社会关系与乡村社会中存在的社会关系截然不同。首先,这种社会关系不是以血缘关系、亲缘关系和地缘关系为基础的,而是以业缘关系或者主顾关系为基础的,因此它是一种建立在以理性计算和逻辑推论为基本特征的理性选择基础上的社会关系。其次,由于农民工在户籍上仍然是农民,他们仍然被排斥在城市的就业体制、社会保障体制和社会福利体制之外,农民工只是城市社会的“入侵者”,而不是城市社会中具有合法性身份的群体,因此他们与城市环境、城市机构和城市市民之间的社会关系是一种油与水的关系。最后,这种社会关系是一种具有稳定性的社会关系,它因农村居民进入城市而得以形成,并因农民工与城市环境、城市机构和城市市民之间开展的理性选择行为而得以维系。

在某种意义上，农民工进城的过程同时也是一个不断重新构建新的社会联系和社会关系网的过程。农民进入城市以后，他们主要面对的是一个不熟悉的、充满着“陌生人”的世界。他们在乡土社会中所建立的那些社会联系大都被远远地抛在了家乡；他们在那个社会中所遵循的那些规范和观念，也在这个充满陌生人的城市社会中变得愈来愈不适应；他们原来的那些社会联系由于他们外出打工的行为而被无可奈何地和强制性地割断。这样所造成的一个直接后果，是农民工自身在城里形成了一种社会和心理上的结构性紧张和危机。面对这种结构性紧张和危机，为了在城里生存、适应和发展，他们必须学会和城市里的陌生人打交道，在交往的过程中，加深相互的理解和感情，进而达到不断地建立新的社会联系和社会关系网络的目的。

新的社会联系和社会关系网络的形成将催生新的社会秩序，而这种新的社会秩序又为这些新的社会联系和社会关系网络的维系提供条件。在生存理性的驱使下，许多农村居民选择了进城打工，从而打破了城乡二元结构下农村居民与城市市民之间以相互隔离为基本特征的社会关系。在这种情况下，由进城打工的农村居民组成的农民工群体与城市环境、城市机构和城市市民之间建立了以理性选择为基础的社会关系。这种社会关系的建立使城市的社会秩序发生相应的变化，从而使农民工群体的外部秩序得以初步形成。

三、经济理性选择与外部秩序的基本形成

（一）经济理性选择是农民工进城之后的“必然选择”

当农民工群体基于生存理性而在城市社会中开展理性选择行为的时候，他们已经与城市社会建立了联系，并开始逐渐改变着城市的社会秩序。然而，农民工进城打工的目的并非仅仅是为了解决自己和家庭的生存问题，相反，在生存压力减缓之后，越来越多的农村人口涌入城市，从而使城市社会中的农民工群体的规模不断发展和壮大。对于那些长年在城市中工作和生活的农民工来说，农村地区的人多地少以及农业生产的效益低下仍然是他们必须面对的问题，然而他们的乡土观念尤其是新生代农民工的乡土观念已经不像进城之初那样强烈，在城市接受的再社会化使农民工群体开始对农村和城市的生活方式和价值观念进行横向的比较。同时，中国城市化的不断推进也为农民工群体提供了大量可供选择的生存和发展机会。因此，在来自城乡二元结构及其制度体系的限制不断松弛的条件下，为了满足生存以外的需求而长期游离于乡村社会之外就成为越来越多的农民工的选择，而许多城市中出现的农民工聚居区（比如北京的“浙江村”“新疆村”和“河南村”等）正是这种选择的结果。

当农民工在城市中站稳脚跟之后，因生存压力而生成的生存理性已经不再是他

们开展社会选择行为的主要驱动力；相反，以经济利益最大化为原则的经济理性逐渐占据上风，从而使经济理性支配下的经济理性选择成为许多农民工重要的社会选择方式。正如李强所指出的，城乡之间的巨大经济差异是导致大量农民从农村注入城市的基本动因。[①] 因此，在进入城市之后，通过开展经济理性选择行为从而在与城市环境、城市机构和城市市民的经济交往中获得尽可能多的经济利益不仅成为许多农民工追求的目标，而且也成为他们的社会生活的主要内容。无论是由来自浙江农村地区的拥有资金、技术、产品市场信息和劳动力的经营者或者经营群体在北京形成的"浙江村"[②]，还是由来自新疆维吾尔自治区的在北京经营新疆饭馆的农民工组成的"新疆村"，或者是由居住在北京郊区并以回收垃圾为生的农民工组成的"河南村"，通过与城市市民之间的经济交往从而获得维持或者改善生活所需的经济资源，都构成了这些农民工聚居区中的"村民"的社会生活的主要内容。

(二)经济理性选择使外部秩序得以维系

从总体上看，农民工开展经济理性选择行为的对象主要是城市的各种机构和城市市民。比如，在王汉生、刘世定、孙立平和项飚等人所调查的"浙江村"中，从事服装生产和销售的个体工商户需要得到北京市工商管理部门的许可才能从事生产和经营活动，同时他们必须租用本市居民的住房，并把北京市内的各大百货商店作为重要的销售点；[③]在项飚所调查的"河南村"中，以回收垃圾为生的农民工需要到城市市民居住的小区或者工作的单位中捡垃圾，然后把捡到的垃圾出售给国营或者私营的垃圾回收站；[④]隋晓明在他所进行的中国民工调查中发现，在城市中拉平板车的农民工需要同城市市民和城市中的各种单位建立密切的联系，从而保证自己不至于因为无事可做而衣食无着。[⑤] 由此可见，农民工在与城市机构和城市市民进行的经济交往中建立了以理性选择为基础的社会关系。

城乡二元结构的松动和解体为农村剩余劳动力向城市转移提供了条件，城乡之间存在的巨大经济差异又促使许多农民工选择长年在城市中务工或经商。在这种情况下，通过开展经济理性选择行为从而在与城市环境、城市机构和城市市民的经济交往中获得尽可能多的经济利益就成为这些农民工社会生活的主要内容。在城市中，

---

① 李强："主动城镇化与被动城镇化"，《西北师大学报》(社会科学版)2013 年第 50 卷第 6 期。

② 李琼英："从并存到同化：一个中国移民村的变迁之路——以北京'浙江村'为例"，《江淮论坛》2013 年第 2 期。

③ 王汉生、刘世定、孙立平、项飚："'浙江村'：中国农民进入城市的一种独特方式"，《社会学研究》1997 年第 1 期。

④ 项飚：《开放下的聚合——对北京流动人口聚居区的研究》，来源：社会学人类学中国网。

⑤ 隋晓明：《中国民工调查》。北京：群言出版社，2005 年，第 3—6 页。

这些农民工组成了一个有别于城市市民的群体(即农民工群体),并通过与城市机构和城市市民之间开展的经济理性选择行为构筑了一种以理性计算和逻辑推论为基础的社会秩序。这种社会秩序起源于农民工与城市环境、城市机构和城市市民之间开展的经济理性选择行为,而正是这种社会秩序使农民工的经济理性选择行为得以持续存在。因此,农民工群体不断开展的经济理性选择行为使这一群体的外部秩序得以基本形成。

四、社会理性选择与外部秩序的扩展

(一)社会理性选择的原则和目标

农民工通过开展生存理性选择行为和经济理性选择行为使其生存需求得到了不同程度的满足,然而农村人口进城打工的活动并没有因此而减少,反而呈现出愈演愈烈之势。根据马斯洛的需求层次理论,农民工群体不仅有生存的需求,而且也有安全的需求、归属的需求、尊重的需求以及自我实现的需求。此外,从理性选择的角度上看,农民工不仅存在着生存理性和经济理性,而且也存在着社会理性,对于新生代农民工来说,情况更是如此。相对于生存理性选择和经济理性选择所具有的单一性的目标而言,社会理性选择具有更加多样化的目标。当农民工开展生存理性选择行为的时候,他们所遵循的是生存原则,也就是说,他们的目的仅仅在于维持自己和家庭的基本生存需要;当农民工开展经济理性选择行为的时候,他们所遵循的是最优原则,也就是说,他们的目的在于在经济交往中获得最大化的经济效益;然而,当农民工开展社会理性选择行为的时候,他们所遵循的却是满意原则,即在城市中获得令人满意的社会身份、社会地位和社会声望,从而能够与城市市民一样享受平等的社会权利。对于广大农民工来说,城市为他们提供了更多更好的生存机会和发展机会,同时城市也为他们展现了更加美好的现代文明和现代生活的图景,从而使他们对融入城市生活甚至成为城市人充满了无限的憧憬。因此,通过开展社会理性选择从而融入现代文明和现代生活方式就成为许多农民工进城打工甚至于长期在城市工作和生活的重要原因。

(二)农民工的市民化使外部秩序得以扩展

对城市的社会适应是农民工融入城市社会的起点,而这种适应指的是农民工与城市居民互动的行为方式与日常生活方式方面的适应。[①] 从总体上看,农民工对城市的社会适应经历了从感性体验到理性认知的过程。当农民工进城之后,对城市市

① 朱力:"农民工二代与中国未来",《人民论坛》2011年第24期。

民的日常生活行为进行模仿就成为他们对城市最表面和最简单的适应，比如在言谈举止和服饰方面对城市市民进行模仿。随着在城市的工作和生活经验的不断积累，许多农民工逐渐认识到要适应城市生活，要在城市中发展，必须不断地充实自己和提高自身的素质，而这个过程其实就是农民工为实现向市民的转化所做出努力的过程。所谓市民化，是指作为一种职业的“农民”(Farmer 或 Cultivator)和作为一种社会身份的“农民”(Peasant)在向市民(Citizen)转化的过程中，发展出相应的能力，学习并获得市民的基本资格，适应城市并具备一个城市市民的基本素质的过程。[①] 由此可见，农民工的市民化是指离开原居地半年以上、在城市务工或者经商的农民工逐步向市民转化的过程，这个过程不仅包涵了农民工的户籍变动(由农村户口转化为城市户口)、产业转换(由农业转向非农产业)和地域转移(由农村社区转向城市社区)，更重要的是农民工的生活观念、思想方式、行为习惯、社会组织形态的转化，由农民工转变为一个真正意义上的城市居民。[②] 在英克尔斯看来，农民与城市尤其是城市市民的不断接触以及由这种接触所获得的经验可以促进农民向市民的转化。[③] 因此，与城市市民的社会交往不仅是农民工适应城市的主要途径，而且也是他们实现向市民转化的主要途径。

从总体上看，农民工与城市市民的社会交往与农民工在进城之前与乡村社会中的其他村民所进行的以血缘关系、亲缘关系和地缘关系为基础的社会交往截然不同。首先，农民工来到城市之后所面对的是一个不熟悉的、充满陌生人的世界，其原有的社会联系和关系网络已经被远远地抛在了家乡，因此他们在进城之后需要建立一种新的社会联系和社会关系网络。其次，在农民工与城市市民的社会交往中存在着一种由制度安排所引起的不平等关系。这种不平等关系是由以城乡分割为基本特征的户籍制度引起的，而户籍身份上的不平等也导致了农民工在与城市市民的社会交往中处于被歧视和被排斥的地位。最后，虽然农民工群体在城市中受到了其他阶层的歧视和排斥，但是向市民转化却成为许多农民工在与城市市民的社会交往中所要实现的目标。在这种情况下，为了实现向市民的转化，这些农民工必须消除由户籍制度所带来的差别，从而改变其在城市中的境遇，而开展社会理性选择是他们实现这一目的的重要方式。

① 李强：“非正规就业视角下农民工市民化的现实困境与路径选择”，《城市问题》2016 年第 1 期。

② 张文宏、刘琳：“城市移民与本地居民的居住隔离及其对社会融合度评价的影响”，《江海学刊》2015 年第 6 期。

③ [美]阿列克斯·英克尔斯、戴维·H.史密斯：《从传统人到现代人——六个发展中国家的个人变化》。北京：中国人民大学出版社，1992 年，第 315 页。

在对农民工的迁移意愿进行研究时，蔡禾和王进认为如果以是否愿意将户口迁入打工城市作为制度性永久迁移意愿指标，那么影响农民工迁移意愿的主要原因相对集中在地域性因素和制度合法性压力上，是农民工寻求制度保障来改变城市境遇的社会理性选择。[①] 也就是说，当农民工需要做出是否迁移户口的决策时，他们需要考虑自己是否适应城市的生活方式，是否熟悉城市的语言和环境，是否能在城市得到平等的生存与发展机会。在对当代中国农民外出就业的动因进行分析时，文军认为当农村居民的基本生存安全得到保障以后，其他层次的需求将会凸显出来，而城市的现代文明、生活方式等现代化生活图景比起乡村的生存安全来说无疑具有更大的吸引力。在这种情况下，农民完全可以通过选择感受现代文明的方式来补偿自己可能因此而失去的部分生存安全保障，进而使社会理性选择比生存理性选择体现得更为强烈，并成为主宰农民外出就业的主导动因。由此可见，社会理性选择构成了中国农民外出就业的根本原因，而社会理性支配下的社会理性选择行为是农民工向市民转化时所采取的社会选择方式。

改革开放以来，城乡二元结构的松动和解体为农民工群体在城市中开展生存理性选择和经济理性选择提供了广阔的空间。然而，在当前的社会背景下，以户籍制度为核心的针对农民工群体的社会排斥仍然存在。因此，农民工群体在城市社会中仍然是一个拥有农村户籍的独特阶层。尽管如此，融入城市社会和向城市市民转化仍然是许多农民工所要实现的目标。在这种情况下，通过开展社会理性选择行为从而消除由户籍制度所带来的制度性障碍和社会歧视，进而改变在城市中的境遇就成为许多农民工社会生活的重要内容。与生存理性选择所要实现的生存安全以及经济理性选择所要实现的经济效益最大化相比，农民工的社会理性选择所要实现的目的是改变自身在城市中的社会身份，从而提升自身的社会地位和社会声望，进而最终实现向城市市民的转化。因此，农民工开展的社会理性选择行为必然要以城市的管理机构和城市市民为对象，同时这种社会选择行为的展开又必然会导致城市的社会秩序发生更为深刻的变化，而这种变化实质上就是农民工群体的外部秩序向纵深方向的扩展。

① 蔡禾、王进："'农民工'永久迁移意愿研究"，《社会学研究》2007 年第 22 卷第 6 期。

第四章　回归感性化的内部秩序

农民工群体开展的理性选择行为使这一群体的外部秩序得以形成和扩展，然而以户籍制度为核心的城乡二元结构以及与之相配套的制度体系排斥了农民工群体。同时，中国社会转型中的制度变迁是以正式制度为核心的制度化和理性化过程，然而乡村社会中存在的表现为风俗、习惯和习俗等的非正式制度仍然对农民工群体的日常生活产生重大影响。因此，社会排斥导致了农民工群体处于边缘化地位，而非正式制度的影响又导致了农民工群体社会网络的内倾性和封闭性。在这种情况下，以亲情性、熟悉性和圈子性为基本特征的感性选择行为仍然是农民工重要的社会选择方式，而感性选择行为的展开又促进了农民工群体具有感性化特征的内部秩序的形成和扩展。

第一节　社会排斥与内部秩序的必然性

当前，社会排斥是对社会弱势群体进行研究的视角之一。作为城市社会中的弱势群体，农民工群体在工作和生活中受到了来自城市社会不同实践主体的社会排斥。这种社会排斥不仅表现为来自各种制度性安排和制度性歧视的排斥，而且也表现为由于农民工在劳动力市场上的弱势地位及其社会关系网络的封闭性而导致的市场排斥和社会网络排斥。因此，农民工群体所遭受的社会排斥是制度排斥、市场排斥和社会网络排斥共同作用的结果。与此同时，农民工群体所遭受的社会排斥促进了群体内部关系的发展，从而使这一群体的内部秩序的形成和延续具备了必然性。

一、社会排斥：对城市农民工的重新概念化

（一）社会排斥的概念界定及其对中国社会问题的适用性

20 世纪末期，社会排斥（social exclusion）这个概念开始在社会学领域中流行起来，然而追溯其“历史”起源，人们一般认为它是由法国人首先提出来的。[①] 20 世纪 60 年代，法国的一些政治家、社会活动家、新闻记者、官员和学者认为穷人是“受排斥

① 杨伟民：《社会政策导论》。北京：中国人民大学出版社，2019 年，第 121 页。

者”(the excluded),而最早明确地提出社会排斥这个概念的是法国学者雷纳尔。1974年,雷纳尔在他所出版的一部著作中率先提出了“社会性地排斥(socially excluded)”的概念,意思是说在法国社会中还有一部分人或者群体尚未被传统的社会保障体系所覆盖。雷纳尔认为,“受排斥者”占当时法国人口总数的十分之一,“这些人主要包括精神和身体残疾者、自杀者、老年患者、受虐儿童、药物滥用者、越轨者、单亲父母、多问题家庭、边缘人、反社会的人和社会不适应者”[①]。因此,所谓的“被排斥者”指的是那些没有受到社会保障体系的保护,同时又被贴上“社会问题”标签的不同类型的人。

当前,中国正处于社会转型的加速期,社会弱势群体及其面临的问题成为许多学者关注的焦点,而社会排斥是他们开展研究的重要切入点之一。然而,由于研究对象和研究目的的差异,不同的学者对社会排斥进行了不同的界定。在对社会政策的基本目标进行研究时,唐钧认为社会排斥是游戏规则造成的,而社会政策研究的目标就是要修订游戏规则,使之尽可能地惠及每一个社会成员,从而趋于更合理、更公平。同时,他也认为所有的游戏规则都是双刃剑,它在使一部分人成为“赢者”时,使另一部分人成为“输者”。因此,在唐钧看来,社会弱势群体是市场经济游戏规则的“输者”,是被社会强势群体所排斥的对象,因而社会政策研究的目的就是要对导致社会弱势群体陷入弱势处境的游戏规则进行纠正,从而消除对社会弱势群体的社会排斥。[②] 在对国有企业下岗女工的弱势处境进行研究时,石彤认为社会排斥是一个多元的概念,它是指某些个人、家庭或社群缺乏机会参与一些社会普遍认同的社会活动,被边缘化或隔离的系统性过程,这个过程具有多维度的特点,并表现为被排斥者在经济、政治、社会、文化以及心理诸方面的长期匮乏。[③] 在运用社会排斥理论对中国城市住房改革制度进行研究时,李斌、张贵生认为社会排斥主要是指社会弱势群体在劳动力市场以及社会保障体系中受到主流社会的排挤,日益成为孤独的、无援的群体,并且这种排斥通过社会的“再造”而累积与传递。同时,他们指出社会文化、社会结构、国家政策、现有的意识形态等多方面的因素制造了社会排斥,而社会流动率则

---

① H. Silver,“Reconceptualizing social disadvantage: Three paradigms of social exclusion. In Gerry Rodgers”, Charles Gore and José B. Figueiredo (eds.). Social Exclusion: Rhetoric, reality and responses. International Labour Organization (International Institute of labour Studies)。

② 唐钧:“社会保护——与时俱进的社会政策新概念”,《中国社会科学报》2015年10月14日。

③ 石彤:“专业性别隔离的产生过程及其影响因素”,《中华女子学院学报》2013年第4期。

反映了社会排斥的程度。[①]

从以上的社会排斥定义中我们可以发现，与其他概念相比，社会排斥具有一些新的特征：首先，社会排斥是一个多面向的、相对性的概念，它关注社会剥夺的多元性；其次，社会排斥把分析的重点放在过程上，强调社会排斥的动态性和过程性，重点揭示社会排斥的形成机制和过程；再次，社会排斥强调排斥过程中的排斥者和被排斥者，从而揭示社会排斥的能动性；最后，社会排斥具有累积性，强调社会排斥的多个维度之间的关联性和累积性。因此，社会排斥所指涉的并不仅仅是贫困，而且也指涉社会弱势群体如何在各种不同的社会过程中被排斥于主流社会之外，进而被边缘化。这些社会过程不仅包括参与政治决策的过程，而且也包括获取与就业相关的资源以及参与社区的社会生活和文化生活的过程。总而言之，社会排斥概念为我们研究社会问题提供了一个新的视角，同时也为我们解释社会问题和探寻解决社会问题的途径提供了一种新的理论和方法。

（二）社会排斥作为考察农民工问题的一个视角

当农民工突破城市二元结构的束缚从而进入城市空间之后，他们直接面对的问题就变成了被城市容纳还是排斥，变成了他们如何冲破城市中的社会歧视和边缘化从而实现与城市的社会整合，变成了他们如何获得更多的工作机会和社会资源从而建立对城市的归属感。在这个过程中，对农民工群体采取接纳或者排斥的行为主体不仅包括国家、政府或者城市管理者，而且还包括城市本身和城市市民。在城市社会中，农民工群体所寻求的不仅仅是身份的合法性，而且也寻求对蕴含于城市生活之中的现代文明和现代生活方式的适应和接纳。在这种情况下，仅仅从城乡二元结构或者以城乡分割为基本特征的户籍制度的角度对农民工问题进行分析，或者仅仅停留在对农民工特征的简单描述上，或者仅仅简单地以城市人为参照物对农民工的社会适应和社会歧视进行分析，或者仅仅对农民工的行为动机或者行为策略（比如生存理性或者社会理性）进行探讨，都显得过于偏颇。因此，应该超越传统的理论视域，建立新的符合农民工具体生活情境的研究范式，从而为全面理解农民工和解决农民工问题注入新的血液。

社会排斥既关注外在的社会结构、经济和市场所具有的驱动力，也关注内在的文化心理、主体心理体验的结构变化和主体动机结构中的支配性尺度。同时，社会排斥通过"嵌入"社会空间中的各种模式从而嵌入"在场"的具体情境之中，进而涵盖社会经济生活的各个层面。此外，社会排斥这一研究取向力求洞悉贫困、就业和社会整合

① 李斌、张贵生："居住空间与公共服务差异化：城市居民公共服务获得感研究"，《理论学刊》2018 年第 1 期。

之间的内在联系，通过对过程的强调从而关注人们的生活如何受到经济重建和社会制度变迁之间内在关系的影响，进而聚焦于社会成员实际的生存状况。社会排斥把分析的焦点放在社会参与的不充分、社会整合的不足和社会经济权利的缺失等因素之间的相互关系之上，从而提出了社会正义的本质问题，进而有助于把人们的注意力引向对包括社会公平、社会平等和社会稳定在内的问题的关注。因此，在对农民工问题进行研究的过程中，我们可以借助社会排斥理论，把社会结构、社会网络、社会文化、社会行动和社会心理等因素放在一个共同的社会空间之中进行探究，从而使我们的经验性研究与农民工的日常生活实践实现有机的结合。

需要着重指出的是，笔者使用的社会排斥概念与西方社会背景下的社会排斥概念存在着一定的差异。在对社会排斥的概念及其内涵进行研究时，西方学者主要关注的是因长期失业或者长期贫困而陷入被社会排斥的境地之中的人群，以及与之相关的社会保障制度和社会结构的问题。在使用社会排斥这个概念时，笔者把重点放在农民工在进入城市之后所面临的各种社会排斥处境以及他们所采取的应对策略之上，从制度排斥、市场排斥和社会网络排斥这三个角度探讨来自外在社会结构的排斥与农民工群体的内部秩序的相互关系问题。

二、制度排斥与内部秩序的合法性

(一)制度的合理性、合法性与公正性

制度不仅是制度演化理论的研究对象和基本研究范畴，而且也是对社会公平和社会正义进行考量的依据。美国经济学家凡勃伦把制度定义为“广泛存在的社会习惯”“公认的生活方式”以及“经济结构”等。他认为：“制度实质就是个人或社会有关的某些关系或某些作用的一般思想习惯。”[①]康芒斯认为：“制度是有关个人行动控制、自由和扩展方面的集体行动。”[②]新制度经济学的代表人物诺思指出：“制度是一个社会的游戏规则，或更正式地说是人类设计的、构建人们相互行为的约束条件。它由正式规则(成文法、普通法、规章)、非正式规则(习俗、行为准则和自我约束的行为规范)，以及两者执行的特征组成。”[③]日本学者青木昌彦从博弈论的角度对制度进行了考量。他认为，“制度是关于博弈重复进行的主要方式的共同信念的自我维系系

① [美]凡勃伦：《有闲阶级论》，蔡受百译。北京：商务印书馆，2018 年，第 139 页。

② [美]康芒斯：《制度经济学(上册)》，赵睿译。北京：华夏出版社，2017 年，第 92 页。

③ [美]道格拉斯·诺斯、罗伯斯·托马斯：《西方世界的兴起》，厉以平、蔡磊译。北京：华夏出版社，2017 年，第 14 页。

统”,因此制度可以被看作是一种“博弈参与人、博弈规则和博弈过程中参与人的均衡策略”①。从制度的上述定义可知,当我们对制度的存在理由和内在运作逻辑进行考察时,制度的合理性、合法性和公正性是我们必须涵盖的三个基本方面。

任何制度的存在都是一种合理性的存在(合理性是针对制度本身来说的),都是权力机构实现对秩序的建构和维护的一种必要条件。对制度的合理性进行考察的一个主要依据是制度缺陷的严重程度,即制度本身是否是一个完整的体系,它能否根据经济发展和社会进步而不断创新和完善。同时,任何制度的存在也应该是一种合法的存在。也就是说,制度的运作过程必须严格地依照法定的程序进行,对任何程序性安排的忽略都会影响制度执行结果的公正性,从而导致哈贝马斯所说的“合法性危机”。合法的制度安排以及得到公众信任的执行机制和执行结果有助于促进政府部门的权力有效地进入社会生活领域,从而防范个体行动的无序化或者公共秩序的混乱。因此,合法性是现代权力运作的核心逻辑,权力一旦获得合法性,也就成为理所当然、不容置疑的力量和规范,被人接受、遵从和服从。② 此外,任何制度的存在也同样应该是一种公正的存在。对于任何制度来说,公正性是最为重要的评判依据。实践证明,制度的合法性往往掩盖了现实中存在的许多矛盾和问题,从而背离人和社会发展的本质意义,也就是说,人们制定各种制度的最终目的并不是追求制度的合法性,而在于确保制度的公正性。因此,当对社会制度的公正性进行考察时,我们理应遵循如下的逻辑:在特定历史背景下所进行的制度建构不可避免地会引发社会差别,然而这种社会差别必须在可接受的范围之内;这种导致社会分化或者社会差别的社会结构应当具有为社会各阶层所普遍接受的社会公正性,而且这种社会结构所赖以存在的制度体系在运作的过程中应当遵循程序公正、过程公正和结果公正的理念和运作模式。

(二)制度的合理性、合法性、公正性与针对农民工的制度排斥

当对农民工所遭受的制度排斥进行考察时,我们的逻辑重点应当放在对社会制度的合理性、合法性和公正性的考量之上。

首先,当对社会制度的合理性进行考察时,我们应当着重考察以下两个方面:一是与农民工有关的制度安排是否有利于城市的发展和稳定,是否能够实现城市的社会和谐与健康发展;二是这种制度安排是否有利于确保农民工共享社会发展的成果,从而促进农民工群体自身的和谐发展。事实上,当农民工从农村涌入城市之后,他们就遭受到了以城乡二元结构为根基的户籍制度的排斥,从而使农民工群体成为城市

---

① [日]青木昌彦:《比较制度分析》,周黎安译。上海:上海远东出版社,2016 年,第 5—11 页。
② 陆益龙:“户籍:一种对中国城市化制度性的扭曲”,《探索与争鸣》2012 年第 12 期。

社会中的弱势群体。同时，这种以户籍制度为基础的身份划分与职业分层体系紧密地联系在一起，从而使农民工在城市中只能从事特定的职业，并由此规定农民工群体在整个城市结构中所处的位置以及他们与城市的各种资源之间的关系。这是一种政治、经济、社会排斥与地理上的空间排斥相重合的制度化排斥，这种政治和行政制度安排使得农民工群体进一步被边缘化。

其次，当对社会制度的合法性进行考察时，我们应该着重考察城市管理者在贯彻和实行社会制度的过程中是否秉持制度的宗旨和内在要求，即是否为人们提供公平和公正的发展机会，从而避免寻租行为和腐败现象的出现。在现阶段，农民工是城市空间中的“他者”。在实现现代化的过程中，城市管理者从制度层面上对农民工进行了有意的排斥，从而使农民工被排斥在合法性的身份之外。在日常生活中，城市市民和城市管理者不仅通过各种制度性的标准把农民工降低为城市空间的“他者”，而且通过体制内的判断标准来表现自身的优越性和合法性，从而使对农民工的制度性偏见和歧视具备了合法性。

最后，当对与农民工有关的社会制度的公正性进行考察时，我们应当秉承如下的逻辑：这些社会制度是否导致了社会差别或者社会分化的出现，以及社会差别和社会分化是否是以社会成员自身的能力和努力为基础的。市场机制的引入使人们有可能通过个人的能力和努力实现社会地位的提升，从而导致社会差别和社会分化的加剧，然而在社会转型加速期中存在的社会差别和社会分化在很大程度上是由先前存在的社会结构或者某些制度性安排所导致的。农民工在城市中所遭遇的不平等是一种制度化的不平等，即一种以城乡分割为基本特征的流动机制上的不平等。城乡分割的户籍制度不仅对农民工的身份进行了象征性的规定，而且也清晰地规定了农民工在城市中所能享有的就业权利和经济权利，具体体现在：农民工可以从事哪些职业、享受哪些国家福利、能否在城市中合法居住、能否公正地享受城市中的各种资源等。

（三）农民工所遭受的制度排斥是内部秩序得以形成的直接原因

由上述可知，以城乡分割为基本特征的社会制度对农民工进行了不合理的排斥，并通过各种制度性安排和标签使这种排斥具备了合法性，从而使这些社会制度背离了其理应具有的公正性。在中国，针对农民工的制度排斥重点表现在城乡二元户籍制度上，并通过这种制度安排进行运作。以户籍制度为核心的劳动就业制度、人事管理制度、粮油供应制度、住房分配制度、医疗保障制度、义务教育制度和城市人口控制制度等使城市和乡村之间出现了一道身份鸿沟，即划分了两个不同地位、不同利益和不同待遇的社会阶层：一个是“市民阶层”，另一个是“农民阶层”。由于进城打工的农民工群体不具备城市市民的身份，因此他们被排斥在城市中的政治权利、经济权利和人格权利之外。正如李强所指出的："从本质上看，户籍制度是一种社会屏障（social closure）制度，即它将社会上一部分人屏蔽在分享社会资源之外……一些社会集团总是通过一些程序，将获得某种资源和机会的可能性限定在具备某种资格的小群体内部。"①首先，以城乡分割为基本特征的户籍制度使农民工群体在社会保障制度和医疗保险制度方面出现了缺失，从而使这一群体无法在城市中享有平等的社会保障和医疗保险方面的权利；其次，由户籍制度所引起的制度排斥使农民工群体缺乏参与制定规则和制度的权利，从而使他们在规则制定过程和执行过程中"缺席"；最后，基于户籍制度的制度排斥导致农民工群体在获取各种资源和机会上处于弱势地位。

各种社会权利和经济权利的缺失、在规则制定过程中的"缺席"以及缺乏获取各种资源的机会，使农民工群体与城市市民之间的社会差别和社会分化呈现出不断加剧的趋势。在难以通过制度化的途径获取各种权利、资源和机会的情况下，通过强化群体内部的关系以应对在城市中遇到的各种艰难处境就成为农民工的无奈选择。在进城之前，农民生活在传统的农村社区之中，他们的关系网络是一种以血缘关系、亲缘关系和地缘关系为基础的乡土关系网络，而这种关系网络所维系的是一种以情感为核心的感性秩序。改革开放之前，以城乡分割为基本特征的户籍制度及其他制度安排使这种感性秩序得以合法地存在。改革开放之后，随着城乡二元结构的松动和不断解体，越来越多的农村人口涌入城市，从而使乡村的感性秩序受到了来自城市不断走向理性化的社会秩序的冲击。然而，城乡二元结构以及支撑这种社会结构的户籍制度并没有因为农民工的进城而土崩瓦解，相反，它跟随农民工进了城，并在城市中形成了由"农民工阶层"和"市民阶层"所建构的新的二元结构。在城市新二元结构之下，农民工群体不仅无法享有与城市市民平等的社会权利、经济权利和人格权利，而且也无法获得充分的发展机会。因此，在无法真正融入城市社会不断走向理性化的社会秩序的情况下，农民工对源于乡土文明的乡土关系网络进行了复制和移植，从而通过在农民工群体内部开展的价值理性型关系行动使乡村的感性秩序"嵌入"城市不断走向理性化的社会秩序之中。

城市社会针对农民工群体的制度排斥使农民工无法真正融入不断走向理性化的城市社会秩序，然而城乡二元结构以及以户籍制度为核心的制度体系的松动和瓦解是一股不可逆转的潮流。因此，当城市社会以户籍制度为核心对农民工群体进行制度排斥时，它也以默认的方式承认了这一群体在城市社会中复制和移植的乡村感性秩序的合法存在。

---

① 李强："当代我国城市化和流动人口的几个理论问题"，载李培林：《农民工——中国进城农民工的经济社会分析》。北京：社会科学文献出版社，2003年，第45页。

三、市场排斥与内部秩序的边缘性

(一)市场排斥的概念界定

社会排斥是多种维度相互作用的结果,因此一旦在某一个维度上遭受到社会排斥,那么很有可能在另外一个维度上也遭受社会排斥。对于农民工而言,制度排斥不仅使他们无法在城市中获得充分的就业机会和合法的身份,而且也无法享有与城市市民平等的社会福利和话语权。当就业权利和就业保障权利缺失时,农民工将缺乏对提高自身素质和获取市场信息进行投资的积极性,从而使其在市场上的弱势地位得以强化,进而加剧他们所遭受的市场排斥。农民工所遭受的市场排斥主要表现为经济排斥。所谓经济排斥是指一定的社会成员或者社会群体被排除在一般社会成员或者社会群体获得经济资源的途径之外,以及经济条件和生活环境明显低于一般社会成员或者社会群体的状态和过程。经济排斥主要表现为受排斥者的就业机会受到限制,不能顺利进入劳动力市场;收入低,或者处于长期失业状态;居住条件和生活环境恶劣或者出现恶化;消费水平低,消费能力差;无法获得社会救济,难以维持基本的生活需求。[①] 从总体上看,农民工群体所遭受的市场排斥主要包括劳动力市场排斥和消费市场排斥。

(二)劳动力市场排斥与内部秩序的边缘性

与城市市民相比,农民工在劳动力市场上缺乏进入正规部门的资格和条件,因此他们只能进入非正规的部门,从事非正规的职业,从而被排斥在正规的劳动力市场之外,进而加剧他们所遭受的市场排斥。当农民工进入体制外的劳动力市场时,他们在就业市场上将要面临更多的风险和不确定性。这种风险和不确定性主要表现为"作为临时工的农民工,与单位正式职工处于两种完全不同的就业和工资体系……除了工资以外,农民阶级不享受任何福利保障……农民工与雇主之间的劳动契约十分松散……就业十分不稳定,农民工是城市里更换工作最为频繁的群体,比城市市民更换工作频繁得多"[②]。非正规就业意味着农民工更有可能遭受因失业所带来的贫穷和边缘化,而贫穷和边缘化使农民工在城市中大多居住在城市的边缘地区或者老城区,从而形成了各种各样的"城中村"。处于被城市分割和孤立之中的农民工往往通过强化群体内部的血缘关系、亲缘关系和地缘关系甚至是业缘关系,从而应对由非正规就业给他们带来的风险和不确定性,而农民工群体内部关系的强化加剧了由这种内部关系所建构的内部秩序的边缘性。

---

① 闫伯汉:"制度排斥、社会距离与农民工社会融入——基于广东省东莞市的分析",《北京社会科学》2015 年第 5 期。

② 李强、唐壮:"城市农民工与城市中的非正规就业",《社会学研究》2002 年第 17 卷第 6 期。

从农民工进入城市劳动力市场的渠道上看，只有少数的农民工通过政府的职业介绍中心寻找工作，更多的农民工则是动用包括亲戚关系和朋友关系在内的“强关系”所产生的“强效应”进行求职。农民工的这种行动逻辑所导致的结果是：许多农民工进入非正规部门从事非正规职业，而这种非正规就业使他们处于不安全的工作环境之中；同时，农民工在这种非正规就业中缺乏接受培训和职业教育的机会，从而使他们提供的劳动力与市场的真实需求之间出现脱节，进而加速其劳动价值的贬值；此外，在非正规部门中，农民工缺乏必要的法律保护和就业保障，雇主可以非法或者随意解雇、处罚甚至体罚农民工，农民工的劳动时间长、劳动强度大。因此，在求职的过程中，农民工通过“强关系”建立的内部秩序使他们在体制外劳动力市场中遭受到各种各样的排斥，这进一步加剧了农民工的贫困和边缘化。

此外，体制外劳动力市场对技术、信息和教育表现出强烈的偏好，从而使缺乏技术、信息和教育的农民工群体不可避免地遭受到这个劳动力市场的排斥。农民工大多来自教育资源相对贫乏的农村地区，他们之中的许多人只接受过小学教育或初中教育。[①] 因此，在把教育当作劳动力附加值的重要资源的劳动力市场中，农民工只能从事高风险、低收入和不稳定的工作。与此同时，农民工的子女在就近入学方面仍然遭受到不同程度的排斥和歧视，比如交纳高昂的借读费或者教育补偿费。许多农民工因无法承担子女高昂的学费而早早地中止了他们的求学之路，从而使他们过早地加入了农民工的队伍，进而使体制外劳动力市场针对农民工群体的市场排斥在其子女身上实现了再生产。从总体上看，农民工群体内部的社会流动基本上是一种水平流动，而这种水平流动使农民工群体的弱势地位无法得到根本的改变。因此，农民工群体内部的水平流动使针对这一群体的市场排斥得以延续，从而使由这种水平流动所形成的农民工群体的内部秩序在市场化浪潮面前只能处于边缘化的地位。

(三)消费市场排斥与内部秩序的边缘性

市场排斥也表现为被排斥出消费市场，也就是说，如果人们不能参与日常的社会消费活动，就可能遭到排斥。农民工阶层属于城市中的低收入阶层，因此由于购买力的不足，他们买不起或者因经济拮据而限制使用日常必需品。在通常情况下，农民工大都是从非正规的消费品市场（比如北京的早市或者遍布城市各种角落的地摊）购买日常生活所需的消费品，从而被排斥在正规的消费品市场之外。消费不仅是一种“地位符号”，而且也是一种“社会分层符号”。英国社会学家费瑟斯通认为：“消费文化中人们对商品的满足程度，同样取决于他们获取商品的社会性结构途径。其中的核心

① 魏霁：“人力资本还是职业流动？——农民工工资增长机制的一个实证研究”，《社会发展研究》2015 年第 3 期。

便是，人们为了建立社会联系或社会区别，会以不同方式去消费商品。”[①]因此，人们在实践中对消费的规则和资源不断地进行生产和再生产，并且在时空中把这些规则和资源积淀下来，从而使它们变成一种“地位符号”和“社会分层符号”。精英阶层或者精英阶级可以通过这些符号增强或者巩固自己的地位，同时把“草根阶层”或者“草根阶级”排斥在这种消费规则和资源之外。作为城市社会中的贫困阶层，多数农民工无法通过消费正规消费品市场的商品和服务来获取这种“地位符号”，从而使他们的身份积累和社会地位的提升受到了严重阻碍，最终成为城市中被排斥的消费者。

总之，农民工在城市中处于劳动力市场的边缘，而且被排斥在正规的劳动力市场之外，因此多数农民工在城市中只能进行非正规就业。非正规就业不仅使农民工无法获得体面的工资收入和充分的就业保障，而且也使他们难以获得充分的发展空间，从而使他们在城市中陷入了发展的困境。体制外劳动力市场中存在的风险和不确定性对农民工的行为逻辑产生了决定性的影响，主要表现在：许多农民工对政府和职业介绍中心缺乏信任，从而使他们通过复制和移植乡村社会中原有的血缘关系、亲缘关系和地缘关系甚至业缘关系以获得就业机会，而不愿意通过政府或者正规的职业介绍中心寻找工作；由非正规就业导致的边缘化和贫困使农民工自愿与城市空间隔离开来，从而集中居住在城市的边缘地区或者老城区，形成了具有浓厚乡土气息的农民工亚文化，进而使乡村的感性秩序“嵌入”城市社会不断走向理性化的社会秩序之中。与此同时，贫困使许多农民工被排斥在城市正规消费品市场之外，从而使他们难以获得身份积累和提升社会地位的机会。因此，包括劳动力市场排斥和消费品市场排斥在内的市场排斥使农民工群体被城市社会边缘化，这更加促使他们通过强化内部的关系来应对由边缘化和贫困所导致的发展困境。农民工群体通过强化内部关系所形成的内部秩序无法从根本上改变他们所遭受的市场排斥，反而使这种市场排斥得以再生产。

四、社会网络排斥与内部秩序的隔离性

(一)社会网络排斥的内涵及表现形式

社会关系排斥也是社会排斥的一个重要方面。英国学者简妮·珀西-史密斯认为，社会排斥是一个“关系”的概念，也就是说，社会排斥意味着个人和群体在社会地位上被排斥出其他人、群体和整个社会，具体体现在：交往的人数、交往的对象、社会网络的密度和分布、基于社会网络所能获得的社会支持，或是否为当地的社会关系网

① [英]迈尔·费瑟斯通：《消费文化与后现代主义》，刘精明译。南京：译林出版社，2000年，第18页。

络所容纳。[①] 阿玛蒂亚·森也指出，一个人不应该被排斥于某些社会关系之外，从这层意思上说，社会排斥本身就是能力贫困的一部分；被隔离于某些社会关系之外可能会导致其他的剥夺，因此进一步限制了人们的生活机会；被排斥在社会网络和文化团体之外的人将在社会、心理、政治甚至经济上处于不利地位，这将使人变得贫穷或长期不能摆脱贫穷。[②] 因此，社会网络排斥不仅体现为不同区域之间存在的关系隔离，而且也体现为同一个社会空间内存在的人际关系网络的隔离，处于被排斥地位的人或者群体往往转向对以血缘和地缘关系为基础的传统关系网络或者初级关系网络的挖掘和依赖。

(二)传统社会关系网络的基本特征与农民工内部秩序的边缘性

针对传统社会的社会关系网络，费孝通提出了著名的“差序格局”理论。他认为，中国人传统的社会关系网络以血缘关系、亲缘关系和地缘关系为纽带，处于社会关系网络之中的人就像把一块石头丢在水面上所产生的一圈一圈的波纹；在这样的关系网络中，每个人都是一个中心，他所产生的社会影响就像一个个扩散开来的圈子。[③] 由此可见，中国人的传统社会关系网络体现了社会关系的亲疏程度。这种对血缘关系、亲缘关系和地缘关系的重视和认同对人们的生活方式和社会交往方式产生了巨大的影响，从而使对传统关系网络的依赖成为中国人的“习惯”。

从关系网络的角度对中国城市流动人口的生活世界及其行动方式进行研究是一种重要和有效的研究范式。李培林认为，在从农村到城市的流动过程中，农民工的信息来源、找工作的方式、进城工作的行为方式以及在城市中的交往方式主要依赖其传统的亲缘和地缘的社会网络；在流动的过程中，农民工社会生活场所发生的变化并没有从根本上改变他们以血缘关系和地缘关系为纽带的社会网络边界；流动民工在社会位置的变动中对血缘关系和亲缘关系的依赖并非一种传统的“农民习惯”，而是一定结构安排下以节约成本为目的的理性选择，而且这种选择在影响和改变着制度化结构的安排。[④] 在对农民工的关系网络进行调查分析之后，李汉林等人提出了“虚拟社区”(virtual community)的概念。他们认为，所谓“虚拟社区”指的是农民工在一个城市内按照差序格局和工具理性的原则构造出来的社会关系网络，农民工之间存在

---

① Janie Percy-Smith, “Introduction: The contours of social exclusion.” In Janie Percy-Smith, ed., *Policy Responses to Social Exclusion*, Buckingham: Open University Press, 2000, pp.1-21.

② [印]阿玛蒂亚·森:“论社会排斥”，王燕燕摘译，《经济社会体制比较(双月刊)》2005 年第 3 期。

③ 费孝通:《乡土中国》。北京:北京大学出版社，2012 年，第 52—53 页。

④ 李培林:“流动民工的社会网络和社会地位”，《社会学研究》1996 年第 4 期。

的非制度化信任是构造这种虚拟社区的基础，而关系强调则是这种社区组织和构造的重要方式。① 渠敬东通过新经济社会学的网络分析范式对农村外来人口生活世界的建构过程、行为方式、意义脉络和价值取向进行研究。他认为，农村外来人口的社会网络是围绕着血缘、地缘和业缘等同质关系构成的，其中，信任是这一网络的基础和枢纽，而且关系强调取决于非制度化信任，能够带来制度化信任的是强关系；农村人口进入和融入城市生活有两个阶段，即以血缘、地缘和业缘等同质关系构成为主的“生存阶段”，以及以强关系为主，利用了异质成分和制度性因素的弱关系，而且工具理性在社会行动中逐渐占主导地位的“发展阶段”。② 由此可见，以血缘、地缘和业缘为基础的传统社会关系网络在农民工的生活世界中发挥了非常重要的作用。

(三)农民工遭受社会网络排斥的原因与内部秩序形成的必然性

为什么农民工在城市中必须复制、移植甚至扩大传统的社会网络，而不是与城市市民建立一种新的、以地缘关系和业缘关系为基础的社会网络呢？城市社会对农民工群体进行社会网络排斥的机制和运作逻辑又是什么呢？

首先，社会网络排斥是城市二元结构在人际关系网络上的生动体现。作为城乡二元结构的衍生物，城市二元结构以及支撑这种社会结构的制度体系把城市精英和城市市民确立为城市社会空间中的“合法居民”，而农民工由于不具备平等公民的身份而被排斥在经济权利、社会权利和各种资源的享有之外。与此同时，占据城市社会空间中心地位的城市精英和城市市民通过制定各种规章制度和组建各种管理机构从而确立自身对城市资源的控制权，进而维持自身与那些处于边缘地位的农民工之间的身份差别。也就是说，作为城市空间的“局内人”，城市精英和城市市民可以通过各种封闭性的措施维持自身与作为“局外人”的农民工之间的社会距离，从而实现对资源的控制甚至垄断。当农民工被排斥在由“局内人”主导的城市空间之外之后，他们不仅不能享有城市市民能够享有的权利和资源，而且也无法居住在象征市民身份的城市社区之内，从而使城市的边缘地带和老城区成为农民工的聚居地。因此，居住区域的隔离不仅最终实现了城市精英和城市市民对农民工的社会网络排斥，而且也促进了农民工对传统社会关系网络的依赖，进而使农民工群体的内部秩序与城市主流社会的理性化秩序进一步隔离开来。

---

① 李汉林、王琦：“关系强度作为一种社区组织方式——农民工研究的一种视角”，载于柯兰君、李汉林：《都市里的村民——中国大城市的流动人口》。北京：中央编译出版社，2001年，第15—39页。

② 渠敬东：“生活世界中的关系强度——农村外来人口的生活轨迹”，载于柯兰君、李汉林：《都市里的村民——中国大城市的流动人口》。北京：中央编译出版社，2001年，第40—70页。

其次，通过对农民工群体的“污名化”从而实现对这一群体的社会网络排斥。著名社会学家埃利亚斯在研究胡格诺派教徒的时候，发现了一个值得注意的现象，即污名化(stigmatization)过程，即一个群体将人性的低劣强加在另一个群体之上并加以维持的过程。[①] 在我国的城市中普遍存在着对农民工进行“污名化”的现象，比如指责农民工肮脏、说话粗鲁、随地吐痰、偷盗、不礼貌、不文明等。英国社会学家鲍曼曾经指出：“与穷人、每况愈下的流动的工人阶级、边缘的个体群体的居住地联系在一起的强烈的地区性特征，这些居住地被认为是‘垃圾倾泻场’”[②]。在中国，城市精英和城市市民对农民工进行“污名化”的过程同时也是他们对农民工群体进行社会网络排斥的过程。在广播、电视、报纸和网络等媒体上，甚至在城市的大街小巷中，我们经常可以看到或者听到如下的叙述：农民工给城市带来了动荡和混乱，农民工占用了城市有限的公共资源，农民工使市民缺乏安全感，等等。如此消极的评价或者“污名化”过程不仅使农民工无法被城市所接纳，而且也使他们受到了城市市民的歧视，甚至受到城市管理部门的欺负。在这种情况下，农民工被城市主流社会隔离开来，从而游离于城市社会的边缘地带，无法建立对城市社会的归属感，更无法建立对城市社会的认同。由此可见，针对农民工群体的“污名化”不仅加剧了城市社会对这一群体的社会网络排斥，而且也增强了这一群体对自身被城市社会所边缘化的感知，从而使其自觉地与城市主流社会隔离开来。

再次，城市社会对社会资源的垄断也是导致农民工遭受社会网络排斥的原因之一。社会关系网络本身就是一种重要的社会资源，而且社会关系网络实质上就是一种社会资本。在美国社会学家林南看来，“社会资本是嵌入社会网络关系之中可以带来回报的资源投资”[③]。也就是说，社会资本是一种植根于社会网络或者社会关系之中的可以增值的资源，这种资源不仅包含货币、财产等物质资本，而且也包含声望、信任、规范等文化资本，以及蕴含在个人身体之中的知识与技术等人力资本。同时，社会资本不仅是嵌入社会关系中的资源，而且也是人们为了获取各种效益而进行的投资活动。[④] 因此，社会资本实质上就是可以通过内部交换而获益的社会关系，具体表现为亲缘关系、朋友关系、同学关系、同乡关系或者邻里关系等。由此可见，蕴含着社

---

① 孙立平：“城乡之间的‘新二元结构’与农民工流动”，载于李培林：《农民工——中国进城农民工的经济社会分析》。北京：社会科学文献出版社，2003 年，第 155 页。

② [英]齐格蒙特·鲍曼：《共同体》，欧阳景根译。南京：江苏人民出版社，2003 年，第 147 页。

③ Nan Lin, Social Capital, A Theory of Social Structure and Action. Cambridge: Cambridge University Press, 2001: 24－25.

④ 刘少杰：《经济社会学的新视野——理性选择与感性选择》。北京：社会科学文献出版社，2005 年，第 166 页。

会资本的社会关系都是基于个人之间的紧密性关系，因此一般都具有排他性。尽管农民工在城市中工作和生活，但是他们尚未真正融入城市社会，没有建立起“非乡土社会关系网络”，他们的生活圈子仍然建立在亲缘关系和地缘关系上。农民工的社会关系网络仍然与他们的流出地紧密相连，从而使他们生活在城市的边缘。[①] 因此，社会关系网络的封闭性导致了农民工在城市中的社会资本的贫乏。与此同时，城市市民控制和垄断了城市的各种社会资源，包括作为组织的成员所能够获取的组织资源、内生于制度之中并可以为个人所用的稀缺资源、作为身份标志的身份资源等，从而使农民工失去了获取这些社会资源的能力和资格，进而进一步加剧了针对他们的社会网络排斥。

最后，社会网络排斥也表现为农民工与城市市民之间社会距离的自觉生成。19世纪的法国社会心理学家塔尔德在他的《模仿法则》(the Law of Imitation)一书首次提出了社会距离的概念，以表征阶级之间的差别。在塔尔德看来，社会距离是一个客观性的概念，强调的是不同群体之间的客观差异。美国社会学家罗伯特·E.帕克(Robert E. Park)沿用了齐美尔对社会距离的主观性界定，他认为社会距离“描述的是一种心理状态，由于这种状态使得我们自觉地意识到自身与我们所不能完全理解的群体之间的区别和隔离”[②]。在这里，社会距离已经变成了一个主观性的概念，强调的是心理上的区别和隔离状态。而最终使社会距离这一概念成为社会学中普遍适用概念的则是博卡德斯，他通过对一系列问题的研究，实现了社会距离从概念到具体的测量刻度的转变，即通过考察行动主体是否愿意与其他人或者其他社会群体交往来测量社会成员对他们之间或者他们与其他社会群体成员之间距离的感觉。在博卡德斯看来，社会距离存在于行动者的心理空间之中，是行动者与其他行动者之间的心理距离。美国当代政治学家拉美尔对博卡德斯关于社会距离的心理性提出了质疑，他认为社会距离应当回归塔尔德时代的客观性，并认为“社会距离是最形式化也是最普遍化的社会关系，社会关系则是社会交往过程的结果；社会距离因此可以被界定为一种社会关系与其他社会关系发生关联时所产生的情境”。

笔者认为，农民工与城市市民之间社会距离的产生是客观因素与主观因素共同作用的结果。首先，户籍制度、就业制度以及城市的社会保障体系和社会福利体系等歧视性的政策把农民工群体排斥在城市社会的最底层，从而使农民工与城市市民之间产生塔尔德所说的客观性差异。其次，城市市民的整体性偏见与歧视(比如语言上的歧视、有意的回避或者人格上的轻视等)把农民工排斥在城市生活世界之外，从而

① 张晓梅、黄伟宇：“社会网络变迁背景下农民工市民化的路径选择”，《学术交流》2017年第11期。

② 王旭、王宇翔：“美国新郊区史研究及其对芝加哥学派的超越”，《史学理论研究》2016年第3期。

使这种植根于心理上和观念上的偏见导致了两个群体的成员在日常生活中的摩擦与冲突，进而拉大了二者之间的社会距离。最后，农民工以血缘关系、亲缘关系和地缘关系为基础的社会网络为他们选择自愿性隔离提供了现实基础。[①] 因此，社会距离的存在以及自愿性的隔离进一步加剧了农民工所遭受的社会网络排斥，从而使他们作为一个整体游离于城市社会的边缘，进而加剧了由他们的社会网络所维系的内部秩序的边缘性。

总之，城市二元结构所导致的区域隔离、对农民工的"污名化"所导致的农民工对城市的归属感和认同感的缺失、城市社会对社会资源的垄断所导致的农民工社会资本的贫乏，以及由社会距离的拉大所导致的农民工群体的自愿性隔离，使农民工在城市中形成了一种孤立化的、封闭性的群体存在，从而使来自城市精英和城市市民的社会网络排斥转变成他们对传统关系网络的依赖，进而加剧了由这种传统关系网络所维系的内部秩序的边缘性。

第二节　制度冲突下的感性选择：内部秩序的社会行动基础

中国当前正处于社会转型的加速期，而急剧的社会转型必然导致制度的变迁。由于正式制度与非正式制度之间的差异性以及各自变迁速度的不同步性，因此制度变迁过程中必然伴随着制度冲突。城市的社会秩序理性化过程实质上就是以正式制度为核心的制度化过程，而农民工来自非正式制度盛行的农村地区，因此转型期中存在的制度冲突必然体现在农民工的日常生活实践中。城市社会对农民工的社会排斥以制度排斥为核心，从而导致农民工对城市中的正式制度的自觉抵制，进而使他们把乡村社会中存在的表现为风俗、习俗和习惯等的非正式制度复制和移植到了城市之中。在这些非正式制度的制约下，农民工在城市中开展的社会选择行为具有强烈的感性特征，而感性选择行为的展开又为农民工群体内部秩序的形成和扩展奠定了基础。

一、社会转型中的制度冲突

（一）正式制度、非正式制度与制度冲突

制度是人类行为的规则，它包括正式制度和非正式制度。正式制度是人们在理性思维的支配下建立起来并以正式方式加以确定的各种制度安排，包括各种成文的

---

① 郭星华、王嘉思："新生代农民工：生活在城市的推拉之间"，《中国农业大学学报》（社会科学版）2011 年第 3 期。

法律、政策、规章和契约等，因此正式制度实质上就是理性制度。非正式制度指的是人们在长期的社会生活中逐步形成的习惯习俗、伦理道德、文化传统、价值观念和意识形态等对人们的行为产生非正式约束的规则，因此非正式制度实质上就是感性制度。社会转型实质上是制度从传统向现代的转换过程，而正式制度与非正式制度之间存在着变迁速度、功能和机制上的差异，因此二者在社会转型的过程中不可避免地会产生矛盾和冲突。作为人类的行为规则，制度冲突的存在必然会对人们的行为产生影响，反过来人们的行为也会对制度冲突产生影响。

正式制度和非正式制度是社会制度体系中两个不可分割、相互依存、互为条件和相互补充的组成部分。从制度的起源上看，非正式制度是正式制度的前提和基础，离开了非正式制度，正式制度只能作为抽象原则存在，失去了真实发挥作用的对象。也就是说，正式制度常常是根据先前就存在的表现为风俗习惯、伦理道德和价值观念等的非正式制度而建立起来的。当一定的正式制度得以确立之后，它对人们开展的选择行为将产生制约作用，从而使人们在日常生活实践中逐步形成新的行为习惯和伦理观念，进而导致新的非正式制度的产生。从制度的功能上看，任何正式制度的功能的有效发挥都离不开非正式制度的辅助作用，原因是任何正式的制度安排只能涉及社会生活的有限领域，因此只有通过各种不同形式的非正式制度才能使其成为有效的社会约束体系。

与此同时，正式制度与非正式制度之间也存在着不一致性。首先，正式制度是人们在理性思维的支配下建立起来的，因此它是人们开展理性选择行为所导致的结果；而非正式制度往往源于历史的积淀和文化的演进，因此它并不是完全按照理性的原则发展起来的，而是更多地受到了政治、军事、社会、历史和意识形态等因素的影响。其次，正式制度的变迁速度要明显快于非正式制度的变迁速度。非正式制度的建立和形成经历了较长的历史过程，而且其一旦形成就具有较大的稳定性，因此其变化和演进也是一个相对较慢的、渐进的过程。正式制度的变迁以人们对制度的需求为基础，也就是说，当原先的正式制度无法对人们的行为进行有效激励或者制约时，作为制度供给主体的国家或者各类组织必然要对原有的正式制度进行改革或者再造，从而导致新的正式制度的产生。最后，正式制度与非正式制度的实施机制之间存在着差异。在通常情况下，正式制度必须依靠具有强制性的实施机制才能得以有效的实施，而非正式制度通常并不存在外在的强制性的实施机制，它往往通过内在的心理约束（即人们的自省和自觉）实现对人类行为的制约。在制度变迁的过程中，正式制度与非正式制度之间的不一致性进一步加剧，从而使二者之间的矛盾与冲突变得不可避免。

制度冲突是指在制度系统内部对应于同一种行为的不同制度安排之间在作用方

向上不一致，对行为的规范上存在互相矛盾和抵触的部分，对于有些行为，某些制度安排给予认可或鼓励，而另一些制度安排则禁止或限制。[①] 社会转型不仅加剧了制度变迁，而且也加剧了正式制度与非正式制度之间的不一致性，从而导致各种各样的制度冲突的出现。在这里，笔者所要考察的是发生在农民工进城打工过程中的正式制度与非正式制度之间的制度冲突。

(二)社会转型与制度冲突

20 世纪 70 年代末以来，中国进行了以市场化为基本特征的改革，而这场改革的主要内容就是由政府自上而下推动的强制性制度变迁。作为制度供给的主体，政府通过由浅入深、从微观到宏观的一系列改革措施，逐步建立了维持市场经济运行的正式制度体系，并在此过程中向社会成员灌输与市场经济相适应的价值观念。然而，虽然正式制度可以在很短的时间内建立起来，但是与之相匹配的价值观念并不能在较短的时间内成为广大社会成员的行动指南，相反，广大社会成员的行为仍然受到被他们内化的非正式制度的制约。因此，与市场经济相适应的正式制度与社会成员在日常生活中遵循的非正式制度之间必然会产生偏差甚至冲突。这种偏差与冲突在农民工的日常生活中表现得尤为突出。

农民工是中国社会转型和制度变迁的过程中出现的特殊群体，而且这一群体随着中国市场化改革的推进而不断发展壮大。当前，由政府主导的制度变迁是一种渐进式的变迁，市场经济制度尚未完善。在这种情况下，不仅市场会经常失灵，而且政府本身也存在着严重的缺陷，由此导致的结果是社会各阶层的不合理分化以及由这种分化所导致的利益冲突。作为一个弱势群体，农民工群体的利益受到了严重的损害，从而使他们对维持市场交易秩序的互惠规则以及与市场经济相匹配的相互尊重原则和信任原则提出了质疑。在这种情况下，农民工往往会转向对传统的伦理道德、价值观念和行为规范等非正式制度的依赖，进而把这些非正式制度作为行动指南。这导致了农民工采取的社会选择方式与正式制度的要求之间的背离，从而使非正式制度与正式制度之间的矛盾和冲突真实地体现在他们的日常生活实践中，而城市社会对农民工群体的制度排斥更加剧了这种矛盾和冲突。

制度冲突是社会转型和制度变迁过程中必然会出现的现象，而这种现象在农民工的日常生活实践中得到了真实的体现。制度是人们的行为规则，因此制度冲突必然会对人们的行为产生影响。在社会转型加速期，制度冲突的存在导致了农民工对乡土社会中存在的非正式制度的依赖，而乡土社会中存在的非正式制度是依靠血缘关系、亲

---

① 李志强："制度配置状态：制度耦合、制度冲突与制度真空"，《经济师》2002 年第 4 期。

情关系和地缘关系进行维系的。因此，在制度冲突的背景下，农民工在群体内部采取的社会选择行为是一种以血缘关系、亲情关系和地缘关系为纽带的感性选择行为。

二、制度冲突下的感性选择

(一)社会学视野中的制度与行动

制度与行动之间的关系问题是社会学的基本问题之一。以迪尔凯姆为代表的实证社会学从整体主义方法论出发，强调社会是由法律、习俗、制度等社会事实构成的，认为社会学应该关注社会事实，并通过社会事实来解释社会事实。因此，迪尔凯姆强调的是制度的外在性、客观性和强制性，即强调制度对人类行动的制约作用。以韦伯为代表的理解社会学从个人主义方法论出发，从微观分析的视角入手，通过对行为方式、社会控制模式和组织管理方式的研究来揭示制度与行动之间的关系。同时，韦伯还分析了行动与制度、惯例、习俗等之间的关系。然而，韦伯并没有自觉地把行动对制度的型塑与制度对行动的型塑这两个过程联系起来。马克思从生产实践的角度对制度与行动之间的关系进行了研究。马克思认为，作为生产关系的制度与作为社会行动者的人之间是一种"互动式"的关系，人们可以通过生产实践弥合制度的客观性与人的主观性之间的二元对立。帕森斯在其结构功能理论中强调规则或者制度对人的行动的制约作用，他认为人的行动总是在特定制度的制约下展开。因此，帕森斯在强调制度对行动的制约作用的同时忽视了行动对制度的建构作用。

从 20 世纪 80 年代以来，西方出现了多元综合的"社会理论"，其宗旨就是"研究应如何从概念上理解互动及其与制度之间的关系"[①]。这种"社会理论"的核心内容就是试图通过研究实践形态的制度与行动之间的关系，从而消除传统社会学中存在的制度与行动之间的对立，因此被称为"实践社会学"。布迪厄在他的实践社会学中对行动者的行动与制度之间的关系进行了深入的分析。他认为，实践形态中的制度与行动之间存在着双向型塑的关系。在布迪厄看来，关系首先表现为客观的结构或者制度，它对人的行动进行限制和引导，而这种限制和引导又必须通过人的实践活动才能体现出来，因此制度反过来也被人的行动所建构。吉登斯明确提出了实践社会学的概念，其结构化理论也是以实践形态的制度与行动之间的关系为核心内容的。他认为，表现为社会结构的制度与个体的行动之间不是二元对立的关系，而是结构二重性的关系。也就是说，制度对于行动不仅具有制约性，而且也具有促进性，制度通过促进行动者的行动从而实现自身的再建构。

---

① [英]吉登斯：《社会的构成：结构化理论纲要》，李康、李猛译。北京：中国人民大学出版社，2016 年，第 35 页。

(二)理性制度、感性制度与感性选择

在前人研究的基础上，笔者把制度与行动(选择行为)之间的关系理解为相互作用、相互建构和相互依赖的关系，即承认制度作为一种社会结构对行动的限制和制约，也强调人的行动对制度的生成与建构。因此，本书将在制度与选择行为的互动视野下开展对制度冲突下农民工选择行为的研究。制度与选择行为之间的互动关系决定了在制度冲突的背景下农民工选择行为的多样性，同时也决定了在遭受制度排斥的情况下，农民工在群体内部开展的选择行为所具有的感性特征。

社会学的先驱之一、法国社会学家迪尔凯姆认为，制度本身就是一种社会事实，而社会事实是"由存在于个人之身外，但又具有使个人不能不服从的强制力的行为方式、思维方式和感觉方式构成"①。由此可见，迪尔凯姆认为感觉方式也是一种制度，而且这种制度是一种对人们的感性意识和感性行为进行规定的制度。思维方式一定是在理性层面上展开的，而感觉方式也一定是在感性层面上展开的，并且行为方式同思维方式和感觉方式之间存在着必然的内在联系。人们的行为是在特定的意识活动支配下进行的，因此在谈到人们的行为及其展开方式时就一定要涉及人的意识活动的方式。由思维方式支配的行为方式就是理性制度，诸如由政策法规支配的组织行为模式，遵守规章制度的生产操作程序，按照科学原则进行的实验步骤，等，都属于理性制度；由感觉方式支配的行为方式就是感性制度，诸如时尚、风俗、习惯和习俗，以及通过模仿和从众形成的各种行为模式，等，都属于感性制度。

同制度经济学和制度社会学的正式制度与非正式制度相比，理性制度相当于正式制度，而感性制度一定是非正式制度。正式制度一般泛指经过组织认定的条理化的制度，虽然有些理性思维支配行为而形成的制度未必都是经过组织认定的，但经过组织认定的正式制度一定是理性思维的产物，或者说理性制度；非正式制度是由群体的文化传承、模仿从众等感性意识活动或交往行为积习而成，虽然其中不排除理性因素，但是起主导作用的乃是感性意识，因此非正式制度都可以归结为感性制度。②

由此可见，我们可以把正式制度与非正式制度之间的冲突理解为理性制度与感性制度之间的冲突，其具体体现为人的选择行为层面的理性选择与感性选择之间的冲突。在城市中，农民工不仅受到了社会排斥，而且农民工群体遵循的非正式制度与城市社会以正式制度为核心的制度化和理性化之间存在着矛盾和冲突，从而促使他们在城市社会中复制和移植在乡村社会中存在的传统关系网络，并进而促使他们以

---

① [法]迪尔凯姆：《社会学方法的准则》，狄玉明译。北京：商务印书馆，1995年，第25页。

② 刘少杰：《经济社会学的新视野——理性选择与感性选择》。北京：社会科学文献出版社，2005年，第154页。

传统的行为方式开展农民工群体内部的社会交往。

感性选择是感觉、知觉和表象等感性意识支配下的选择行为。康有为、梁漱溟和费孝通等人对中国人传统的社会选择行为的感性特征(比如亲情性、家族性、血缘性、圈子性和熟悉性等)进行了内容丰富的论述。与中国传统社会相比,今天的中国人和中国社会都已经发生了巨大的变化,但是中华民族在长达几千年的历史长河中形成的传统并没有发生断裂,因此以传统为根据的选择方式也并未完全改变,特别是选择方式的感性化特征依然存在。

(三)社会转型期的制度冲突与农民工的感性选择

当前,中国仍然处于社会转型的加速期,社会分化和社会重组正在向纵深发展。在这种情况下,尽管一些站在市场经济前沿的社会成员或某些群体的理性精神和制度化意识已经有了明显的提高,他们根据市场发展的要求对社会行为和经济行为进行规范的能力也在不断增强,但是广大基层社会成员尤其是身在异乡的农民工在圈子社会中依赖亲缘关系和熟悉关系开展社会交往的习惯不仅并未发生改变,反而在充满风险和激烈竞争的市场经济中得到了进一步的强化。在城市社会中,模仿、从众和沿袭传统等感性行为方式仍然是许多农民工的基本行为方式,他们很难在信息匮乏、资源不足和自主性受到严格限制的条件下开展有效的理性选择,因此他们所开展的社会选择行为主要还是感性选择行为。

从进城就业的方式上看,许多农民工仍然是利用了血缘关系、亲缘关系和地缘关系等"强关系"所具有的"强效应",而不是如格兰诺维特所说的利用"弱关系"的"强效应",更不是利用政府和职业介绍中心所提供的服务。在对美国人的求职行为进行研究之后,格兰诺维特发现求职者获得就业信息的途径主要来自那些关系不亲密、交往不频繁的人群。他对此的理论解释是,由于"强关系"是指人们之间建立起来的内部性纽带,因此彼此之间获得的信息重复性太高,相对有价值的信息也就过少;而"弱关系"的作用主要是在两个不同的群体中建立起了信息的桥梁,由此人们就容易获得不重复的、有价值的信息。① 显然,格兰诺维特的研究发现及其理论解释并不适用于中国。边燕杰认为,"强关系"在中国表现为人情关系,而人情关系无论是直接的还是间接的,都是"强关系",其作用不仅是提供就业信息,更重要的是提供实质性的帮助。② 在对进城农民工的求职行为进行研究之后,李汉林和王琦认为农民工在城市中的社会交往和社会支持都依赖于"强关系",而且对于那些经常处于失业边缘的农民工而

① [美]格兰诺维特:"弱关系的力量",张文宏译,《国外社会学》1998 年第 2 期。

② 边燕杰、张文宏:"找回强关系",《国外社会学》1998 年第 2 期。

言,情况更是如此。[①] 李培林认为,乡土社会中以亲缘关系和地缘关系为基础的传统关系网络对农民工的生活方式和行为方式产生重要的影响,这种"亲缘关系网络"贯穿于农民工流动、生活和交往的整个过程。[②] 由此可见,农民工在进城就业时主要依赖的是以非正式制度为依据的传统关系网络,而不是由正式制度所提供的服务,从而使他们的求职行为表现出强烈的感性特征,因此是一种感性选择行为。

在日常生活中,由于与城市生活和城市市民之间社会距离的不断拉大,农民工群体自愿选择结成自己的社群网络,并以此与城市生活隔离。在城市中,农民工参与的社会活动往往局限于老乡关系或者建立在传统的血缘关系或者地缘关系基础上的圈子。这种交往圈子中的人多数是社会地位和社会资本非常相似的农民工,其活动的范围也仅仅局限于老乡之间可以接触的"生活半径",而且活动的地点也集中于房租低廉、流动人口集中的城市边缘地区或者老城区,因此,农民工的社会网络往往呈现单一化、封闭性的特征,从而形成了一个"自愿性隔离"或者自我交往的封闭式群体。与城市市民基于工具理性的社会交往可以提高农民工在城市中的适应能力,从而改善他们的经济状况,进而提高他们对城市的归属感和社会地位。然而,农民工与市民的互动并不是很频繁,有很多人处于一种完全封闭状态,即不和市民进行任何交往。[③] 与上一代农民工相比,新一代农民工与城市市民之间的社会距离正在逐渐增大,他们缺乏主动介入城市生活的积极性,并感觉与城市生活和城市市民之间的关系日趋隔离,而社会距离的增大使得农民工自愿选择建构自己的社群网络,并以此与城市生活产生隔离。[④] 与不断理性化的城市社会的自愿性隔离使农民工群体的内部秩序向乡村社会中存在的感性秩序回归,从而使他们在生活方式和交往方式上表现出强烈的乡土特征。乡土关系网络在城市社会的复制和移植使农民工在群体内部开展的并不是以理性计算和逻辑推理为主要特征的理性选择,而是表现为模仿和从众等形式的感性选择。

中国当前正处于社会转型的加速期,制度变迁中存在的正式制度与非正式制度之间的矛盾和冲突生动地体现在农民工的日常生活实践中。作为城市社会中的弱势群体,农民工群体不仅无法从正式制度那里获得确实有效的保护,反而受到了城市社

① 李汉林、王琦:"关系强度作为一种社区组织方式——农民工研究的一种视角",载于柯兰君、李汉林:《都市里的村民——中国大城市的流动人口》。北京:中央编译出版社,2001年,第15—39页。

② 李培林:"流动民工的社会网络和社会地位",《社会学研究》1996年第4期。

③ 郭星华、汪永涛:"农民行动逻辑的演变",《黑龙江社会科学》2012年第4期。

④ 郭星华、刘朔:"中国城乡关系七十年回望:国家权力的下沉、回缩与再进入——有关城乡关系变迁的社会学思考",《社会科学》2019年第4期。

会以正式制度为主要内容的制度排斥。在这种情况下，农民工只能转向对表现为传统伦理道德、价值观念、行为方式、习惯和习俗等的非正式制度的依赖，从而使他们在群体内部开展的社会选择行为表现出强烈的感性特征，因此是一种感性选择行为。与此同时，农民工在群体内部开展的感性选择行为在这一群体内部形成了一种与城市不断迈向理性化的社会秩序完全不同的秩序，这种秩序是对乡土社会中存在的感性秩序的复制、移植和扩展。由此可见，农民工群体在制度冲突下展开的感性选择行为为这一群体具有感性化特征的内部秩序的形成奠定了基础。

第三节 内部秩序的形成与扩展

作为一个场域，城市为农民工开展日常生活实践提供了运作的空间，而沉积于个人身体之内并由一系列历史关系构成的惯习对农民工的选择逻辑产生了重要的影响。与此同时，城市也是一个资源或者资本的争夺空间，生活于城市之中的各个行动者或者行动者群体依照各自的惯习在场域中展开斗争，以获取对自己有利的资源，从而保证或改善他们在场域中的位置，进而维持或改变场域的结构。作为弱势群体，农民工群体在城市资源或资本的争夺中处于劣势，从而迫使他们把乡村社会的惯习复制和移植到城市社会之中，以便获得在城市中工作和生活所需要的各种资源或资本。乡村社会的惯习使这一群体独立于城市社会的其他阶层而存在，从而促进了这一群体内部秩序的形成，而农民工群体对乡村社会中存在的以血缘、亲缘和地缘为基础的社会关系网络的复制、移植和扩展又进一步促进了这种内部秩序的扩展。

一、场域与惯习：空间中的秩序生成

布迪厄认为，社会学的任务在于揭示不同社会生活的深层结构以及这些结构得以再生产的机制。他认为，为了完成这个任务，社会学必须超越社会科学中长期存在的主观与客观之间的二元对立，进而采取一种辩证的“结构主义建构论(structural constructionism)”或者“建构主义的结构论(Constructive structuralism)”。布迪厄以自己的实践社会学践行这一理论使命，并通过对场域和惯习之间互动关系的界定使其得以展开。

在布迪厄看来，“场域由附着于某种权力(或资本)形式的各种位置间的一系列客观的关系所构成……是诸种客观力量被调整定型的一个体系(其方式很像磁场)，是

某种被赋予了特定引力的关系构型……场域同时也是一个冲突和竞争的空间”[①]。同时，他认为场域就是“各种位置之间存在的客观关系的一个网络(network)，或一个构型(configuration)，正是在这些位置的存在和他们强加于占据特定位置的行动者或机构之上的决定性因素之中，这些位置得到了客观的界定，其根据是这些位置在不同类型的权力……分配结构中实际或潜在的处境(Situs)，以及它们与其他位置之间的客观关系(支配关系、屈从关系、结构上的对应关系，等等)”[②]。由此可见，布迪厄用“场域”和“社会空间”来代替“社会”这个空泛的概念，从而把社会理解为“各个相对自主的‘游戏’领域的聚合，这种聚合不可能被压制在一种普遍的社会总体逻辑之下……在这些的空间中，行动者根据他们在空间里占据的位置进行争夺，以求改变或力图维持其空间的范围或形式”[③]。

布迪厄认为，场域中的行动者是有知觉、有意识、有精神属性的人，同时场域本身并不是一个冰凉的“物质小世界”，每个场域都有属于自己的“性情倾向系统”，即惯习(habitus)。在布迪厄看来，惯习是一个持久的、可转移的禀性系统，它在潜意识层面上发挥作用，并且是个性与社会性的统一体。由此可见，惯习由沉积于个人体内的一系列历史关系构成，是客观的、共同的社会规则和团体价值的内化，它以潜意识的方式长久地体现在个体行动者的行动中。

在布迪厄看来，场域不仅是游戏运作的空间，同时也是资源或者资本的争夺空间。场域之中的行动者遵循各自的惯习在场域内展开斗争，以获取对自己有利的资源，从而“增加或者维持他们的资本”，或者“部分或彻底地改变游戏的固有规则”。同时，作为各种力量之间客观关系的结构，场域是社会位置的占据者对各种策略进行追寻的基础和引导力量。这些占据者通过采取策略性行动“保证或改善他们在场域中的位置，并强加一种对他们自身的产物最有利的等级化原则”[④]。由此可见，场域表现为各种对称和不对称的社会关系以及这些社会关系的再生产。通过这种社会关系及其再生产，社会各阶层或者阶级在社会空间中演绎着控制与抗争、冲突与再构、规训与退让，因此场域实质上是强者与弱者之间的一场游戏，是局内人进行控制、局外

① [法]布迪厄、华康德：《实践与反思——反思社会学导引》，李猛、李康译，邓正来校。北京：中央编译出版社，1998年，第17-18页。

② [法]布迪厄、华康德：《实践与反思——反思社会学导引》，李猛、李康译，邓正来校。北京：中央编译出版社，1998年，第133-134页。

③ [法]布迪厄、华康德：《实践与反思——反思社会学导引》，李猛、李康译，邓正来校。北京：中央编译出版社，1998年，第17页。

④ [法]布迪厄、华康德：《实践与反思——反思社会学导引》，李猛、李康译，邓正来校。北京：中央编译出版社，1998年，第139页。

人求得生存所采取的策略。各个阶层或阶级通过这一策略建构了自身的活动和场域，并进而为日常生活树立了某种边界，以满足对社会秩序的需要。

此外，布迪厄把场域看作是一个具有差异性的社会空间。也就是说，场域中不仅存在着由各种力量所导致的距离、鸿沟和不对称关系，也存在着各种不断发生变化的差异性群体。在场域中，各种群体不断地借助场域中存在的某种力量对差异性进行区分与维护，并通过对这种差异性的再生产进一步强化它的存在。差异性的存在与再生产使这些群体的身份具备了合法性，从而确定了场域中各种资源的配置关系或者说配置秩序。

场域不仅是各种规则和制度的运作空间，而且是各种群体或者阶层为获得资源或者资本而展开争夺的空间，同时也是这些群体为维护其对资源、资本和社会位置的占有而动用某种力量对秩序进行建构的空间。因此，场域为行动者依照其惯习展开社会行动提供了空间，同时也使行动者通过其开展的策略性行动构筑了各种社会关系，而这些社会关系的存在与维系导致了空间中的秩序生成。

二、生存感性选择与内部秩序的形成

在布迪厄看来，实践是在时间和空间中展开的，不存在独立于时空之外的实践。同时，实践又是模糊的、盲目的和不确定的，原因在于社会生活的紧迫性使得人们无法质疑而是想当然地看待自己和生活的世界。因此，布迪厄所理解的实践逻辑其实就是感性选择的逻辑。对于广大农民工而言，城市是一个全新的空间，城市文化、城市市民的生活方式以及农民工在城市中的工作和生活使他们的关系网络、生活方式和行为方式都发生了巨大的变化。然而，农民工的日常生活实践是惯习、场域和资本的统一体，三者之间的互动共生关系决定了农民工的日常生活实践不是对传统的断裂，而是对传统的传承。因此，在城市社会中尤其是在农民工群体内部，传统的血缘关系和地缘关系实现了复制与再生产，从而使农民工可以依照传统的选择逻辑(即感性选择的逻辑)开展选择行为，进而在城市社会中重新建构了一种类似于乡土社会的生活秩序，即农民工群体的内部秩序。

费孝通认为，中国社会关系的建构与互动都是围绕“差序格局”运作的，因此中国传统社会以亲疏远近的差序原则进行建构。具体地说，中国的传统社会是“以自我为中心，像石子一般投入水中，和别人所联系成的社会关系，不像团体中的分子一般大家立在一个平面上，而是像水的波纹一般，一圈圈推出去，愈推愈远，也愈推愈薄……在差序格局里，对个人而言，他的社会范围是一根根私人联系所构成的网络，而所有的道德也只在私人联系中发生意义”[①]。在对中国的社会和文化进行研究时，金耀基发现关系、人情和面子是理解中国社会结构的关键性的社会文化概念，是中国人处理日常生活的基本储备知识；“分类”的概念乃是中国社会结构的构成性原则，人情是中国人的人际关系规范，培养人情是建立或维持关系的先决条件，中国人的关系网络可以说是一种以自我为中心的网络建构。[②] 翟学伟认为中国传统社会是一个“情理社会”，也就是说，中国人的人情交换和施报关系是以情感为依据而不是以理性计算为基础，因此私人关系是中国人关系网络的纽带。他认为：“中国人际关系的基本样式就是人情，也就是在血缘关系基础上和儒家伦理的规范下发展出来的一种带有社会交换性的行为……中国人不仅在人际关系上偏重‘情’，而且还把情建立在家的基础上，即以‘亲亲’为中心，故中国人不但讲人情，而且还把人情分为亲疏远近，构成了人情上的等差主义。”[③]由此可见，在传统社会的日常生活实践中，以亲缘关系为基础、以自我为中心、以情感为依据构成了中国人开展社会交往时的选择逻辑，而依照这种选择逻辑所展开的感性选择行为构筑了中国传统社会具有感性特征的社会秩序。

对于广大农民工而言，传统文化、乡村的生活方式和传统关系网络乃至乡村社会中存在的具有感性特征的社会秩序是沉积在他们内心深处并对他们的心理世界、生活世界和社会世界产生重大影响的惯习。这种惯习为他们提供了现成的先验图示，从而使他们在习惯性的情境中根据相关的先验图示做出选择。改革开放以来，中国的乡村社会发生了巨大的变化，但是“亲缘关系和地缘关系依然是村民唯一所熟悉、并加以利用的关系”[④]。因此，作为个体的农民工在对进城策略的选择上自然就体现为对乡村社会中存在的惯习和传统社会关系网络的自觉运用。许多研究表明，多数农民工正是利用老乡关系、亲戚关系或者同学关系等感性关系在城市中找到第一份工作或者找到一个可以暂时居住的住所(李培林，1996；李汉林，2001，2003；渠敬东，2001)。在进入城市之后，这种以血缘、亲缘和地缘为基础的社会关系网络在许多农民工的工作和生活中发挥了巨大的作用，原因在于这种社会关系网络不仅可以为他们提供各种就业信息，而且也可以为他们提供基本的生存保障和情感依赖。

---

① 费孝通：《乡土中国》。北京：北京大学出版社，2012 年，第 21—35 页。

② 金耀基：《中国社会与文化》。伦敦：牛津大学出版社，1992 年，第 101 页。

③ 翟学伟：《中国人行动的逻辑》。北京：社会科学文献出版社，2001 年，第 78 页。

④ 曹锦清、张乐天：“传统乡村的社会文化特征：人情与关系网——一个浙北村落的微观考察与透视”，《探索与争鸣》1992 年第 2 期。

材料一:“与此相联系,在考察流动民工进城后如何找到第一份工作时,我们同样发现,自己通过老乡或亲戚找到第一份工作的最多,占44.0%,通过老乡或亲戚主动介绍找到第一份工作的占31.0%,两项合计已占75%,另外通过当地政府找到的占8.1%,通过雇方来家乡招工找到的占6.7%,通过城市劳务市场找到的占4.8%。”①

材料二:“民工进城就业后虽然生活在城市,但尚没有真正地融入城市生活,没有建立起以业缘关系为纽带的生活圈子。他们的生活圈子仍然建立在亲缘和地缘关系上。在回答‘进城打工后是亲密的朋友是谁’时,55.7%的进城民工认为是‘一同来打工的老乡’,21.8%的民工认为是‘进城后认识的农民朋友’,另有21.5%的人认为是‘进城后认识的城里人’。而且,在集体所有制单位打工的民工,其生活圈子更多依赖于‘老乡’,认为最亲密的朋友是‘一同来打工的老乡’的占67.7%,而个体工商户这样认为的最小,占40.1%。”②

材料三:“社会关系网络为外出流动者提供一个支援体系(保护人),还提供了一系列目前没有任何一个正式的组织机构能提供的实际的帮助。如北京的‘浙江村’中聚居的生存方式,是在社会治安和市场竞争的双重压力下,外来移民发挥同乡群体网络的作用,所进行的一种自我管理和社会整合。总的来看主要包括四个方面的内容:(1)社会关系网络中的成员为初次外出打工者提供食宿(或提供此方面的优惠),有时还帮助他们找到工作。(2)帮助刚来打工的人尽可能地适应环境,并提供种种生活上的支援,如解决购票、乘车等问题。(3)向打工者传授有关的经验、技能,有时甚至提供一些资金,以帮助打工者更好地发展。(4)在各种意外事件与安全方面,社会关系网络也会为其成员提供保护,如同乡之间在生病时互相照顾、在受外人欺负时团结对敌等,在缺乏正式的组织机制保障的情况下,关系网络是流动在外的劳动力重要的社会支持资源。(5)社会关系网络的建构还是流动中的劳动力的一个稳定的精神支撑点,同乡关系是使有关个体彼此认同的共有归属性特征。”③

从上述材料可以看出,在进入城市之前对以血缘、亲缘和地缘为基础的社会关系网络的依赖,以及在进入城市之后对这种社会关系网络的复制和移植,构成了农民工进入城市并且在城市中生存下来的重要途径。从思维方式上看,这种以血缘关系、亲缘关系和地缘关系为基础,以解决在城市中的生存问题为目的的社会选择行为并不是受到了逻辑思维支配,而是受到了以情感为基础的感性意识的支配,因此它是一种

---

① 李培林:“流动民工的社会网络和社会地位”,《社会学研究》1996年第4期。

② 李培林:“流动民工的社会网络和社会地位”,《社会学研究》1996年第4期。

③ 卜长莉:“社会关系网络是当代中国劳动力流动的主要途径和支撑”,《长春理工大学学报》(社会科学版),2004年第17卷第2期。

感性选择行为，更具体地说是一种生存感性选择行为。在农民工聚集的城市中，生存感性选择行为仍然是许多农民工在日常生活中采取的重要社会选择方式，而这种社会选择方式的展开又使城市中出现了一道亮丽的风景线。因此，农民工开展的生存感性选择行为使乡村社会中存在的具有感性化特征的乡村秩序在城市社会中得到了复制和移植，从而使农民工群体的内部秩序得以形成。

三、社会感性选择与内部秩序的扩展

人情、面子和关系都是中国人的人脉机制和各种潜规则的源头，它们对中国人的思想和行为产生了深远的影响。具体地说，在中国社会中，人们在处理日常生活事务的时候往往不是依赖于个人的独自操作，而是求助于包括亲戚关系、熟人关系和同乡关系在内的"伦理关系"。[①] 梁漱溟认为，这种伦理关系是一种私人关系，即一种游离于团体组织和社会单位之外，缺乏完整社会意识和个人意识的抽象的人际关系。[②]正是在这个意义上，费孝通把中国社会看作是一个以自我为中心、以亲情为纽带的伦理关系所联结起来的圈子社会和熟人社会。[③] 此外，费孝通把以土为本的乡土文明看作是熟人社会的发生根源，把由亲情原则形成的"差序格局"看作熟人社会得以延续的存在根源。[④] 在刘少杰看来，一种社会现象可以因为某种因素而生成，但是这种社会现象一旦生成并持续存在，就意味着其中形成了某种制度结构，制约社会行为并稳定社会秩序的制度结构便是社会持续运行的存在根源。[⑤] 改革开放以来，随着越来越多的农村居民离开土地，熟人社会的发生根源失去了作用，然而作为一种制度结构的熟人社会的存在根源却可以持续地运行下去，其突出表现就是农民工群体把乡村社会中存在的传统关系网络复制和移植到了城市社会当中，并在日常生活实践中对其进行扩展。社会秩序是人们在社会生活中通过社会选择行为构建的相对稳定的社会状态，因此农民工群体在日常生活实践中对传统关系网络的扩展必然导致这个群体的内部秩序得到相应的扩展。

---

① 刘少杰：《经济社会学的新视野——理性选择与感性选择》。北京：社会科学文献出版社，2005 年，第 98 页。

② 梁漱溟："乡村建设理论"，载于梁漱溟：《梁漱溟全集（第 2 卷）》。济南：山东人民出版社，1992 年，第 192 页。

③ 费孝通："差序格局"，载于《费孝通选集》。天津：天津人民出版社，1988 年，第 95—96 页。

④ 刘少杰："中国市场交易秩序的社会基础：兼评中国社会是陌生社会还是熟悉社会"，《社会学评论》2014 年第 2 期。

⑤ 刘少杰："中国市场交易秩序的社会基础：兼评中国社会是陌生社会还是熟悉社会"，《社会学评论》2014 年第 2 期。

城乡二元结构的建立和强化使中国社会出现了两个几乎相互隔绝的社会阶层，即农民阶层和市民阶层。改革开放以来，城乡二元结构的松动和解体使农村居民拥有了进城打工的权利，从而使中国社会出现了第三个社会阶层——农民工阶层，而农民工也构成了中国社会的第三种社会身份。① 从制度层面上看，农民工阶层是由以户籍制度为核心的制度体系建构的，因此农民工阶层的存在具有制度上的合法性。然而，从自我认同和身份认同的层面上看，农民工阶层也是农民工自我建构的结果。在对上海市的农民工进行调查时，包先康、朱菲菲发现农民工在日常话语中往往把拥有城市户口的人称为“他们城里人”，而把自己称为“我们乡下人”，从而使他们普遍认同了自己作为城市外来者的身份。② 在对湖南省的农民工进行调查时，潘泽泉、李挺发现流动农民工在日常生活中形成了“我群”（农民工群体）和“他群”（城市市民）的观念，进而以这种观念指导自身的行为。③ 在对广西壮族自治区南宁市的一个少数民族农民工聚居地进行调查时，何月华发现城市居民对农民工进行了污名和歧视，从而使农民工在心理上产生了“我们”和“他们”这一本源性的区分，而这一区分不仅强化了农民工与城市居民之间的差异性，而且也强化了农民工对自己的社会身份的认同。④ 在曼纽尔·卡斯特看来，认同“是行动者意义的来源，是由行动者经由个别化的过程而建构的”⑤。作为城市中的行动主体，农民工对自身社会身份的认同为他们在城市中复制和移植与他们的社会身份相符的社会关系网络提供了“意义的来源”，而城市社会对农民工群体的社会排斥使这种“意义的来源”具有了“合法性”。

在社会学的视野中，社会网络指的是人们之间因社会互动而形成的关系网络。在这种关系网络中，个人被看成是点，个人与个人或个人与群体的关系被看成是线，点与线的连接结构和动态变化就构成了某种网状结构。在现代城市社会中，居住地点和工作地点的分离以及交通和通信的高速发展使人们的社会交往早已突破了地域的界限，从而呈现出一种多元化的开放状态。在这种情况下，血缘关系、亲缘关系和地缘关系在人们的社会网络中只占很小的一部分，他们的社会网络还包括大量的朋

① 孙哲、陈映芳：“农民工权利资格问题反思：以‘多重身份’为视角”，《南京社会科学》2016 年第 3 期。

② 包先康、朱菲菲：“农民工身份的建构与转变：基于承认的视角”，《重庆大学学报》（社会科学版）2016 年第 22 卷第 6 期。

③ 潘泽泉、李挺：“农民工身份认同的影响机制研究——基于社会资本、同群效应与社会距离关系的实证分析”，《中州学刊》2017 年第 3 期。

④ 何月华：“少数民族农民工的身份认同与城市融入——基于广西南宁一个少数民族农民工聚居地的考察”，《广西民族研究》2019 年第 2 期。

⑤ [美]曼纽尔·卡斯特：《认同的力量》，夏铸九、黄丽玲等译。北京：社会科学文献出版社，2003 年。

友、同事、同学等。由此可见，人们的社会网络不仅包括那些直接的人际交往，而且也包括那些间接的人际交往，从而使他们的社会网络呈现出很强的放射性。对于广大农民工而言，外出打工使他们突破了地域的界限，从而在更为广阔的社会空间中与更多的人开展社会互动，进而建立更加具有异质性的社会网络。然而，进城农民工的社会网络经历了一个从自我封闭到不断开放的变迁过程。

许多研究发现，以血缘、亲缘和地缘为基础的初级关系仍然是农民工社会网络中的强纽带关系，原因在于农民工正是从这种先赋性的强纽带关系中获得在城市生活中迫切需要的社会支持。比如，在对流动农民的社会支持网进行研究时，王毅杰和童星发现在流动农民的社会支持网中，同样是居住在城市的持有农村户口的流动农民超过60%；[①]在对流动民工的社会网络和社会地位进行研究时，李培林发现民工进城就业后虽然生活在城市，但是尚没有真正地融入城市生活，没有建立起以业缘关系为纽带的生活圈子，因此他们的生活圈子仍然建立在亲缘和地缘关系上；[②]在研究农民工流动对其社会关系网络的影响时，罗忆源也发现农民工在城里建构的新的社会关系网络首先是以初级关系为主，再以初级关系为基础不断建构以工具理性为取向的初级关系与次级关系网络。[③] 由此可见，以血缘、亲缘和地缘为基础的初级关系构成了农民工在城市中对传统关系网络进行复制和移植的基础。然而，随着农民工社会交往范围的不断扩大，非亲缘性的社会关系网络得到了不断的扩展，从而使农民工“开始有自己的业缘关系、趣缘关系，有自己的朋友圈子”[④]。

与农民工以血缘、亲缘和地缘为基础的社会关系网络相比，以业缘关系或者趣缘关系为基础的非亲缘社会关系网络不仅具有较强的异质性，而且蕴含着丰富的资源，从而使其成为农民工在城市里进一步发展的潜在社会资本。然而，从这种非亲缘社会关系网络的形成方式上看，它仍然是农民工根据差序原则对原有的社会关系网络进行扩展的结果，因此它实际上是一种建立在“拟似的血缘关系”基础上的社会关系网络。这种情况之所以出现，是因为“人口从乡村到集镇城市的流动加速，亲缘地缘关系已不能满足全部的交往需要，因而朋友关系得到发展。朋友间关系密切的，往往兄弟相称，这实际是一种拟似的血缘关系或说朋友关系，是兄弟关系的一种延伸”[⑤]。同时，城市市民对农民工群体的社会排斥以及农民工对群体成员身份的认同也是这

① 王毅杰、童星：“流动农民社会支持网探析”，《社会学研究》2004年第2期。
② 李培林：“流动民工的社会网络和社会地位”，《社会学研究》1996年第4期。
③ 罗忆源：“农民工流动对其社会关系网络的影响”，《青年研究》2003年第11期。
④ 罗忆源：“农民工流动对其社会关系网络的影响”，《青年研究》2003年第11期。
⑤ 曹锦清、张乐天：“传统乡村的社会文化特征：人情与关系网——一个浙北村落的微观考察与透视”，《探索与争鸣》1992年第2期。

种非亲缘社会关系网络得以形成的原因。城市市民对农民工群体的社会排斥尤其是社会网络排斥使农民工处于边缘化的地位，而这种边缘化地位促使农民工把乡村社会中以血缘、亲缘和地缘为基础的社会关系网络复制和移植到城市中，并进而按照差序原则对这种社会关系网络进行扩展，从而形成以业缘关系或者趣缘关系为基础的社会关系网络。农民工对传统关系网络的复制和移植是为了应对在城市中工作和生活所面临的生存压力，因此他们为此而开展的社会选择行为属于生存感性选择行为。与此相比，农民工对传统关系网络的扩展并非仅仅为了应对城市中的生存压力，更重要的是为了获得在城市里进一步发展所需的社会资本。此外，农民工对传统关系网络的扩展以"拟似的血缘关系"为基础，即农民工主要是与来自其他地区的农民工建立以业缘关系或者趣缘关系为基础的社会关系网络。因此，我们可以把农民工为扩展传统的关系网络而开展的社会选择行为称为社会感性选择行为。

由此可见，为了应对在城市中工作和生活所面临的生存压力，农民工通过开展生存感性选择行为实现了对以血缘、亲缘和地缘为基础的传统关系网络的复制和移植，进而促进了农民工群体内部秩序的形成；为了获得在城市里进一步发展所需的社会资本，农民工通过开展社会感性选择行为，对传统的关系网络进行了扩展，从而形成新的、以业缘关系或者趣缘关系为基础的社会关系网络，进而实现了对农民工群体内部秩序的扩展。

第五章　二元秩序下的艰难选择

社会秩序是特定社会背景下的社会成员或者社会群体通过开展社会选择行为构建的，而社会秩序一旦形成，必然会对人们开展的社会选择行为产生影响，因此二者之间存在着互构关系。农民工群体与城市环境、城市机构和城市市民之间开展的以理性选择为基础的社会选择行为构建了这一群体的外部秩序，并通过在群体内部开展的以血缘关系、亲缘关系和地缘关系为基础的感性选择行为构建了这一群体的内部秩序，进而形成了这一群体由外部秩序和内部秩序组成的日常生活秩序。然而，由于行动基础、行动空间和关系纽带等方面存在巨大差异，因此这一群体的外部秩序与内部秩序之间存在着矛盾与冲突。在日常生活中，这种矛盾与冲突通过农民工开展的社会选择行为生动地体现出来，并会随着农民工社会选择方式的变迁而发生变化，从而使农民工群体的日常生活秩序发生相应的变迁。

农民工群体对城市的适应经历了生存适应、社会适应和心理适应的过程，而每一个层面的适应都是农民工通过开展社会选择行为实现的。与此同时，由于城市中存在的针对农民工群体的社会排斥以及农民工对传统关系网络的依赖、对土地的依恋和对自身人格的维护，因此农民工在每一个适应层面上开展的社会选择行为都交织着理性选择与感性选择之间的矛盾与冲突，而这种矛盾与冲突的展开和演化导致了农民工群体日常生活秩序的变迁。本章将对农民工在日常生活中开展的社会选择行为进行分析，从而在动态的演化过程中揭示农民工开展的社会选择行为与其日常生活秩序之间的互构关系。

第一节　二元秩序下的生存选择

人多地少是中国的基本国情，同时传统农业尤其是种植业的效益比较低下，因此寻求生存是农村人口选择外出打工的根本原因。[①] 改革开放之前，以户籍制度为核心的城乡二元结构对城乡之间的人口流动进行了严格的限制，从而为农村人口非农化设置了结构性障碍。20 世纪 70 年代末以来的改革开放使城乡二元结构不断松动

---

① 黄平：《寻求生存——当代中国农村外出人口的社会学研究》。昆明：云南人民出版社，1997 年，第 5 页。

和解体，同时市场机制的引入使体现在城市经济生活、社会生活和文化生活之中的现代文明对农村人口产生了巨大的吸引力。因此，在结构性障碍不断瓦解和市场化浪潮的推动下，越来越多的农村人口涌入城市，从而形成了蔚为壮观的"民工潮"。然而，农民工来到城市之后所面临的最为严峻的问题仍然是生存问题，即如何在城市中生存下去的问题。在这种情况下，如何通过开展社会选择行为获取维持生存所需的各种资源就成为农民工来到城市之后首先要解决的问题。

在生存适应阶段，市场意识已经在部分农民工中萌芽，进而促使他们通过开展理性选择行为获得维持生存所需的资源，从而使农民工群体的外部秩序初步形成。然而，多数农民工的市场意识仍然比较淡薄，模仿、从众和沿袭传统等感性选择行为仍然是他们在经济生活中经常会采用的行为方式。与追求经济利益最大化的理性选择相比，感性的经济选择因为不善推论、缺乏计算和预测、追求目标的直接性等因素限制，确实表现出被动性和保守性。在这种情况下，许多农民工无法通过开展感性的经济选择从城市中获得足够的生存资源，从而迫使他们转向对传统关系网络的依赖。因此，在生存适应阶段中，由农民工开展的理性选择行为所构建的农民工群体的外部秩序已经初露端倪，但是建立在血缘关系、亲缘关系和地缘关系等感性关系基础上的内部秩序在农民群体的日常生活秩序中仍然占据主导地位。

一、感性的入"场"

城市对于广大农民工来说是一个全新的场域，因此以何种方式、渠道和策略进入这个场域对他们能否在城市立足至关重要。传统文化、乡村生活方式和传统关系网络对农民工来说是一种沉积于他们内心深处并对他们的心理世界、生活世界和社会世界产生重大影响的惯习。这种惯习为农民工提供了现成的先验图式，从而使农民工在习惯性的情境中根据相关的先验图式做出是否进城打工以及以何种方式进城打工的选择。在布迪厄看来，惯习由沉积于个人身体内的一系列历史关系所构成，是客观的、共同的社会规则和团体价值的内化，它以潜意识的方式长久地体现在个体行动者的行动中。因此，作为乡村社会惯习的载体，许多农民工在对进城的方式、渠道和策略进行选择时必然会遵循由乡村社会的惯习所"默认"的选择路径，即选择感性的入"场"。

改革开放以来，中国的乡村社会发生了巨大的变化，但是"亲缘关系和地缘关系依然是村民唯一所熟悉、并加以利用的关系。由婚姻、生育和共居而自然建立起来的原始初级关系，依然是村民社会关系的基础……地缘关系可以层层推进，从同村推到同乡、同县，甚至同省。共同的乡土人情，方言习俗，加之同一地缘内可能存在的亲缘关系，使得地缘关系成为仅次于亲缘关系的一种关系”①。因此，作为个体的农民工在对进城策略的选择上自然就体现为对乡村社会中存在的社会关系网络的运用。许多研究表明，多数农民工都是利用了老乡关系、亲戚关系或者同学关系等感性关系在城市中获得第一份工作或者在城市中找到一个可以暂时寄居的住所（李培林，1996；李汉林，2001，2003；渠敬东，2001）。在入“场”之后，许多农民工又通过这种基于“原始初级关系”的社会关系网络在城市中求职和谋生，从而把这种社会关系网络复制和移植到城市中。对于多数农民工来说，以血缘、亲缘和地缘为基础的社会关系网络不仅为他们提供了就业信息，而且也为他们提供了基本的生存保障和情感依赖。

个案 A：张某，男，38 岁，初中文化，已婚，河北省保定市涞水县人，X 社区水果摊贩。

“我来北京已经有好多年了，当初之所以选择来北京是因为我大哥就在 A 公司里当厨师，是他把我介绍到这里来的。我刚来的时候是在宾馆的保卫处当保安，也就是看宾馆大门的。后来，（我）觉得做保安没有什么出息，而且工资很低，待遇又很差，最重要的是休息时间没法保证，所以做了几年保安之后就跑回家种地去了。现在种地不仅不挣钱，反而受气，因此回家没待多久又跑来北京了。我大哥后来成了宾馆的正式工，在这个家属院里分到了一间宿舍，所以我来北京之后就在他这里安顿下来。这个家属院比较破旧，因此稍微有点钱的人都到外面买房子去了，因此这个院子里剩下的只有老人和没有能力搬走的人。对了，宾馆规定单位的房子只许出租，不许出售，因此这个院子里也住着好多外地人（包括农民工）。重新来北京之后，我觉得做点小买卖比在宾馆里做保安会强一些，于是就把这种想法跟大哥说了一下。他觉得这个主意不错，但是在社区内摆摊必须经过社区居委会的同意，我们后来折腾了好大的功夫才把这个水果摊弄下来。在北京生活不容易，想做点小生意混口饭吃更不容易了，幸运有我大哥帮忙，否则可能连北京都来不了呢。”

凭借着这种经过复制和移植的社会关系网络，农民工实现了感性的入“场”。这种以血缘关系和亲情关系为基础、以解决在城市中的生存问题为目的的社会选择行为并不是在农民工的逻辑思维支配下进行的，而是在以情感为基础的感性意识的支配下展开的，因此它是一种感性选择行为。此外，由于农民工开展这种感性选择行为的目的是解决生存问题，因此我们可以把它称为生存感性选择。

此外，为了应对在城市中遇到的生存问题，农民工往往会根据差序原则对原有的血缘关系和亲缘关系进行扩展，从而建立“拟似的血缘关系”网络，进而在更加广泛的

---

① 曹锦清、张乐天：“传统乡村的社会文化特征：人情与关系网——一个浙北村落的微观考察与透视”，《探索与争鸣》1992 年第 2 期。

范围内开展生存感性选择行为。这种情况之所以会出现，是因为“人口从乡村到集镇城市的流动加速，亲缘地缘关系已不能满足全部的交往需要，因而朋友关系得到发展。朋友间关系密切的，往往兄弟相称，这实际是一种拟似的血缘关系或说朋友关系，是兄弟关系的一种延伸”①。同时，翟学伟也认为中国人的任何社会行为都包括家长权威、道德规范、利益分配和血缘关系。② 随着谋生方式由农业生产向非农产业的转移，农民工逐步建立起以业缘关系为基础的新的社会关系纽带，并使之成为其社会网络的重要组成部分。然而，这些业缘关系绝大部分仍然是基于同质群体，即基于来自其他地区的农民工群体。因此，这种业缘关系实质上仍然是一种“拟似的血缘关系”，它是农民工在城市工作和生活中获得社会支持的重要来源。

个案B：罗某，男，26岁，初中文化，已婚，安徽省无为县人，X社区水饺店伙计。

“我两年前是孤身一人来北京的，在北京人生地不熟，所以刚到北京的那几天感觉自己像个流浪汉一样。当我觉得在北京混不出什么名堂来的时候，我在一家成都小吃店里认识了一位非常热心的哥们。他是四川人，来北京已经有好几个年头了，一直在这家小吃店里当伙计。我们两个人挺投缘的，一见面就聊开了。当得知我在北京还没有落脚的地方之后，他让我先住在他那里。我除了跟我妈学了包水饺的手艺之外再也没有什么突出的了。他说他们店里正好缺一个帮手，因此他可以把我推荐给他们老板。他们老板也是四川人，人还不错，因此我就在他们店找到了自己的第一份工作。那个哥们后来去南方打工了，所以我只能另外找工作。现在这个工作也是一位朋友介绍的呢。像我这样一个人出来打工的找工作非常不容易，幸亏认识的几个热心哥们帮忙了。”

人情、面子和关系是中国人制度性的人脉机制和各种潜规则的源头，对中国人的思想和行为产生深远的影响，因此中国人的日常生活伦理是一种“人情”伦理。也就是说，中国人的日常交往是建立在“亲情”和“友情”基础之上的，是以情感为纽带的，因此由这种“人情”关系而发展的“人情”伦理属于私人交往的伦理层面，主要在私人交往生活领域发挥其调节功能。③ 此外，这种伦理关系是一种游离于团体组织和社会单位之外的关系，是缺乏完整社会意识与个人意识的抽象的伦理关系。在费孝通看来，这种圈子式的伦理关系是以亲情为纽带联系起来的，因此它还是停留在感性层

---

① 曹锦清、张乐天：“传统乡村的社会文化特征：人情与关系网——一个浙北村落的微观考察与透视”，《探索与争鸣》1992年第2期。

② 翟学伟：《中国人行动的逻辑》。北京：社会科学文献出版社，2001年，第92页。

③ 孙春晨：“‘人情’伦理与市场经济秩序”，《道德与文明》1999年第1期。

面上的人际关系。[①] 选择路径的伦理化是感性选择行为的重要特征之一，因此人们以感性层面的人际关系为基础所展开的社会选择行为是一种感性选择行为。

改革开放以来，中国的乡村社会发生了很大的变化，但是"人情"伦理对农民的日常生活仍然产生巨大的影响，感性选择在中国农民的日常生活中仍然是一种占有重要地位的社会行为方式。农民工来自乡村社会，在身份上仍然是农民，因此乡村社会中存在的以"人情"伦理为基本内涵的非正式制度，在农民工的日常生活中仍然产生潜移默化的影响，这种影响在农民工刚刚进入城市的时候表现得尤为显著。由此可见，许多农民工通过把在乡村社会中存在的以血缘、亲缘和地缘等感性关系为基础的社会关系网络复制和移植到城市中，进而在业缘关系基础上对这种社会关系网络进行扩展，从而实现了对城市社会感性的入"场"。

二、理性的入"场"

场域不仅是各种规则和制度的运作空间，而且也是各种群体或者阶层为资源或者资本而展开争夺的空间。在场域中，行动者将遵循各自的惯习或者根据情境对惯习进行"再造"，从而为在场域中获得对自己有利的资源而展开斗争。在布迪厄看来，惯习"是一个开放的性情倾向系统，不断地随经验而变，从而在这些经验的影响下不断地强化，或者调整自己的结构。它是稳定持久的，但是不是永远不变的"[②]。因此，惯习是由积累和沉淀在行动者身上的一系列历史经验所构成的，是那些外在于行动的客观的共同社会规则和价值在行动者身上的内化形式，形成指导自己关于如何认识世界、评判事物和开展行动的解释模式。在惯习的指导下，人们会不断对自己所面对的世界进行感知、理解、欣赏和评价，同时不断地进行实践，进而根据与实践有关的新的感知和评价对自己的行为进行调整。从这个意义上看，惯习既是一个可以不断重塑自我的再生产体系，同时又是一个植根于行动者最初性情倾向之上，随环境的变化而不断变化并有着旺盛生命力的运动体。[③]

对于广大农民工而言，城市不仅是一个全新的场域，而且也是一个充满竞争和风险的社会空间。因此，如何进入这个场域以及如何在这个场域中生存下来，是农民工在进入城市之前以及进入城市之初必须面对的问题。事实上，许多农民在进城打工

---

① 费孝通："差序格局"，载于《费孝通选集》。天津：天津人民出版社，1988 年，第 95—96 页。

② [法]布迪厄、华康德：《实践与反思——反思社会学导引》，李猛、李康译，邓正来校。北京：中央编译出版社，1998 年，第 178 页。

③ 朱伟钰："超越主客观二元对立：布迪厄的社会学认识论与他的'惯习'概念"，《浙江学刊》2005 年第 3 期。

之前就已经意识到了城市中存在的竞争和风险，并且开始有意识地培养和提高在城市中的生存能力。由此可见，这些农民工在进城之前已经从对传统关系网络的依赖、对自给自足的小农经济的沉迷以及对土地的依恋等乡土社会的惯习中不断脱离出来，进而根据对城市的感知、理解和评价，对自己的行为进行调整。因此，与其他农民工利用以血缘关系、亲缘关系和地缘关系等感性关系为基础的社会关系网络所具有的“强效应”不同的是，这些农民工往往会选择通过“理性”的途径（比如通过技工学校或者家乡政府的组织、劳务市场或中介机构、新闻媒体的广告或企业招聘等）进入城市中谋生，从而实现了对城市的理性入“场”。

个案C（以下简称C）：龚某，女，33岁，中专文化，已婚，河南省信阳市光山县人，X社区服装店老板娘。

C的家里有六个兄妹，家境贫寒。1996年，C毕业于河南省信阳市一所职业学校，之后由学校推荐到北京市朝阳区的一家电镀厂工作。1999年，这家电镀厂倒闭，C又转到了一家印刷厂里当工人，此后又在几家私人服装厂里做短工。2002年初，C认识了在一家服装厂里做工的内蒙古小伙子小赵，之后两人开始谈恋爱。2002年夏天，C和小赵合伙开了一家服装厂，同时雇用了几个女孩做工人。这一年的秋天，C和小赵喜结良缘。2003年6月，两人的小孩出生。从2004年秋天开始，C和小赵在X社区租了几间平房，然后把服装厂搬进这个社区，专门为A单位的职工制作制服，偶尔也为X社区的居民制作各种服装。

C说：“在技校念书的时候就是在城市里（信阳市）。虽然信阳比北京小得多，而且也落后得多，但是对城里人和城里的生活还是比较了解的。信阳有好多人都出来打工了，他们之中有许多人是被兄弟姐妹或者朋友带出来的，而且多数是在北京打工。从光山县出来的农民工大多在建筑工地上打工，很少有像我这样做生意的。像我这样有点文化的人在北京都活得很辛苦，那些在建筑工地上做工的人就更不用说了。我们家的几个兄妹也都出来打工了，而且都是由亲戚朋友介绍的工作。这些亲戚朋友其实也是农民工，只不过出来早一点而已，因此他们介绍的工作也不是什么好工作。来北京之后，我知道只能靠自己的能力在这个城市里生活下去，家里太穷，在北京也没有什么有钱的亲戚和朋友。一转眼已经在北京待了十来年了，觉得自己有能力和有文化才能在大城市里生存下去，否则只能在建筑工地上累死累活地干。”

与城市市民相比，农民所面临的生存压力要大得多。改革开放之前，以城市分割为基本特征的城乡二元结构对城乡之间的人员流动进行了严格的限制，从而使“中国农村从总体上说走了一条‘过密化’的道路，其文化层面上的原因就是传统农村人口还没有条件对不同的谋生方式进行比较，且还更多地笼罩在传统的生存原则之中”①。改革开放以来，对农民外出就业的制度性限制有所松动，农民所面临的巨大生存压力就转变成了他们进城打工的“推力”。同时，城市和富裕地区所表现出来的“魅力”形成了促进农民外出就业的“拉力”。然而，美国经济学家阿瑟·刘易斯在其二元经济理论中所说的“推—拉”模式只有通过农民开展的外出就业活动才能转变成现实。因此，生存压力的存在和城市所具有的魅力在城乡二元结构出现松动和不断解体之后就转变成农民外出就业的动力。在这种情况下，开展基于生存理性基础之上的理性选择就成为许多农民工外出就业时所采取的社会选择方式。

此外，许多农民工在进城打工之前就已经具备了在城市中谋生的能力，因此他们能够比较顺利地在城市中找到落脚点。随着城市现代化步伐的不断加速，城市市民的生活节奏也在不断加快，因此许多原本依靠自身能力就能解决的问题现在不得不依靠别人的帮助，而这为城市服务业的发展提供了广阔的空间，进城打工的农民工则构成了这个行业的主力军。

个案D(以下简称D)：朱某，男，60岁，初中文化，已婚，江苏省南通市如皋市人，X社区缝纫组裁缝。

D来北京打工已经有30多年了。在来北京之前，他曾经去江西赣州当过伐木工人，后来带着爱人和孩子远赴甘肃的矿区为矿工缝制制服。1983年，D一个人先来北京，把自己的老婆和孩子留在了甘肃。1985年，当他在北京站稳脚跟之后，他把一家人都接到北京，然后和老婆在X社区里做裁缝。

D说：“小的时候学习成绩很好，可惜父母去世得早，家里还有弟弟妹妹，所以只能退学了。我‘文革’刚开始的时候去江西赣州当了几年的伐木工人，有一年过年回家的时候认识了你阿姨(D的爱人)，所以就回江苏老家了。我从小就不喜欢干农活，所以想学一些能够养家糊口的手艺。别看我们老家现在很富裕，70年代的时候穷得很，因此除了种地之外，很少有人会什么手艺，所以连找个师傅都找不到。我的大哥在甘肃省的一个矿区当工程师，他叫我们夫妇俩到他那里去。到了矿区之后，我发现矿工的工作服特别容易破，所以就向大哥借钱买了一台缝纫机，然后从零开始学缝纫。矿工的工作服布料粗糙，结构也非常简单，因此缝纫起来几乎没有什么难度，但是挣不到钱。1981年，我们的第二个孩子出生了，生活的压力越来越大，所以开始想别的办法挣钱。在一个非常偶然的机会中，我听到别人说城里人对穿着越来越讲究了，因此给他们做衣服肯定很挣钱。我很快就把要进城打工的想法告诉你阿姨，她非常支

① 文军：“从生存理性到社会理性选择：当代中国农民外出就业动因的社会学分析”，《社会学研究》2001年第16卷第6期。

持我的想法。于是,我决定自己一个人先到城市里探路。当时之所以选择来北京是因为觉得大城市的机会更多,挣钱也更容易一些。1983年春节过后,我一个人带着几百块钱来到了北京。我当时在北京一个熟人都没有,因此只能在X社区里租了一间房子。在安顿下来之后,我买了一台缝纫机,然后给周边的居民缝制衣服。刚开始的时候几乎没有人来找我,因为我原来主要是给矿工制作制服,对技术要求不高,但是城里人做衣服就大不一样了。因此,我开始买各种缝纫书籍进行自学。功夫不负有心人啊!找我做衣服的人越来越多,所以两年之后把你阿姨和两个孩子都接到了北京。"

城市是一个充满竞争和风险的场域,但是它也为那些有进取心或者掌握一技之长的农民工提供了施展才华和获取各种生活资源的舞台。巨大的生存压力迫使农民必须对谋生方式进行转换,而结构性障碍的不断解除又为他们最终实现这种转换提供了良好的机会。当传统的社会关系网络已经失效而新的关系网络尚未建立起来的时候,许多具有市场意识同时又掌握了一技之长的农民工选择通过开展生存理性选择从而进入城市这个场域,进而实现理性的入"场"。

第二节　二元秩序下的经济选择

当农民工以感性或者理性的方式进入城市并站稳脚跟之后,通过开展经济选择行为从而获得生存和发展所需的各种资源就构成了其日常生活的主要内容。随着市场化浪潮的不断推进以及社会秩序的不断理性化,许多社会成员(包括农民工)参与市场竞争的意识不断增强,同时他们开展理性选择行为的能力也不断得到提高。因此,尽管经济理性及其选择方式在中国经济生活中不可避免地遇到各种阻碍因素,但是无论如何,经济理性及其选择方式都已成为中国经济生活的主导,它将梳理中国经济的中枢神经,引导中国经济发展的主要方向,促使中国经济朝着理性化、制度化和高效化的目标迈进。然而,在社会转型加速期中,经济感性选择仍然是中国大多数社会成员的日常经济行为,是把决策层、管理层和专家系统制定出来的各项经济政策和经济规划付诸实践的现实力量。[①] 因此,经济理性选择在现阶段是占主导地位的经济选择方式,而经济感性选择则是占主流地位的经济选择方式,二者在经济生活中同时展开,从而型塑了社会转型加速期的经济生活秩序。

作为城市中的重要经济主体,农民工群体通过与城市环境、城市机构和城市市民之间开展的以经济理性选择为基本内容的经济交往,促进了城市社会的社会秩序理性

① 刘少杰:《经济社会学的新视野——理性选择与感性选择》。北京:社会科学文献出版社,2005年,第124页。

化，从而使这一群体在经济生活上与城市社会不断融为一体。与此同时，作为城市中既受到社会排斥又受到乡村惯习制约的经济主体，农民工群体进行逻辑推论和理性计算的能力和空间都受到了制约，从而使这一群体开展的经济选择行为具有比较浓厚的感性特征，因此经济感性选择行为在农民工的日常经济生活中仍然占有非常重要的地位。与经济理性选择相比，经济感性选择由于受到不善推论、缺乏计算与预测、追求目标的直接性等因素的限制，表现出被动性和保守性。因此，在崇尚逻辑推论和理性计算的市场经济浪潮中，因遭受社会排斥和自身能力限制而无法充分开展经济理性选择的农民工群体，无法确保自己能够在城市的经济生活中获得维持生存和促进发展所需的各种资源。在这种情况下，农民工群体的成员通过维持和强化这个群体内部以血缘关系、亲缘关系、地缘关系甚至是业缘关系为基础的社会关系网络，从而获得维持生存所需的基本资源，进而使这个群体具有感性化特征的内部秩序得以维系。因此，在城市的经济生活中，农民工群体通过开展经济理性选择，从而不断融入以工具理性化为基本特征的城市社会秩序中，而社会排斥以及乡村惯习的影响又促使以经济感性选择为主要经济选择方式的农民工群体不断回归具有感性化特征的内部秩序，从而使这一群体的外部秩序与内部秩序之间的矛盾和冲突表现为经济理性选择与经济感性选择之间的矛盾和冲突。

一、感性的营“场”

布迪厄认为，场域不仅是各种社会关系的运作空间，而且也是这些社会关系在实践中不断得以营造、滋养和培育的空间。当农民工从农村流入城市之后，他们在城市空间中开展的社会行动催生了各种社会关系，而这些社会关系也通过农民工开展的社会行动得以再生产。农民工群体在城市空间营造的关系场是对以血缘关系、亲缘关系和地缘关系为基础的社会关系网络的复制和移植，即通过选择性地“过滤”乡村社会中存在的社会关系网络，从而实现关系资本在城市空间中的再生产，进而导致新的社会关系网络的产生。在这种新的社会关系网络中，血缘关系、亲缘关系和地缘关系甚至是业缘关系仍然是对农民工群体内部的社会关系进行维系的纽带。在这种情况下，农民工在群体内部开展的以情感为基础的社会行为仍然是一种感性选择行为。这种感性选择行为不仅存在于农民工的社会交往中，而且也存在于农民工的经济交往中。

经济感性选择是人们在实践的“模糊逻辑”支配下开展的经济选择行为。与以经济利益最大化为目标的经济理性选择相比，经济感性选择仍然是以亲情、血缘和熟悉关系等感性关系为基础而展开的经济选择行为，由此形成的是以私人关系为核心的社会圈子。因此，经济感性选择具有直接性、经验性和圈子性的特征。然而，即便如此，我们也不能否认这种选择行为所具有的自觉性。“经济感性选择的自觉性是指处于感性层面上的人们对自己经济行为方式或经济选择方式的自我意识。”[①]对于那些身处以血缘、亲缘和地缘等感性关系为基础的社会关系网络之中的农民工来说，他们开展的经济行为并不一定是经过概念理解、逻辑推论和数学计算的理性选择行为，但是他们却可以对自己的选择目标、所处的环境、各种规则和制度因素的限制、个人的优势和长处以及行为的直接结果等方面做出一些初步的判断，从而增强选择的明确性、规范性和效率性。然而，当经济感性选择行为的自觉性得以提升之后，这种选择行为并不会自动地转化为经济理性选择，原因在于选择意识具象化、选择目标综合化、选择路径伦理化、选择根据经验化和选择秩序传统化仍然是经济感性选择的基本特征。具体地说，农民工开展的经济感性选择行为仍然是经验层面上的，是在伦理关系和传统秩序的基础上，在具象性的意识活动的支配下完成的经济选择行为。

个案 E：陈某，女，30 岁，初中文化，已婚，湖北省荆门市人，X 社区“社区服务站”的售货员。

“我们这个服务站主要是向这个社区的居民供应各种水果和蔬菜。这个院子有好多像我们一样的外地人，他们也经常来我们这里买菜。现在的物价涨得很快，所以我们店里的菜价也在不断地调整。社区里的居民都在抱怨菜价贵，尤其是那些收入水平比较低的外地人。在这个社区里做小生意的基本上都是外地人，他们挣钱非常不容易。不仅居委会的人管得严，而且社区里的有些居民也非常蛮横，使劲压低价格，所以我们在这里做买卖非常难。尽管如此，我们还是尽量照顾来这里买菜的外地人，有什么便宜的东西都给他们留着。对了，每天早上给我们送货的是北京郊区的菜农，他们每天半夜三更就得出门，不然就进不了城了。我们和他们的关系也不错，他们一般不会向我们要高价。城里有钱人多，但是没钱的人也多，尤其是像我们这样出来打工的人就更没钱了。”

农民工开展的经济选择行为发挥着对表现为亲情和友情等的关系资本进行生产和再生产的功能，也就是说，农民工开展的经济感性选择行为具有创造性。正如布迪厄所说的，社会关系网络“是由社会体制（作为亲属的体制，如兄弟、姐妹、表兄弟等等或是作为骑士、继承人、前辈的体制等等）产生的，它在（礼物、言词、女人等等）的交换中，并通过这样的交换得到无止境的再生产”[②]。因此，在农民工社会关系网络的营

---

① 刘少杰：《经济社会学的新视野——理性选择与感性选择》。北京：社会科学文献出版社，2005 年，第 125 页。

② [法]《文化资本与社会炼金术——布尔迪厄访谈录》，包亚明译。上海：上海人民出版社，1997 年。

造过程中存在着一种“实践的亲属关系”。[①] 然而，由关系资本的再生产所建构的关系网络是一种局限于私人关系、亲情关系和熟悉关系等感性关系的“圈子”，而不是进入社会层面的社会关系。因此，与在广阔的社会关系中展开的经济理性选择相比，农民工的经济感性选择行为的展开空间比较狭窄，效益也比较低，但是对于那些无法在广阔的社会空间中开展经济理性选择的农民工来说，经济感性选择的展开使他们在城市中对基于亲情关系基础上的乡村伦理秩序进行了重建，从而使他们孤寂的心中感觉到一丝慰藉。

个案F：赵某，女，63岁，小学文化，已婚，江苏省南通如皋市人，X社区车棚管理员（个案D的爱人）

“这个社区里有很多外地人（农民工）。经济条件好一些的人租社区居民的房子，条件差一些的只能租平房，像我们这样穷的人就只能住在车棚里了。以前这个车棚存车是不收费的，居委会最近才要求收费，而且让我们家把这个车棚承包下来，每年给居委会交2000元。在这个社区里摆摊的基本上是外地人，有卖衣服的，有卖早点的，有卖菜的。他们收摊之后喜欢把装着货物的三轮车存放在这个车棚里，收费之后他们就不情愿把车存在这里了，但是没有别的办法。我们看着他们挣钱不容易，所以平时就少收一些（钱）。他们挺感激我们的，平时有什么好东西都给我们家送过来。虽然我们来北京已经有20多年了，但是我们也是外地人。虽然我们跟他们不是老乡，但是平时都相互照应，所以感觉像乡里乡亲一样。”

以经验性、形象性和表层性为基本特征的经济感性选择使农民工在城市社会中对以私人关系、亲情关系和熟悉关系为基础的乡村伦理秩序进行了复制和移植，从而使他们在城市空间中形成了基于实践基础之上的“实践的亲属关系”。由此，乡村社会中存在的具有感性特征的“关系场”被复制和移植到了城市社会之中。这种经过复制和移植甚至扩大的“关系场”不仅为农民工展开各种社会关系提供运作空间，而且也使他们能够通过在日常生活中开展的经济感性选择对这个“关系场”进行感性的营造、滋养和培育。由此可见，通过开展经济感性选择对感性的“关系场”进行营造的过程，实质上就是农民工群体的内部秩序得以生成的过程，同时农民工开展经济感性选择行为也为这一群体的内部秩序的维系奠定了经济基础。

二、理性的营“场”

在布迪厄看来，场域既是各种社会关系的运作空间，也是人们通过开展策略性的

---

① 阎云翔：《礼物的流动——一个村庄中的互惠原则与社会网络》。上海：上海人民出版社，2000年，第112页。

社会行动以获得各种资源或者资本，从而维持或者改变他们的社会位置的空间。①因此，场域中不仅存在着表现为亲情、友情和熟悉关系的感性关系，而且也存在着表现为对资源和资本的占有或者争夺的带有竞争性的理性关系，而正是这些感性关系和理性关系的生产与再生产展开了强者与弱者之间的“游戏”，进而通过“游戏”规则的制定和修正实现对日常生活秩序的建构、维系或者调整。然而，场域中的弱者在由强者主导的日常生活秩序面前并不是无能为力的，相反，他可以通过减少对先赋性关系或者初级群体关系的依赖，进而通过自身的努力营造出一种“建设性的关系”(constructed relation)。② 正是在这个意义上，布迪厄认为场域更是一个具有魔力的宝盒或拐杖，是一种具有生成能力和生成性资源的自我主体空间，能在日常生活中变幻出各种神奇的空间想象的语境和日常生活中的行为策略，场域中的策略是一种时间的操作。③ 因此，场域中的弱者可以通过资本投资(包括经济资本、社会资本和文化资本的投资)完成资本的积累，并进而通过与强者的资源交换改变其在场域中的弱势处境。

对于广大农民工而言，从农村流入城市意味着在乡村社会中存在的以血缘关系、亲缘关系和地缘关系等感性关系为基础的社会支持网络出现了断裂。即便这种社会支持网络在城市中得到了复制和移植，但是在城市复杂多变的社会环境面前，这种社会支持网络所发挥的作用仅仅局限于满足农民工对基本生存资源和情感的需求，难以应对由社会环境的变迁所带来的风险和挑战。因此，在城市中建立新的社会支持网络，从而增强生存能力和减少社会风险就成为许多农民工迫切需要解决的问题。从总体上看，农民工是在市场化浪潮的推动下选择进城打工的，其目的是通过在城市中就业从而满足生存需要和改善生存状况，而实现这一目的的最佳途径就是在城市空间中开展以实现经济利益最大化为目标的经济理性选择。经济理性选择是人们在经济生活中以追求经济效益最大化为目标，按照人们约定的经济活动规则和认识的经济规律，对经济活动的成本与效益进行计算、预测、评价和推论等逻辑思维的社会行为。④ 在经济生活中，人们通过开展经济理性选择获取各种资源或者资本，并通过这种选择行为的展开建立以理性选择为基础的理性关系，而这种理性关系在社会空

① [法]布迪厄、华康德:《实践与反思——反思社会学导引》，李猛、李康译，邓正来校。北京：中央编译出版社，1998年，第134页。

② [美]林南、V. M. 恩塞和 J.C.沃恩:“社会资源和关系强度:职业地位获得中的结构性因素”，郑路编译，《国外社会科学》2001年第3期。

③ 杨善华:《当代西方社会学理论》。北京：北京大学出版社，1999年，第28页。

④ 刘少杰:《经济社会学的新视野——理性选择与感性选择》。北京：社会科学文献出版社，2005年，第117页。

间中的延展就构成了人们在市场经济条件下的社会支持网络。因此，市场经济条件下的社会支持网络以理性关系而不是感性关系为基础，它所强调的是资源或者资本的获取、交换与分配，而不是传统社会支持网络中的情感依赖。当农民工来到城市社会后，他们就与城市环境、城市机构和城市市民建立了以理性选择为基础的理性关系。这种理性关系在城市社会空间中的延展使农民工能够从城市中获取其生存和发展所需的各种资源，从而增强他们与其他群体进行对话的能力，进而使他们在城市中建立一种新的社会支持网络。

个案D："跑到甘肃的矿区打工是因为家里穷，跑到北京来打工也是因为家里穷。家里的兄弟姐妹太多了，人多地少在我们家就是活生生的现实，因此光靠种地肯定是不够吃的。城里人非常精明，因此在城市里打工必须多长几个心眼，否则只能自己吃亏。A单位的职工经常来我这里缝制衣服。有些人非常和气，有些人却蛮不讲理，总是说我要价太高。只要碰到这种情况，我就跟他们说一分钱也不能少，不愿意让我做，可以去找别人。现在这周围就我一个人在做这个活儿了，所以他们也没有别的办法。我干的活儿是城里人不想干或者不能干的，因此定价必须按照自己付出的劳动。那些蛮横的人下回就不敢那么横了。这个院子里的居民虽然不是我们的亲戚，但是多数人认为我们做生意还是非常公道的，非常乐意跟我们交往。我们也只能和他们搞好关系，不然挣不到钱就只能跑回老家去了。"

农民工通过经济理性选择营造了一个基于理性关系的"关系场"，即新的社会支持网络。农民工从这个"关系场"中不仅可以获得他们在城市中生存和发展所需的各种资源，而且也可以提升自己在城市社会中的地位，从而尽力消除以血缘、亲缘和地缘等感性关系为基础的社会支持网络所具有的局限性。由此可见，经济理性选择行为的展开不仅可以使农民工群体获得在城市中生存和发展所需的经济资本，而且也使这一群体的社会资本得到了优化和扩展，从而使这一群体能够在充满竞争和风险的城市环境中生存下来。

此外，经济理性选择为农民工群体提升自身的文化资本创造了条件，而促进自身文化资本的提升也构成了农民工群体开展经济理性选择的重要驱动力，因此二者之间是相互促进的关系。布迪厄认为，不应仅仅从金钱、投资和利润率等纯经济学的视角对文化资本进行解释，而应该在社会个体的实践行动、场域关系和家庭背景等社会关系中对文化资本进行研究。在他看来，文化资本存在三种状态：一是具体化状态的文化资本，它与个人的身体直接联系在一起，具体表现为通过家庭教育和学校教育而储存于个人身体之中的文化知识、文化技能和文化修养。[①] 二是客观化状态的文化

① 刘少杰：《后现代西方社会学理论》。北京：社会科学文献出版社，2002年，第218页。

资本，它以文化商品的形式存在，是文化观念和文化能力的物化。[①] 三是体制化状态的文化资本，它是经过某种制度确认的文化资本，其常见的或者典型的表现形式是通过毕业证书、单位证书和职称证明等确定的学术资格或文化程度。[②] 对于身处城市的农民工（尤其是新生代农民工）来说，无论是具体化状态的文化资本，还是客观化状态的文化资本，或者是体制化状态的文化资本，都是一种非常稀缺的资源。城乡分割的教育制度不仅使农村地区的教育水平远远落后于城市，而且也使进城打工的农民工及其子弟难以在城市中获得提升自身文化资本的机会，从而使其陷入生存和发展的困境。在这种情况下，农民工只有通过开展经济理性选择获取足够的资源才能保证自身及其子弟的文化资本得以提升。与此同时，文化资本的提升又为农民工顺利地开展经济理性选择创造良好的条件。

个案C："我们的孩子已经三岁半了，可是我和老公整天为生计奔波，根本没有时间照看孩子，因此我们打算把他送到幼儿园去。公立的幼儿园需要入学的孩子具有北京市户口，否则每个月加收 100 元的'借读费'。北京本地的小孩每个月要交 250 元，外地的孩子每个月交 350 元。我们做的是小本生意，根本无法负担这个费用，因此我们俩决定把孩子送到私人开办的幼儿园去，那里每个月只需要交 170 元。私人开的幼儿园只管照看孩子，其他事情一概不管，我们也没有办法。"

个案D："我们来北京 30 多年了，所有的辛苦和劳累都是为了供两个孩子读书，让他们不要再像我们一样受穷和受欺负。我们的两个孩子在北京念完初中就回家读高中了，因为在北京没法参加高考。我们的女儿非常聪明，读书也非常用功，后来考上了北大光华管理学院。她毕业之后去了新浪网，现在已经是那里的总监了。我们的儿子也不错，考上了西安那边的一所外语学院，毕业之后在北京一家外资公司工作。这个院子里的居民都知道我们家出了两个大学生，他们都非常敬重我们，来找我们做衣服的人也越来越多，有些人还托我们的孩子办事呢。"

农民工群体通过开展经济理性选择，在城市中营造了一个基于理性选择的"关系场"，从而使其构建了一个有别于乡村社会关系网络的新的社会支持网络。这种新的社会支持网络是农民工群体的经济资本、社会资本和文化资本的重要来源，而经济理性选择则是这个社会支持网络得以生成和维系的行动基础。经济理性选择是农民工群体为应对城市中的竞争和风险而采取的社会选择方式，而由这种社会选择方式的开展所构建的社会支持网络又为这一群体更好地开展经济理性选择创造了条件。

---

① 刘少杰：《后现代西方社会学理论》。北京：社会科学文献出版社，2002 年，第 220 页。

② 刘少杰：《后现代西方社会学理论》。北京：社会科学文献出版社，2002 年，第 221 页。

第三节　二元秩序下的社会选择

社会层面的适应是农民工群体城市适应的高级阶段，它主要是指农民工在互动方式、生活方式和语言等方面与城市社会相适应。[①] 对广大农民工来说，蕴含于城市之中的现代文明和现代生活方式比乡村社会提供的生存安全具有更大的吸引力。在这种情况下，农民工完全可以通过选择感受现代文明的方式来补偿自己可能因此而失去的部分生存安全保障。[②] 因此，通过开展社会选择行为对城市进行适应就成为广大农民工社会生活的主要内容。然而，城市社会针对农民工群体的社会排斥以及农民工对传统社会关系网络的依赖、对土地的依恋和对自身人格的维护等因素又促使许多农民工最终选择退出城市，从而回归感性化的乡村秩序。然而，融入城市社会不仅是众多农民工的目标，而且也是他们开展社会选择行为的重要动机。因此，退出城市社会还是融入城市社会就成为农民工群体在二元秩序下开展的艰难的社会选择。

一、退“场”：回归感性秩序

场域是一个充斥着各种权力关系的博弈空间，是一个强者和弱者为了获取资源或资本而展开抗争的舞台。在这个舞台上，各种利益集团试图通过持续不断的抗争延续、改变或者颠覆现有的资本分配格局，进而实现对不同权力关系的重新组合。与农民工群体相比，城市的各种机构和城市市民享有以城乡分割为基本特征的制度体系所赋予他们的各种权利，从而使他们能够通过开展各种策略行为对城市进行绝对的控制和支配。在这种情况下，作为“入侵者”的农民工群体与城市社会和城市市民之间出现了一条难以逾越的鸿沟，从而使这一群体难以获得城市市民能够获得的各种资源和机会，比如合法化的身份、均等的工作机会、合法的居住空间等。由此可见，以制度性排斥为基本特征的社会排斥以及城乡之间以户籍制度为核心的壁垒把农民工群体排斥在城市社会之外。

场域中的社会行动者既是各种资本的承载者，也是由他们拥有的资本数量和资本结构所决定的社会地位的占有者。在这种情况下，社会行动者往往会表现出某种性情倾向，从而促使他们为了实现特定的目标（比如维护或者颠覆现有的资本分配格

---

① 朱力：“论农民工阶层的城市适应”，《江海学刊》2002 年第 6 期。

② 文军：“从生存理性到社会理性选择：当代中国农民外出就业动因的社会学分析”，《社会学研究》2001 年第 16 卷第 6 期。

局)而在场域中开展行动。正如布迪厄所指出的那样,场域中“拥有一定数量资本的确定行动者们采取这样或那样的策略,要么起而颠覆,要么退而维持——或者,你还可以加上一种,就是漠然视之,远离游戏”[①]。作为场域中的行动者,农民工因远离农村而使其对农村社区的归属感逐渐淡漠,以血缘、亲缘和地缘等为基础的社会关系也在逐渐流失。在这个时候,城市并没有成为农民工寻找社会地位、社会身份和情感归依的场所,相反,农民工在城市中既不占有有利的社会地位,也没有合法的社会身份,更没有情感的归依。在这种情况下,退出作为场域而存在的城市就成为农民工最后的选择。对于广大农民工来说,退“场”是一种自我保护的生存策略,是一种底层群体的抗争策略,一种不争的游刃有余。[②]

对于以农村居民身份进城打工的广大农民工来说,在城市中的打工经历只是其人生历程的一个片段,而不是其从农村居民向城市市民的跳跃。因此,在经历了这一片段之后,回到其出生和成长的农村就成为绝大多数农民工的无奈选择。城市是现代文明、现代化大生产和现代生活方式的复合体,因此它所需要的不仅仅是掌握各种专业知识和技能的人才,而且也是以现代生活方式开展生活的居民。然而,“对于一个在农村只完成了初中或小学教育的人来说,进入城市完全是进入了另一种社会和文化,甚至是进入另一个时代,这另一个社会、文化甚至文明所需要的技能、知识甚至修养,是他们基本不具备的”[③]。因此,对于选择退“场”的农民工来说,退“场”是一种被动选择而不是主动选择的结果。

对于广大农民工来说,退“场”不仅仅意味着从城市回到农村,而且也意味着他们在城市空间中变成“沉默”的群体,变成被完全“驯化”的存在。具体地说,农民工以失败的姿态退出遵循各种游戏规则的原有的“场域”(城市空间),退出不断迈向理性化的城市秩序,进而回归以血缘、亲缘和地缘为基础的社会关系网络,由此实现对感性秩序的回归。与城市不断迈向理性化的社会秩序相比,乡村的社会秩序仍然具有强烈的感性特征。与此同时,乡村社会秩序的感性特征在农民工群体内部得到了复制、移植和扩展,从而使农民工群体的内部秩序表现为一种感性的秩序。因此,农民工在退“场”时可以采取以下两种策略。

首先,退“场”表现为作为行动者的农民工完全退出作为场域而存在的城市空间,

---

① [法]布迪厄、华康德:《实践与反思——反思社会学导引》,李猛、李康译,邓正来校。北京:中央编译出版社,1998 年,第 163 页。

② 潘泽泉:《社会、主体性与秩序——农民工研究的空间转向》,社会科学文献出版社 2007 年版,第 329 页。

③ 孙立平:“城乡之间的‘新二元结构’与农民工流动”,载于李培林:《农民工——中国进城农民工的经济社会分析》。北京:社会科学文献出版社,2003 年,第 45 页。

从而回归仍然以感性方式存在的乡村社会。对于广大农民工而言，进城打工的经历是他们实现再社会化的过程，原因是他们在农村已经完成或者基本完成从自然人向社会人的转化，而在城市的工作和生活使他们学会适应城市的制度和规则，从而实现自身的再社会化。然而，对于绝大多数农民工而言，这种社会化并不意味着他们实现从农村人向城市人的转变，而仅仅意味着他们对乡村惯习的疏离以及与城市惯习的亲密接触。以制度性排斥为核心的社会排斥以及城乡之间存在的以户籍制度为核心的壁垒是农民工最终选择退“场”的根本原因。在乔纳森·特纳看来，“现代市民身份问题与两个结构性因素相关，一是社会成员身份从属于政府认可的社区；二是享有公共资源分配权利”[①]。在中国，城市市民指的是那些拥有法律认可的城市户口，同时享受国家提供的公共产品和福利的人。由此可见，中国的市民身份和城市户口具有专有性和排他性，从而使城市中能够享受国家提供的公共产品和福利的人仅仅局限于城市市民，而不包括农民工群体。在这种情况下，从农村流入城市从而在非农产业中就业的农民工仍然游离于城市体制之外，从而造成农民工群体在城市中的边缘化。由此可见，农民工群体仅仅是为适应城市实现现代化和工业化的需要而出现的具有“临时性”特征的劳动力群体，是城市的“匆匆过客”。当这一群体完成了其在城市中的工作之后，退出这个场域从而回归农村社会就成为这一群体中的多数人的唯一选择。

个案 D：“我和你阿姨（个案 F）来北京已经 30 多年了，但是我们和村里的乡亲一样都是拥有农村户口的人。我们的两个孩子非常有出息，现在都已经拥有北京户口，他们跟我们完全不一样了。我们老两口现在的生活跟城里人没有什么区别了，吃的、穿的、用的甚至连听到的和看到的都和城里人一样。可是我们毕竟是农村人，我们不能像这个社区的居民那样参加海淀区的人民代表选举，也不能像这个社区的居民那样可以拿着医疗保险卡到公立医院就医，更不能指望这里的政府能够为我们提供什么东西。我们只能靠自己的双手多挣钱，然后用这些钱高价地购买城里人认为习以为常的东西。孩子们都想让我们在北京安度晚年，但是北京毕竟不是我们的家，我们过几年就回江苏老家去。我们几年前就在县城里买了一套房子，以后回家还可以做点小买卖，自己养活自己。孩子们在北京的生活压力很大，我们不愿意麻烦他们。我们在老家还有几个兄妹，虽然来北京之后很少和他们来往了，但是毕竟是从一个娘胎里出来的，因此我们回去之后不会像现在一样觉得孤单了。”

其次，退“场”也表现为农民工虽然继续留在城市空间中，但是他们在心理上已经

---

① [美]乔纳森·H.特纳：《社会学理论的结构》，邱泽奇、张茂元等译。北京：华夏出版社，2006年，第 256 页。

设立了边界，从而自动隔离在“场域”之外，进而通过在农民工群体内部复制、移植和扩展乡村社会中存在的传统关系网络，从而建立一个隔离性的社会空间或者“城市飞地”。对于以这种方式退“场”的农民工而言，这种隔离性的社会空间为他们提供了一种自我保护的机制，从而使他们不仅获得在城市中生存和发展所需的最基本的资源，而且也获得一种情感的归依。与城市社会不断迈向制度化和理性化的日常生活实践相比，农民工群体内部的日常生活实践以一种非制度化的、不具有“正当性”的方式存在，从而使这种日常生活实践不可避免地受到城市文化和城市生活方式的冲击。在这种情况下，农民工通过寄居在狭小的城市生活空间中，以围绕自己的身体来建构一种以“自我”为中心的世界观，或者对乡村社会中存在的、以“自我”为中心的传统关系网络进行复制、移植和扩展，从而形成一种新的社会关系网络，进而形成一个与城市主流社会断裂的、以利益和情感为基础的、具有自我延存性的“隔离空间”。[①] 正如郭星华等人的实证研究所揭示的那样，上述情况在新生代农民工中表现得尤为突出：

新生代民工与城市市民的社会距离正在逐渐增大，他们缺乏主动介入城市生活的积极性，并且感觉与城市生活和城市市民之间的关系日趋隔离。社会距离的增大使得民工群体自愿选择结成自己的社群网络，并以此与城市生活产生隔离……对城市市民生活的向往程度，新一代民工表现出更加冷淡的倾向。当被问及是否经常与城市市民一起娱乐、日常交往、共同居住以及谈恋爱时，与上一代民工相比，新一代的肯定性回答比例有所下降……新一代民工在这些交往上的冷淡，在某种程度上可以表明他们对于城市市民生活主动介入程度的减弱……新一代民工与城市市民的社会距离要大于上一代，而不是像某些研究所指出的那样，随着城市化进程的加快而不断缩小。与上一代民工相比，新一代民工更加不愿意主动介入城市生活，他们中更多的人拒绝与城市市民共同分享私人空间（娱乐或者居住）与情感交流（比如谈恋爱），对于城市市民对自身的排斥有更强烈的感触和预期，对城市市民抱有更多的偏见，并且形成了对于城市市民疏远的整体印象。[②]

场域不仅是权力运作的空间，而且也是场域中的行动者为争夺资源、资本和有利的社会地位而进行抗争的舞台。作为场域中的弱者，农民工群体在这个空间和舞台中只能处于边缘化的地位。也就是说，他们是场域游戏规则的受动者和受损者，而不是施动者和受益者。与城市中拥有各种权利并享受由国家提供的各种公共产品和福

---

① 潘泽泉：《社会、主体性与秩序——农民工研究的空间转向》。北京：社会科学文献出版社，2007 年，第 332 页。

② 郭星华、王嘉思：“新生代农民工：生活在城市的推拉之间”，《中国农业大学学报》（社会科学版）2011 年第 3 期。

利的城市市民相比，农民工群体只是为适应城市现代化和工业化的需要而出现的“临时性”的劳动力群体。当这一群体完成了其在城市中的使命后，退出这个场域就成为这一群体中多数人无奈的社会选择。为了应对城市社会的社会排斥和在城市中工作和生活所遇到的各种困境，农民工群体把乡村社会中存在的以血缘、亲缘和地缘为基础的传统关系网络复制和移植到了城市社会之中，从而使这一群体在心理空间和社会交往空间上与城市市民隔离开来。在这种情况下，农民工虽然身处城市，但是他实际上已经退出了这个场域。由此可见，退“场”是既缺乏合法性的权利又缺乏情感归依的农民工群体无奈的社会选择。

二、融“场”：拥抱理性秩序

在广大农村居民看来，城市社会比乡村社会具有更大的吸引力，这种吸引力不仅表现为城市社会所提供的更多获益机会，而且也表现为蕴含于城市社会之中的现代文明和现代生活方式。因此，当以城乡分割为基本特征的城乡二元结构不断松动和解体的时候，越来越多的农村居民涌入城市，从而形成波澜壮阔的“民工潮”。此后，随着农民工群体对城市的不断适应，融入城市社会就成为这个群体中的许多成员所要实现的目标。在布迪厄看来，场域不仅是游戏运作的空间，同时也是资源或者资本的争夺空间，因此场域中的行动者会遵循各自的惯习在场域中展开斗争，以获取对自己有利的资源，从而“增加或者维持他们的资本”，或者“部分或彻底地改变游戏的固有规则”。[①]为了实现这一目的，场域中的行动者在开展行动时必然会采取某种策略，从而实现对行动的条件、手段和后果的综合考虑，在这种情况下，行动者采取的社会选择行为是一种以逻辑推论和理性计算为基础的理性选择行为。农民工群体是城市社会的弱势群体，具体地说，这一群体在城市社会中不仅缺乏各种资源或者资本，而且也缺乏参与制定或者修改城市社会各种“游戏规则”(即各种规章制度)的权利。因此，为了实现融入城市社会的目的，农民工在开展社会选择行为时必然会采取某种行动策略，从而突破来自城市社会的“游戏规则”以及这些“游戏规则”的制定者(即城市的管理机构)和受益者(即城市市民)所设置的重重障碍。由此可见，农民工为实现融入城市社会的目的而开展的社会选择行为是一种在逻辑思维层面上展开的社会理性

---

① [法]布迪厄、华康德：《实践与反思——反思社会学导引》，李猛、李康译，邓正来校。北京：中央编译出版社，1998年，第142页。

选择行为。[①]

与生存理性选择、经济理性选择一样，开展社会理性选择需要具备一定的条件。首先，行动者开展行动的依据是社会理性，而不是生存理性和经济理性。正如文军所指出的那样，以生存理性为基础的理性选择行为以实现生存安全为目标，因此这种理性选择行为（或者说生存理性选择行为）所遵循的原则是生存原则；以经济理性为基础的理性选择行为以实现经济利益最大化为目标，因此这种理性选择行为（或者说经济理性选择行为）所遵循的是最优原则；以社会理性为基础的理性选择行为以使行动者满意为目标，因此这种理性选择行为（或者说社会理性选择行为）所遵循的是满意原则。[②] 其次，行动者需要具备开放性的性情倾向系统（即惯习）。在布迪厄看来，惯习以潜意识的形式长久地存在于行动者的行动中，但是这并不意味着它是固定不变的，相反，惯习会随着行动者日常生活场域以及行动者在场域中开展的社会行动的变化而变化。因此，在新的日常生活场域中，行动者只有具备开放性的惯习才能适应这个新的场域，进而通过开展策略性行动从这个场域中获取各种资源或者资本，从而改变自己在这个场域中所处的位置。最后，社会理性选择的开展需要具备一定的外在条件，而制度环境是最为重要的外在条件之一。在现代社会中，场域表现为由各种规则或者制度构建起来的社会空间，处于社会空间之中的人们正是在各种规则或者制度的制约下实现对各种社会关系的生产和再生产，进而实现对社会秩序的建构、重构甚至解构。因此，良好的制度环境不仅构成了社会理性选择行为得以顺利进行的外在条件，而且也为行动者顺利实现其行动目标提供保障。

当农民工群体在城市社会中站稳脚跟，并通过其开展的经济选择行为使其对经济利益的需求得到基本满足之后，实现从农村人向城市人的转变就成为这个群体的

① 这里的社会理性选择行为是与经济理性选择行为相对而言的。在社会学理性选择理论看来，人们开展社会行动的目的不仅是为了获得经济利益，而且也包括表现为声望、地位和权利等的社会利益。文军在“从生存理性到社会理性选择：当代中国农民外出就业动因的社会学分析”一文中把人们在“有限理性”下开展的、以满意准则和合理化为基础的理性选择称为社会理性选择。在这篇文章中，他所强调的是人们“在追求效益最大化的过程中寻求满足，寻求一个令人满意的或者足够好的行动程序，而不是‘经济理性’中寻求利益的最优”，并由此提出了“社会理性”的概念（参见文军：“从生存理性到社会理性选择：当代中国农民外出就业动因的社会学分析”，《社会学研究》2001 年第 16 卷第 6 期）。本书的社会理性选择概念以社会学理性选择理论为基础，同时又借鉴了文军关于“社会理性”和“社会理性选择”的论述，从而把社会理性选择定义为农民工群体以社会理性为基础、以融入城市社会为目的的选择行为。

② 文军：“从生存理性到社会理性选择：当代中国农民外出就业动因的社会学分析”，《社会学研究》2001 年第 16 卷第 6 期。

现实需求。这种需求所指向的并不是表现为实物的经济利益，而是表现为自我认同和身份认同的社会利益。在吉登斯看来，自我认同(self-identity)“并不是个体所拥有的特质，或者一种特质的组合。它是个人依据其个人经历所形成的，作为反思性理解的自我”[①]。因此，农民工的自我认同并非表现为农民工自身所表现出来的特征或者特征集合，而是表现为农民工根据自己在城市中工作和生活的经历对自我的“反思性理解”，即他对自己到底是谁所进行的追问。以城乡分割为基本特征的城乡二元结构及其制度体系对社会成员的社会身份进行了二元性划分，即按照居住区域和户籍的不同把社会成员划分为城市人和农村人。在社会学的视野中，社会身份是有关个人在情感和价值意义上视自己为某个社会群体成员以及有关隶属于某个群体的认知，分享共同的身份，是一种相同的社会类别，群体属性是其基本特征。[②] 社会身份的形成需要具备以下两个基本因素：一是群体成员对其所在的群体的界定；二是群体成员的身份被群体之外的其他人所认可，从而在社会中形成对这种成员身份的共识性评价。因此，为了实现从农村人向城市人的转变，农民工需要通过开展社会理性选择行为(比如通过自身努力转变成国有企业的正式职工，与拥有城市户口的人联姻，通过积累可观的财富从而在城市中安家立业，等)，从而改变其对自身所在群体的界定，即改变其原有的自我认同。然而，在现有的制度环境下，农民工社会身份的转变需要得到城市管理机构和城市市民的接纳和认可，才能变成合法的存在。

对于广大农民工而言，城市中的工作经历和生活经历使其传统心理和文化意识的浓度受到了稀释，由此导致其价值观念和行为方式等方面的变化。[③] 然而，从总体上看，农民工群体对城市社会的适应仍然停留在生存适应的层面上，与真正实现市民化之间仍然存在着巨大的差距。这种情况出现的主要原因并不在于农民工本身，而在于城市社会中存在的针对农民工群体的社会排斥。近年来，许多城市都出台了消除针对农民工群体的社会排斥的政策和措施。比如，2004 年 11 月 16 日，北京市劳动和社会保障局与北京市建委联合下发了《北京市建筑施工企业劳动用工和工资支付管理暂行规定》，明确规定用人单位必须按时向农民工支付工资，无故拖欠农民工工资 30 天或者损害农民工的其他权益将受到重罚。然而，现有的城市管理政策和制度中存在的针对农民工群体的歧视性规定依然存在。比如，许多城市仍然禁止农民

---

① [英]安东尼·吉登斯：《现代性的自我认同》，赵旭东、方文译。北京：北京三联书店，1998 年，第 12 页。

② 孙哲、陈映芳：“农民工权利资格问题反思：以‘多重身份’为视角”，《南京社会科学》2016 年第 3 期。

③ 朱力：“论农民工阶层的城市适应”，《江海学刊》2002 年第 6 期。

工从事对城市市民构成竞争的职业,有些城市社区甚至禁止农民工进入。由此可见,城市的管理机构和城市市民仍然把进城打工的农民工看成是与城市无任何归属关系的群体或者“二等公民”,从而使农民工的社会身份仍然表现为进城打工的农民。

个案G:赵某(个案C的爱人),男,35岁,高中文化,内蒙古自治区呼和浩特市武川县人,X社区服装店老板。

G说:“和小龚结婚之前,我曾经去过天津和西安,建房子、修路和挖矿都干过。2000年,我和几个哥们一起来到北京。我的表姐在一家服装厂里做工,因此她把我介绍到她所在的服装厂里。我和小龚就是在这家服装厂里相识的。结婚之后,我们在这个社区里租了几间房子,开了现在这家服装店,做些小买卖。现在孩子也有了,一家人都在北京生活,已经不再像以前那样在城市里到处漂了。这几年来,我的生活发生了很大的变化:我经常要和城里人打交道,现在觉得自己说话、做事甚至于连生活方式都跟他们一样了。因此,我好多时候都觉得自己已经是城里人了。话又说回来,我们毕竟是从农村出来的人,城里人总是对我们另眼相看。我们的房东看到我们做生意挣了点钱后就非常眼红,这几年来不停地提高房租。有人做得更过分,说我们开服装店没有办营业执照,是‘黑店’。我和小龚在城里待了好多年了,现在又有了孩子,因此我们已经不想再回到农村了。然而,对于我们来说,变成真正的城里人谈何容易啊!”

对于广大农民工而言,城市是一个机遇和挑战并存的场域。在这个场域中,以城乡分割为基本特征的社会结构以及与之相对应的制度体系促使城市管理机构和城市市民对农民工群体进行社会排斥,从而导致作为个体的农民工因不堪忍受城市社会中存在的社会排斥而重新回到农村。然而,作为整体的农民群体已经不可能再重回农村。相反,这个群体中的许多人将长期在城市中生存下去,并逐渐向市民转变。由此可见,通过开展社会理性选择行为从而融入不断迈向理性化的城市秩序构成了许多农民工的社会选择。这种社会选择顺应了中国现代化和城市化的发展潮流,因此是一种不可阻拦的发展趋势。

第六章　农民工市民化：内涵、意义与制约因素

改革开放以来，随着经济的快速发展和社会的急剧转型，农民工的选择行为和生活秩序发生了巨大的变化。在选择行为方式方面，经济理性选择与社会理性选择相互交织，融入城市社会成为越来越多农民工的目标指向；在生活秩序方面，随着新生代农民工日益成为这一群体的主体，由理性选择行为建构的、理性化的外部秩序扮演着更加重要的角色。农民工市民化不仅是国家推进新型城镇化的一项战略举措，也是农民工群体自身的内在需求。

第一节　我国农村劳动力转移的历史演进

一、新中国成立以来农村劳动力转移动因的历史演进

(一)改革开放之前农村劳动力转移的动因

新中国成立初期，我国是典型的农业大国，农业在国民经济中所占的比重远远高于工业。在这一时期，我国的农村劳动力转移基本是农民个体的自发性转移，并未受到政府政策干预和行政引导的影响。1958 年“大跃进”以后，政府开始采用行政力量干预劳动力的转移。在这一时期，大炼钢抽掉了大批农村劳动力，将农民从农业劳动中脱离出来。直到《中华人民共和国户口登记条例》的颁布和实施，才使得农村劳动力得以重新回到农村。1964 年，公安部颁布了《公安部关于处理户口迁移的规定(草案)》，以户籍的形式将人口在地域上固定下来，规定明确指出对农村前往城市、集镇的要严格限制，对从集镇迁往城市的要严加限制。两个“严加限制”的实施，使农村劳动力的转移进入停滞阶段。①

(二)改革开放以来农村劳动力转移的动因

1978 年底，中共中央做出了关于实行改革开放的重大决策。此后，我国的农村劳动力转移进入了一个新的历史时期。随着改革开放不断向前推进，政策的鼓励和引导使得曾经一度停滞的农村劳动力转移又重新开启，并出现了大规模的农村劳动

---

① 李小凤、赖文燕：“新常态下农村剩余劳动力转移的影响因素和对策研究——以广东省为例”，《南方论刊》2018 年第 11 期。

力迁移浪潮，农村劳动力脱离农业生产部门向非农部门和城镇的转移呈现出加速的趋势。根据《中国统计年鉴（2018 年）》数据显示，在改革开放后的 40 年间（1978—2018），我国农业就业比重就由当初的 70.5%下降到 2018 年的 27%，平均每年下降约 1 个百分点，就业结构的变动十分显著。[①]

改革开放初期，随着家庭联产承包责任制在全国范围内普遍推行，我国农村地区的劳动生产率大幅提升，农村居民的收入水平稳步提高，农村劳动力开始出现剩余。然而，在这一阶段，城市对农村人口的吸引力仍然不足，农村劳动力转移的动力尚弱，因此农村劳动力向城市转移流动处于基本平稳的状态。1984 年 10 月，国务院颁布了《关于农民进集镇落户问题的通知》（国发〔1984〕141 号），将我国农村劳动力的转移推上了一个新的发展阶段，农村劳动力向非农部门转移呈现出不断加速的趋势。此后，尽管农村劳动力向城镇地区转移的趋势在某些年间出现过短暂的变化，但是农村劳动力由乡向城转移的长期大趋势基本保持不变。2003 年，我国非农就业比重首次历史性地超过了农业就业比重，由此标准着我国农村劳动力转移进入了一个崭新的发展阶段。[②]

二、新中国成立以来农村劳动力转移的历史进程及阶段性特征

在传统农业社会向现代工业社会转变的过程中，农村劳动力大规模的转移、农村劳动力占社会总劳动力份额的大幅度下降是世界各国共有的现象。然而，与发达国家或地区在工业化和城市化上基本同步进行相比，我国的工业化与城市化的进程并不同步，从而导致我国农村劳动力转移体现出明显不同于其他国家的特征。

（一）1949—1978 年：从“鼓励进城”到“严格控制”下的农村劳动力转移

新中国成立初期，长期的战乱导致整个国家一穷二白、百废待兴。在特殊的历史条件和国际背景下，我国政府选择了先国计后民生、先生产后生活的发展思路，确定了迅速实现工业化和优先发展重工业的国民经济发展战略，从而使国家的建设重心完全转移到了城市。从 1950 年至 1957 年的短短几年内，大批农民进入城市，转变成为工业企业的工人。有关资料显示，1952 年我国城市人口为 7000 万人，1957 年增加到 9949 万人，1960 年更是达到 1.3 亿人，城镇人口比 1953 年猛增了近 6000 万人，占全国总人口的比重也由 1953 年的 12.5%上升到 1960 年的 19.7%。在这一时期，与城市的迅速发展相比，我国农村、农业的发展则相对落后，农产品严重短缺的现象日

① 国家统计局：《中国统计年鉴（2018）》。北京：中国统计出版社，2018 年。

② 刘蕾、匡萍、刘倩：“农村劳动力转移、市民化与地方公共服务供给压力：基于三个层面的实证检验”，《宏观经济研究》2018 年第 12 期。

益突出。在这种情况下,为保证城市居民生活的正常供应和工业原材料的积累,1954年国家开始实行粮食等农产品统购统销的分配体制,这种以低价、计划为基本特征的分配体制严重挫伤了农民的生产积极性。[①] 1958年,随着"大跃进"运动的不断推进,全国各地农村普遍建立了以政社合一、集体统一经营为特征的人民公社组织。这一做法进一步加剧了农业生产的大幅萎缩、农产品产量的大幅下降,大面积的饥荒甚至在全国范围内开始出现。为应对物资的极度匮乏,中央政府开始严格限制公众生活需求的增长。在这样的背景下,国家开始对人口迁移政策进行调整,大批城市人口被迫返乡。据相关资料显示,在1960年至1964年,全国的城市人口净减少了3788万人。

在这样的时代背景下,以限制农村人口自由流入城市为基本内容的户籍管理制度应运而生。1958年1月,国务院颁布了《中华人民共和国户口登记条例》,明确规定:"公民由农村迁往城市,必须持有城市劳动部门的录用证明,学校的录取证明。"此后,我国开始实行以城乡分割为基本特征的户籍管理制度,并由其衍生出了二元劳动力市场就业制度和城乡差别的社会福利待遇制度。

(二)1978—1983年:"控制流动"下的准备阶段

1978年,我国开始启动改革开放,而其首先是从农村实施家庭联产承包责任制开始的。随着包产到户、家庭联产承包责任制不断推广,农业的生产潜力得到了充分的释放,农业生产剩余不断增加。与此同时,城市也开始在某些领域推进改革,对劳动力转移的限制在户籍制度不变的情况下开始出现一定程度的松动,国有企业的"合同工""临时工"以及部分建筑业用工等开始对农民开放,而粮食的市场化和住宅的商品化为农民外出就业提供最基本的生活条件。[②]

在这一阶段,中央政府制定和出台了许多政策文件,大力推动乡镇企业的发展,并积极鼓励农村富余劳动力向乡镇企业转移。也就是在这一时期,江苏苏南地区率先实施"离土不离乡""进厂不进城"的农村富余劳动力转移模式,并成为当时我国农村劳动力"就地转移"的主流模式,而乡镇企业也成为当时吸纳农村富余劳动力的"蓄水池"。然而,由于这一阶段城市的就业制度改革尚未开始,以城乡分割为基本特征的户籍制度,以及以此为基础建立起来的二元社会体制使农村劳动力向城市迁移受到严格的控制。1981年,国务院发布了《关于严格控制农村劳动力迁向城市和农业人口转为非农业人口的通知》。

---

① 段娟、叶明勇:"新中国成立以来农村剩余劳动力转移的历史回顾及启示",《党史文苑》2009年第3期。

② 欧阳慧:"我国农村劳动力转移的阶段特征及政策演进",《重庆社会科学》2010年第2期。

在这几年时间内，虽然农村改革提供了农村劳动力可以在农村内部相对自由转移的条件，但是从整体来看，农村改革只是对我国以往计划经济体制的“部分修改”，城乡之间的制度结构并未发生根本性的变化。与此相应的是，我国乡镇企业仍然处于起步阶段，发展规模不大，而且主要集中于长三角、珠三角，对劳动力的吸引比较有限，而农村就业结构却呈现出逆向变动的趋势：从 1978 年到 1981 年，我国农业劳动力占农村劳动力的比重从 89.7%上升到 90.7%，而非农业劳动力的比重则从 10.3%下降到 9.3%；1981 年，我国农村劳动力转移规模仅为 190 万人，1983 年上升到 535 万人。由此可见，在这一阶段，我国农村劳动力转移的规模并不大，还处于缓慢的增长阶段，属于大规模转移前的准备期。

(三)1984—1991 年："允许流动"到"控制盲目流动"下的就地转移主导阶段

从 1984 年起，我国的改革开放从农村向城市扩展，改革的重心也开始转移到城市经济体制和社会管理上。在这一阶段，为保证城市改革能够顺利推进，国家的财政资金和各种资源配置逐步向城市倾斜，以城市为中心的利益格局得到恢复，而改革的重点主要集中于城市收入分配、社会保障制度和国家财税制度等领域。

在这一阶段，我国对农村劳动力的跨城乡、跨区域转移的政策经历了从“允许流动”到 1989 年后的“控制自目流动”的过程。为适应经济发展的需要，1984 年 10 月，国务院发布了《国务院关于农民进集镇落户问题的通知》，放宽了农民迁移进镇的标准，为农村富余劳动力迁移进镇创造了一定的条件。1986 年 7 月，国务院同时颁布了《国营企业实行劳动合同制暂行规定》和《国营企业招用工人暂行规定》，允许国营企业招收农村劳动力。由于乡镇企业的迅速发展，1984 年到 1988 年，我国农村劳动力转移规模迅速扩大，每年转移的农业劳动力均在 450 万人以上，农业劳动力年平均转移率达到 2.63%以上。

然而，在 1989 年至 1991 年的几年间，我国的经济发展速度放缓，由于前一时期实行的允许与鼓励政策引发了大规模的农村劳动力跨地区流动，其负面效应通过交通运输、社会治安、劳动力市场管理等方面的不适应体现出现。此外，由于治理经济环境、整顿经济秩序造成了城市与乡镇企业新增就业机会的减少，从而使农村劳动力转移和流动的空间受到挤压。此后，为加强对农村劳动力流动的管理，国务院发布了《国务院关于做好劳动就业工作的通知》，国家计委等部门出台了《关于“农转非”政策管理工作分工意见的报告》等政策规定。需要指出的是，这一时期的政策调整并没有像计划经济时期那样“一刀切”地清理、清退农村劳动力。从 1989 年开始，我国农业力转移进入了一个相对停滞期，1989 年至 1991 年的农业劳动力转移总量不足 300 万人，比 1983 年至 1988 年的任何一年的转移量都要少。

在这一阶段，国家对农村劳动力转移的政策从1984年至1988年的“允许流动”过渡到1989年以后的“控制盲目流动”。这一时期的农村劳动力转移大体上呈现出以下特点。第一，农村劳动力转移规模大幅增长，从1983年的535万人上升到1992年的1.1亿人，增长了约20倍。第二，农村劳动力转移的流入地以地处农村的乡镇企业为主。1992年，我国的乡镇企业数量已经达到2000万家，吸纳就业人员1.06亿人，其中就地转移的农村劳动力占转移劳动力总数的60%，异地转移只占40%。第三，转移方式以兼业为主。相关调查显示，这一时期外出务工的农村劳动力绝大多数都未放弃原有的承包土地，他们农忙时在家务农，农闲时外出务工。第四，农村劳动力转移的制度性总是开始显现出来。根据第四次人口普查的资料，1990年我国的迁移人口规模已经达到2315万人，而户籍迁移仅为343万人，占比仅为14.82%。

（四）1992—2000年："规范引导"下的外出务工主导阶段

1992年，我国的改革开放和现代化建设进入了全新的发展阶段。这一时期，我国进一步加大了改革开放的力度，由此带来的东部沿海地区城市开发及经济建设高潮的兴起，以及外企、外资的大举进入，有力地刺激了东部沿海地区城市经济的高速增长，同时也创造了大量的劳动就业机会，尤其是原先在计划经济体制下相对薄弱的城市建筑业、饮食服务业等部门开始得到迅速发展，成为吸纳农村劳动力转移的重要城市经济部门。根据1995年1%人口抽样调查资料显示，1995年半年以上的跨乡、镇、街道的流动人口已经达到7073万人，其中从农村迁出的占60%。

在这一阶段，国家对农村劳动力进城务工的政策进行了调整，从之前的“控制盲目流动”过渡到力求通过经济、法律、行政等手段将农民流动纳入规范管理。1994年，劳动部颁布了《农村劳动力跨省流动就业暂行规定》。1995年，中共中央办公厅、国务院办公厅颁布了《关于加强流动人口管理工作的意见》，决定实行统一的流动人口就业证和暂住证制度。从1994年起，我国的一些沿海地区还相继实施了人口总量控制、行业和工种限制等地方性政策。

1997年，亚洲金融危机爆发并波及我国。受其影响，我国的经济增速有所回落，就业容量出现下降。主要体现在以下两个方面：一是城市人口就业问题逐渐突出，下岗人口再就业矛盾尖锐；二是乡镇企业吸纳就业的增幅出现下降，农村富余劳动力转移面临新的挑战。在这一时期，我国的国有企业开始出现大批下岗人员，仅1999年和2000年就有1800万失业和下岗职工。与此同时，我国的农业生产进入了农产品供求平衡且丰年有余的新阶段，各种农产品的价格出现了较大幅度的下降，农民收入的增长速度放缓，农民的负担不断加重。上述情况对我国的农村劳动力转移产生了直接或间接的影响。

总体上看，国家在这一阶段对农村劳动力转移的政策进行了积极的调整，国务院和各部委都纷纷出台了各项法令和法规，鼓励和引导农村富余劳动力在国家的宏观调控下实现有序流动，政府关于农村富余劳动力流动的政策指导方向是积极鼓励、规范流动，并呈现出以下两个方面的特点：一是外出务工取代乡镇企业的就业转移，成为我国农村富余劳动力转移的主要方式。根据国家统计局公布的数据，2000 年我国农村劳动力转移人数为 11340 万人，其中农村转移劳动力在本乡内就业的比例为 45.9%，在城镇就业的比例为 65.8%。二是农村劳动力转移的速度呈现出缓慢下降的趋势。根据国家统计局公布的数据，1992 年至 1996 年，我国农村劳动力转移人数年均超过 800 万人，但是到 1997 年至 2001 年，这一数字下降到 600 万人左右。

(五)2001—2011 年：更加注重公平与融合

2002 年，我国正式参加世界贸易组织（简称 WTO），正式履行世贸组织成员的义务，国内市场迅速开放，国际市场持续扩张，国家日益融入全球化的国际竞争之中。与此同时，我国的国内外政治、经济环境也发生了非常深刻的变化：一是主要近乎无限供给的低素质、低技能的农民工维持的低层次生产要素结构日益受到全球化的严峻挑战；二是我国政府的管理能力直接面对来自世贸组织其他成员的比较和竞争，公共政策越来越受到世贸组织规则的约束；三是城乡二元结构束缚了农村市场对国民经济增长的贡献力。[①]

进入 21 世纪以来，我国的农村劳动力转移政策发生了根本性的变化，由限制变为鼓励，政策的着力点放在保障合法权益上，积极为农民进城务工创造良好环境，公共政策进入统筹城乡发展、以人为本、公平对待、加速市民化的轨道。2001 年，国家开始清理整顿对农民工的收费，除证书工本费外，行政事业性收费一律取消。2002 年，国家进一步提出要消除不利于城镇化发展的体制和政策障碍，引导农村劳动力合理有序流动。2003 年，我国将农民工纳入保险范围，明确流入地政府负责农民工子女义务教育工作，以全日制公办中小学为主，明确各级财政在财政支出中安排专项经费扶持农民工培训工作。2004 年，国务院提出城市政府要切实把进城农民的职业培训、子女教育、劳动保障及其他服务和管理经费纳入正常的财政预算。2005 年，国家提出，公共就业服务机构对进城求职的农村劳动者要提供免费的职业介绍服务和一次性职业培训补贴。2006 年，国家进一步提出要解决农民工工资偏低和工资拖欠问题，依法规范劳动管理，搞好就业服务和培训，解决社会保障问题，提供相关公共服务，健全维护农民工权益的保障机制，等。2008 年 12 月 10 日，国务院常务会议提出

---

① 程名望、贾晓佳、俞宁："农村劳动力转移对中国经济增长的贡献(1978～2015 年)：模型与实证"，《管理世界》2018 年第 34 卷第 10 期。

了6项促进农民工就业的政策措施，包括：积极扶持劳动密集型企业，稳定农民工就业；加强农民工就业能力培训；扶持有条件、有能力的农民工返乡创业；确保农民工工资按时足额发放；做好农民工社会保障和公共服务；切实保障返乡农民工的土地承包权益。与此同时，我国的各级地方政府也加快推进户籍制度改革，开始解除农村剩余劳动力向城市转移的深层制度约束，促进进城农民工融入城市并向市民身份转变。①

在这一阶段，国家进一步加快对农村剩余劳动力转移的立法工作，仅2006年一年就有近10部法规出台。从政策的内容来看，这一时期的相关政策在注重合理引导农村剩余劳动力有序转移的同时，更加重视转移过程中的公平、融合问题。具体体现在以下两个方面：一是重视城乡劳动力市场一体化建设，取消对农民进城就业的各种不合理限制，为城乡统筹就业赋予新的含义；二是重视转移过程中诸多方面的配套改革，重视农村劳动力流动中涉及的工伤、医疗、养老、子女教育、住房等社会保障问题。总体上看，在改革城乡二元分割体制、推动城乡劳动力市场一体化建设方面，国务院和相关部委已经开始迈出了实质性的步伐，农村剩余劳动力的转移和流动进入了一个崭新的发展时期。

(六)2012年至今：农民工市民化成为新型城镇化战略的重要组成部分

2012年11月，党的十八大胜利召开。此后，党中央、国务院出台了一系列重大政策，并推出了一系列重大举措，主动适应和引领经济发展新常态，有力地推动了农民工市民化进程，农民工的获得感、安全感、幸福感不断增强。尤其需要指出的是，随着2014年推出的新型城镇化战略将农民工市民化作为其重要内容，我国的农村劳动力转移迈向了以加快推进农民工市民化为主要内容的发展阶段。

在这一阶段，随着新型城镇化战略的实施，国家已经开始认识到，两亿多农民工很难再回到农村，这种“半城市化状态”既不符合农民工的利益诉求，也不利于新型城镇化的顺利推进。② 在这种情况下，国家更加注重加强顶层设计，促进农民工市民化的政策体系和工作机制不断完善。2014年，党中央、国务院印发的《国家新型城镇化规划(2014—2020年)》确定了有序推进农民工市民化的总体目标，提出要以人的城镇化为核心，到2020年实现1亿农民工进城落户。2014年和2016年，国务院先后印发了《国务院关于进一步做好为农民工服务工作的意见》和《国务院关于实施支持农业转移人口市民化若干财政政策的通知》，确立了农民工市民化“四个着力”的工作布

---

① 欧阳慧：“改革开放三十年我国农村劳动力转移政策演变路径”，《经济研究参考》2010年第23期。

② 孙中伟、刘林平：“中国农民工问题与研究四十年：从‘剩余劳动力’到‘城市新移民’”，《学术月刊》2018年第50卷第11期。

局，即着力稳定和扩大农民工就业创业，着力维护农民工的劳动保障权益，着力推动农民工逐步实现平等享受城镇基本公共服务和在城镇落户，着力促进农民工社会融合。与此同时，各地区、各有关部门结合实际，制定了相关实施意见和配套政策。此外，国务院专门成立了农民工工作领导小组，以健全工作机制、完善统计监测、加强工作督察。在此基础上，县级以上地方政府普遍成立了农民工工作领导小组，有力推动了农民工工作的落实。

在这一阶段，尽管我国农村劳动力转移人数的增速不断回落，但是总体上呈持续增长的趋势。根据国家统计局发布的《2018 年农民工监测调查报告》，2018 年我国农民工总量达到 28836 万人，比 2012 年增加了 2575 万人，年均增长 1.57%。

表 6-1　2012—2018 年我国农民工总量和增量的变动情况(单位:万人)

年份	2012 年	2013 年	2014 年	2015 年	2016 年	2017 年	2018 年
农民工总量	26261 人	26894 人	27395 人	27747 人	28171 人	28652 人	28836 人
农民工增量	983 人	633 人	501 人	352 人	424 人	481 人	184 人

数据来源:《2012—2018 年农民工监测调查报告》。

与此同时，农民工劳动权益、基本公共服务、进城落户、关爱服务体系等取得明显进展:就业方面，2012 年以来参加职业技能培训的农民工超过 1 亿人次，超过 600 万建档立卡农村贫困劳动力实现就业;劳动权益方面，相关部门制定和出台了全面治理拖欠农民工工资问题的意见，建立健全农民工实名制管理、工资支付专用账户、工资保证金等制度，被拖欠工资的农民工的比重 2018 年下降到不足 0.5%，农民工月均收入也从 2012 年的 2290 元增加到 2018 年的 3721 元，年均增长 8.8%，农民工参加职工基本养老保险、基本医疗保险、工伤保险和失业保险的人数分别达到 6202 万人、6225 万人、7839 万人和 4897 万人，分别比 2012 年底增长 36.5%、24.6%、9.3%和 81.2%;基本公共服务方面，约 1400 万农民工随迁子女实现“两免一补”资金和生均公用经费基准定额资金可携带，随迁子女在公办学校接受义务教育的比例保持在 80%以上，在输入地参加高考人数达到 41 万人;进城落户方面，全国 31 个省区市均出台了户籍制度改革实施意见，普遍放宽了农民工进城落户条件，户籍人口城镇化率从 2012 年的 35.3%增长到 43.4%，提高了 8.1 个百分点，近 9000 万农业转移人口成为城镇居民;关爱服务体系方面，相关部门印发了加强农村留守儿童关爱保护工作的意见，建立了农村留守儿童关爱保护工作协调机制，为 76 万无人监护留守儿童落实监护责任人，帮助 1.6 万名失辍学儿童返校学习;民主政治权利保障和人文关怀方面，农民工加入工会的人数从 2012 年的约 1 亿人增加到 2018 年的 1.5 亿人，有 981 名优秀农民工和 100 个农民工工作先进集体受到表彰，275 名农民工当选全国劳动模范，862 名农民工荣获全国五一劳动奖章。

总体上看，党的十八大以来，党和国家实施就业优先战略和更加积极的就业政策，并先后提出实施新型城镇化战略和乡村振兴战略，在农村转移劳动力的就业质量、劳动权益、公共服务、人文关爱、政治权益保障等方面取得了显著进展，农民工市民化迈出了实质性的步伐。然而，需要指出的是，在经济新常态下，随着我国经济增速不断放缓，城市新增就业岗位面临巨大挑战，农村转移劳动力的增长面临严峻形势。此外，经济增速放缓带来的地方财政收入增长遭遇"天花板"，这使各地落实农民工市民化各项政策面临财政困境。

三、我国农村劳动力转移的趋势预测

为了对我国农村劳动力转移进行更好的管理，国内许多学者对未来农村劳动力转移的规模与趋势进行了预测，其观点大致可以分为以下几个方面。一是认为我国的农村劳动力转移将呈现递减的趋势，最终导致我国出现劳动力短缺的问题。比如，徐晓华等预测我国劳动力转移的规模在 2015 年达到峰值，之后将逐年递减，并于 2018 年出现"刘易斯拐点"。[①] 二是认为我国农村劳动力转移仍将保持一定规模，并将持续一段时间。比如，何建新指出在 2010—2020 年，我国农村劳动力转移数量仍将保持逐年增长的趋势，到 2020 年将达到 26707.26 万人，农村劳动力转移的任务依然十分艰巨。[②] 三是认为我国的农村劳动力转移资源配置将出现新的契机。比如，王国霞用城乡人口比重预测法推断出 2000—2020 年农村劳动力转移数量将大致保持每年 1800 万人左右的水平，2010—2020 年将成为我国农村劳动力作为稀缺资源进行公平配置的最佳时期。[③] 四是认为在向城镇有序转移、农民工市民化以及返乡创业带动就业的共同作用下，我国农村剩余劳动力的存量规模将不断下降。比如，谭永生假设 2011 年我国农村富余劳动力存量为 1.23 亿人，综合考虑通过向城镇有序转移、农民工市民化以及返乡创业带动就业的共同作用，在"十三五"期末我国农村富余劳动力存量规模将下降到 4700 万人，到 2030 年将进一步下降到 1700 万人。[④]

---

① 徐晓华、朱振、苏伟峰："2014—2030 年我国农业剩余劳动力转移趋势预测与管理"，《管理评论》2018 年第 30 卷第 1 期。

② 何建新："我国农村劳动力转移数量测算及未来趋势预测"，《河南师范大学学报》（自然版）2013 年第 4 期。

③ 王国霞："我国农村剩余劳动力转移问题研究——我国农村剩余劳动力的数量估算与转移规模预测"，《山西大学学报》（哲学社会科学版）2007 年第 4 期。

④ 谭永生："我国农村富余劳动力转移就业的理性定位及实现路径"，《经济与管理研究》2011 年第 10 期。

表 6-2 2010—2030 年我国农村富余劳动力存量规模预测(单位:亿人)

	2020 年	2025 年	2030 年
总人口	14.1	14.4	14.5
就业总量	7.95	7.85	7.79
城镇化率(%)	58.5	62.3	64.8
非农就业比重(%)	72.9	75.9	78.3
农村人口	5.85	5.43	5.10
农业从业人员	2.15	1.89	1.69
农业就业需求	1.68	1.60	1.52
农村富余劳动力	0.47	0.29	0.17

数据来源:谭永生"我国农村富余劳动力转移就业的理性定位及实现路径",《经济与管理研究》2011 年第 10 期。

综合上述观点,未来一段时期我国农村劳动力转移的形势比较严峻,中央政府和各相关部门应采取调整农业内部的就业结构、加快农业产业化和现代化的进程、增强农村富余劳动力就地就业的能力、建立面向全国的统一劳动力市场、重视农村劳动力转移中的非正规就业、大力开拓国际劳务市场、拓展农村劳动力转移的新空间等措施,积极推进农村剩余劳动力有序转移与科学配置。

第二节　农民工市民化的内涵与意义

从国内外经验来看,农民工是我国推进社会主义现代化建设的过程中出现的一个特殊群体。在当前全面建成小康社会并迈向基本实现和全面实现社会主义现代化的历史进程中,农民工市民化具有丰富的内涵,而加快推进农民工市民化对于我国经济社会发展而言又具有十分重要的意义。

一、农民工市民化的内涵

1984 年,中国社会科学院社会学研究所的张雨林教授在《社会学通讯》上最早提出了"农民工"一词。从 20 世纪 80 年代末起,随着国家不断放宽对农村劳动力转移的政策限制,我国大批农村富余劳动力开始自发地、大规模地、持续性地向城镇转移,从而形成了波澜壮阔的"民工潮",农民工这个特殊群体便伴随着"民工潮"应运而生。从那个时候起,伴随着国家和社会对农民外出务工的态度和政策不断发生变化,农民工的称谓经历了不同时期的演化,即从"灾民""盲流""外来人口或外来人员""民工"

到“农民工”。从我国经济社会发展独特的阶段性特征来看,农民工既非传统意义上的城镇居民,也不真正的、传统意义上靠种田为生的农民,而是不同于农民和市民的一个特殊群体。随着我国社会主义现代化建设的不断快速推进,以及广大农民工对城市社会的不断适应、融合,实现从农民工向市民的角色转变,这已经成为顺应亿万农民工意愿和我国现代化建设要求的一个战略性抉择。正是在这个意义上,农民工市民化的概念才正式走上历史舞台,并成为近年来学术界的研究热点。

2005 年,我国社会学界开始引入“农民工市民化”的概念。[①] 此后,这个概念受到了经济学界、政治学界和政策研究界等的广泛关注,并开始进入党和国家的政策视野。从 2005 年至今,随着农民工问题研究的不断深入,尤其是我国新型城镇化战略不断推进,对农民工市民化内涵的理解也发生了深刻的变迁。根据不同学者对农民工市民化标准和维度的理解,我们可以把这一概念内涵的演变划分为以下两个阶段。

第一阶段是从 2005 年到 2011 年。在这一阶段,对农民工市民化内涵的理解主要关注一些硬性的标准,主要包括地域、职业、社会权利、社会身份等维度。然而,随着研究的不断深入,对农民工市民化内涵的理解也在不断深化和拓展。比如,刘传江和徐建玲认为农民工市民化是指务工从商的农民工在所在城市中克服各种困难,最终实现市民身份转变的过程和现象。[②] 王兴周、张文宏认为,农民工市民化应涵盖四层含义,即职业上由农业劳动变为非农业劳动、居住位置由乡村社区移到城市社区、获得城市户口和城镇居民一样共享权利、生活方式上从农村生活向城市生活转变。[③] 王竹林、王征兵认为,农民工市民化是农民工由从事农业生产活动到非农产业工人的转变,包括农村退出、城市进入和城市融合这三个环节。[④] 周小刚和陈东有指出,农民工市民化就是农民走进城市从事非农活动,在城市的居住环境下,与城市环境要素发生相互作用,引起在身份、地位、价值观念、行为和生活方式等方面的变化,逐渐向市民转化的经济和社会过程。在此基础上,他们进一步提出,农民工在地位、身份、社会资本形式、福利待遇等方面的变化只是农民工市民化的外在展现方式,而农民工的思维方式、价值观念、行为习惯、文化素质等意识形态方面都是市民化的内在,农民工市民化不仅是一个漫长的过程,更是一种成效。[⑤]

---

① 钱正武:“农民工市民化与政府职责”,《理论与改革》2005 年第 2 期。

② 刘传江、徐建玲:“第二代农民工及其市民化研究”,《中国人口·资源与环境》2007 年第 17 卷第 1 期。

③ 王兴周、张文宏:“城市性:农民工市民化的新方向”,《社会科学战线》2008 年第 12 期。

④ 王竹林、王征兵:“农民工市民化的制度阐释”,《商业研究》2008 年第 2 期。

⑤ 周小刚、陈东有:“中国人口城市化的理论阐释与政策选择:农民工市民化”,《江西社会科学》2009 年第 12 期。

第二阶段是从2012年至今。从2012年起，尤其是党的十八大之后，随着以人为本的新型城镇化从概念到具体实践的快速转化，尤其是2014年以来新型城镇化战略深入实施，对农民工市民化内涵的理解实现了向纵深的拓展，更加突出了以人为本的基本理念和政策的可操作性。比如，刘爱玉认为农民工市民化的内涵应包括外部“赋能”与自身“增能”这两个部分。具体而言，农民工市民化一方面需要国家在制定发展战略时对农民工的市民化予以高度重视，对农民工的城市化进程、定位、路径安排等在总体上要有整体性的规划与布局，要把农民工看作是公民而不仅仅是城市经济发展所需要的劳动力，同时需要国家全面、系统地改革现行的社会政策体系，而不仅仅是考虑改革户籍制度甚至取消户籍制度本身；另一方面，以增强农民工的组织能力和市场能力为重点，不断提升农民工融入城市社会的各项能力。① 在前人研究的基础上，欧阳力胜提出农民工市民化不仅包括身份和职业的市民化，还应包括经济的市民化以及社会福利和公共服务的市民化，同时农民工自身必须具备市民化的能力，此外还包括农民工对城市的认同、归属和幸福等主观感受。② 辜胜阻等认为，农民工市民化并不仅仅依靠改革户籍，而应采取以下二维路径选择：一是通过推进基本公共服务，逐步全覆盖实现对转移人口的基本保障，二是通过增加就业机会并提升就业稳定性，使转移人口“扎根”城市。③

综合上述研究，我们可以把农民工市民化的内涵理解为：我国的农民在进入城市实现职业身份转变的基础上，实现居住地域、生活方式、行为模式、心理状态、思想观念等方面向城市市民转化的经济和社会过程。在此基础上，我们可以把这一内涵进一步分解为以下几个层面：一是农民工彻底摆脱束缚他们自身的农村和土地，结束其在城市与乡村之间、农业与非农业之间的游离状态；二是获得城市户口并享有城市市民享有的子女教育、就业、医疗、社会保障等公共服务；三是在城市拥有相对固定的职业和住所，主要收入来源于所从事的非农产业；四是在诸如生活方式、行为方式、心理状态、思想观念等精神层面逐步融入城市文明。

二、农民工市民化的意义

现阶段，农民工市民化是我国经济社会发展的必然趋势，其核心是促进农民工获

① 刘爱玉：“城市化进程中的农民工市民化问题”，《中国行政管理》2012年第1期。

② 欧阳力胜：“新型城镇化进程中农民工市民化研究”，财政部财政科学研究所2013年博士学位论文。

③ 辜胜阻、李睿、曹誉波：“中国农民工市民化的二维路径选择：以户籍改革为视角”，《中国人口科学》2014年第5期。

得作为城市居民的身份和平等权利并融入城市社会,成为真正意义上的市民。在这里,我们可以从新型城镇化战略和乡村振兴战略这两个维度来理解农民工市民化的意义。

(一)农民工市民化对实施新型城镇化战略而言的意义

在我国现阶段,新型城镇化有别于传统的城镇化,它不再是“造城运动”“房地产化”和“摊大饼”,不再是以土地为核心的城镇化,而是以人为核心的城镇化。也就是说,新型城镇化要回归到为城镇化主体提供均等化的基本公共服务这一本位上来。目前,我国的户籍人口城镇化率仍然明显低于人口城镇化率。[①] 从这个意义上看,推进新型城镇化战略的核心内容,就是逐渐解决我国现有的2.88亿农民工和每年数以百万计新增农民工的“半市民化”问题,实现城市基本公共服务向包括农民工在内的所有常住人口全面覆盖。具体而言,农民工市民化对实施新型城镇化战略具有以下两个方面的意义。

一方面,加快推进农民工市民化,是新型城镇化把“人的城镇化”作为核心的具体体现。现阶段,我国推进农民工市民化不仅是要把在城镇务工经商的农民工及其家属逐步转变为户籍意义上的城镇居民,而且要通过基本公共服务均等化,赋予农民工及其家属与城市市民同等的公平权利,即生存公平、产权公平和发展公平,并在此基础上提升这一群体参与市场竞争的能力。[②] 由此可见,农民工市民化是新型城镇化坚持以“人的城镇化”为核心,践行包容性发展的真实体现。[③]

另一方面,加快推进农民工市民化,有助于彻底打破城乡二元经济结构,有效克服城市新二元结构的弊病,促进城乡融合发展。已故英国著名经济学家威廉·阿瑟·刘易斯认为,二元经济结构是发展中国家在经济发展过程中所显现出的一种特殊的结构形态。在我国快速的工业化和城镇化发展过程中,以户籍制度为核心的传统城乡二元结构并没有随着城镇化的推进而完全消除,反而由于农民身份转换滞后于就

---

① 国家统计局发布的《2018年国民经济和社会发展统计公报》显示,截至2018年底,我国的人口城镇化率为59.58%,而户籍人口城镇化率仅为43.37%,二者之间相差16.21个百分点。这就意味着,目前我国仍然有近1.35亿城镇常住人口处于“半市民化”的状态,而这些人中的绝大多数是农民工。

② 宋艳菊:《新型城镇化进程中农民工市民化能力提升研究》,辽宁大学2018年博士学位论文。

③ 包容性发展是发展经济学的重要概念,其率先由亚洲开发银行于2007年提出。所谓包容性发展,是指以人为中心的,人与人、人与社会、人与自然的和谐发展,是包括GDP增长指数、人类发展指数、社会发展指数、社会福利指数、幸福指数在内的全面发展。2011年,博鳌亚洲论坛把“包容性发展”确定为当年年会的主题。此后,包容性发展的理念在我国的新型城镇化战略、脱贫攻坚战、乡村振兴战略等重大国家战略中均得到了生动体现。

业转换，导致城乡二元结构进一步向城市延伸和变异，形成城市新二元结构问题。[①]从这个意义上看，加快推进农民工市民化，逐渐打破以户籍制度为核心的城乡二元结构壁垒，使农民工彻底实现从农民向市民的身份转换，不仅有利于克服城市新二元结构的弊端，而且有利于促进城乡融合发展，而这正好是我国实施新型城镇化战略所要实现的重要目标。

(二)农民市民化对实施乡村振兴战略而言的意义

党的十九大报告指出，农业、农村、农民问题是关系国计民生的根本性问题，必须始终把解决好"三农"问题作为全党工作的重中之重，实施乡村振兴战略。在乡村振兴战略所要实现的目标任务中，促进和实现城乡融合发展构成了其中的重要内容，而加速农村转移人口(主要是农民工)的市民化是实现这一目标的重要环节。从这个意义上看，加快推进农民工市民化对于实施乡村振兴战略具有非常重要的意义。主要体现在以下两个方面。

一方面，加快推进农民工市民化，使这一群体享受到与城市市民均等的基本公共服务，有助于解决长期以来困扰农村社会发展的留守儿童、留守老人、留守妇女等问题，从而有效维护农村的社会和谐稳定，促进乡村治理现代化。以留守儿童为例，尽管学者的测算和有关部门的统计之间存在着较大差异，但是目前我国农村留守儿童的规模仍然非常庞大却是一个不争的事实。中山大学社会科学调查中心发布的《中国劳动力动态调查：2017 年报告》[②]和原国家卫计委发布的《中国流动人口发展报告 2017》[③]均显示，留守儿童在健康状况、受教育状况、心理状况等方面都存在着不容忽视的问题。因此，加快推进农民工市民化，使越来越多的儿童从留守变成随迁，在其父母所在城市享受到与城市儿童均等的基本公共教育服务，这对于实现乡村振兴具有非常重要的意义。

另一方面，加快推进农民工市民化，使这一群体尤其是新生代农民工在城市实现安居乐业，有助于促进其利用所掌握的资金、技术、人脉等服务于乡村振兴战略的实施。与从未外出务工经商的农村居民相比，农民工群体不仅见多识广，而且普遍掌握一定的技术技能，并积累了较为雄厚的资金和丰富的社会资本。因此，加快推进农民工市民化，使其在城市尤其是其家乡周边的中小城市和小城镇落户，这就为促进其返

① 李晓飞："城市'新二元结构'与户籍制度改革的双重路径转向"，《华中科技大学学报》(社会科学版)2017 年第 2 期。

② 蔡禾主编：《中国劳动力动态调查：2017 年报告》。北京：社会科学文献出版社，2017 年。

③ 国家卫生和计划生育委员会流动人口司：《中国流动人口发展报告 2017》。北京：中国人口出版社，2017 年。

乡创业就业从而促进乡村振兴营造了良好的环境。国家发改委发布的《农村一二三产业融合发展年度报告(2017 年)》显示，2017 年全国返乡创业人员超过 740 万人，其中返乡农民工占 72.5%，全国从事休闲农业的人员达到 900 万人，带动了 700 万户农民从中受益。①

第三节 农民工市民化面临的制约因素

现阶段，农民工市民化已经成为我国经济社会发展尤其是城镇化发展的必然趋势。然而，农民工市民化并非一路坦途，而是受到诸如制度、成本、人力资本和社会资本、认同归属等因素的制约。

一、农民工市民化面临制度壁垒

新中国成立以后，我国逐渐形成了以户籍制度为核心、以城乡分割为基本特征的城乡二元结构。改革开放以来，随着经济、社会、城市管理等领域改革的不断深入推进，农村劳动力向城镇地区转移的各种制约因素不断趋于弱化甚至消除，农民工市民化的制度环境进一步宽松。然而，需要指出的是，农民工市民化仍然面临着许多制度性壁垒，主要体现在以下几个方面。

(一)城市户籍管理制度的制约

改革开放 41 年来，我国的城市户籍管理制度改革不断向前推进，对农村转移人口进城和落户的限制不断消除。2014 年，国务院出台了推进户籍制度改革的相关政策，提出将划分的农业和非农业户口取消，都统一登记为居民户口，之后又出台了居住证管理制度，对持有居住证的人员，各地应积极创造有利条件提供相应的公共服务。目前，我国所有的省份都已经出台了户籍制度改革方案，普遍提出取消农业户口与非农业户口的性质区分，降低落户门槛，放宽落户条件。然而，农民工市民化仍然面临来自城市户籍管理制度的制约，主要表现在：

首先，城市户籍制度改革的实施需要较大的成本。目前，我国各级地方政府在户籍制度方面主要采取的是分权管理的模式，即户籍制度改革的成本根据“属地管理”的原则由相应的地方政府承担。在这种情况下，许多城市根据中央政府的要求相对放宽了落户的限制条件，但是在筛选落户人员时更希望获得有利于城市发展的优秀人才，对于既要承担巨大落户成本又缺乏优质人力资本的农民工则兴趣明显不足。

① 国家发展和改革委员会农村经济司：《农村一二三产业融合发展年度报告(2017 年)》，来源：国家发展和改革委员会网站。

根据有关部门的测算，一个农民工市民化的全国平均成本约为13.1万元，到2020年要完成1亿农民工落户城镇的目标，地方政府需要支出约13.1亿元，这对于经济下行压力不断增大导致增收乏力的地方财政来说无疑是一种巨大的压力。

其次，户籍制度的利益分配功能改革有待取得实质性的突破。目前，我国实施的户籍制度不仅具有人口登记和迁移的显性功能，还具有社会福利分配的隐性功能，这就导致因各地经济社会发展水平参差不齐，户口的“含金量”存在着巨大的差异，进一步导致了居民因所属区域的不同被划分为不同等级，从而对正常的户口迁移带来阻碍，并对人力资源的优化配置产生影响。① 对于农民工而言，如果户籍的变化对自身的社会福利待遇不能带来明显的、积极的改进，那么市民化的吸引力将大打折扣。

最后，户籍制度改革的内容与农民工市民化的实际需求之间存在落差。近年来，我国不断放宽甚至取消中小城市尤其是小城镇的落户限制条件，但是对某些大城市尤其是特大城市的人口规模仍然实行严格管控。在这种情况下，由于中小城市尤其是小城镇的就业机会相对较少、就业收入相对较低，导致农民工的落户需求相对不足。有研究表明，只有约四分之一的农民工具有在中小城市和小城镇落户的意愿。② 然而，就业机会多、就业收入高的大城市尤其是特大城市仍然将绝大多数的农民工“拒之门外”。

（二）城市劳动就业制度的制约

一般而言，农村劳动力向城镇地区转移的根本动力是通过获得更好的就业机会以便获得更高的就业收入。从这个意义上看，城市劳动就业制度的优劣对农村劳动力的转移和落户的意愿将产生至关重要的影响。改革开放以来，我国在劳动就业制度方面进行了一系列重大改革，但是城乡二元的劳动就业制度并未完全消除，农民工在城市就业方面仍然存在一定的歧视和不公，对农民工市民化产生消极的影响。主要体现在以下几个方面：

首先，弱化了农民工的市民化意愿。许多研究表明，能否在城市拥有稳定的工作和享受失业保险等社会保障，对农民工的市民化意愿具有显著的影响。截至目前，农民工和城镇职工在工作环境和劳动待遇方面仍然存在较大的区别，农民工大多在苦、累、脏、险等行业工作，在职业培训、社会保障和子女教育等方面仍然不能享受和城镇职工同等的待遇，导致其在城市社会处于明显的边缘化状态。③ 这种边缘化的社会

① 金代志、高洁：“新生代农民工市民化的户籍制度障碍及应对策略”，《中国市场》2019年第7期。

② 杜立芳：“户籍制度改革与农民市民化”，《开发研究》2014年第4期。

③ 袁方、安凡所：“就业稳定性、市民化意愿与农民工消费”，《中国劳动关系学院学报》2019年第33卷第3期。

地位对农民工群体在城市享有尊严体面生活的心理预期将产生不利影响，从而弱化了他们的市民化意愿。

其次，弱化了农民工城市融入的经济基础。对于农民工而言，收入水平能够满足本人和家属在城市生存和发展的需求，是其成为市民的前提条件。从所从事的工作来看，农民工的就业领域主要集中在批发零售业、住宿餐饮业、交通运输业、建筑业、制造业、社会服务业等，而这些行业大多属于劳动密集型和低附加值产业，导致农民工的收入水平普遍偏低。[①] 近年来，虽然我国各地已经基本建立农民工工资保障机制，但是拖欠农民工工资的现象仍然时有发生。不公平的劳动就业制度、较低的收入水平，弱化了农民工市民化的经济基础。

最后，制约了农民工的城市融入能力。通常情况下，农民工的受教育水平、职业技能培训状况、就业稳定性等与其城市融入能力呈正相关关系。然而，我国长期以来存在的城乡二元劳动就业制度对农民工的城市融入造成了不利的影响，主要体现在一是制约农民工受教育水平的提高。近年来，我国在推进城乡教育均衡化发展方面取得了巨大的成就。然而，长期以来的历史欠账造成的城乡教育水平的巨大差距难以在短时间内消除。在这种情况下，我国农民工的整体受教育水平仍然明显偏低。国家统计局发布的《2018年农民工监测调查报告》显示，在我国的全部农民工中，高中及以下文化程度占89.1%，大专及以上仅占10.9%。[②] 二是制约了农民工职业技能的提升。目前，参加职业技能培训是农民工提升自身人力资本从而获得稳定工作和提高收入水平的重要途径。近年来，中央和地方各级政府加大了对农民工职业技能培训的资金投入力度，并通过《劳动法》《职业教育法》等法律法规明确规定了企业对农民工进行职业培训的义务和责任。然而，我国每年参加职业技能培训的农民工仅占农民工总体的极小份额。人力资源和社会保障部发布的《2017年度人力资源和社会保障事业发展统计公报》显示，2017年全年，各类职业培训中农民工培训898万人次，参加职业培训的农民工仅占全体农民工的3.13%。[③] 三是不利于农民工就业的稳定性。在我国，长期以来形成的城乡二元劳动力市场和制度壁垒，加上劳动监管制度的不到位，以及农民工在劳动力市场上的弱势地位，导致很少有企业和农民工签订正规的、长期的劳动合同，随意解雇农民工的现象较为普遍。与此同时，劳动强度大、加班时间长、工作环境恶劣、劳动保护缺乏、技术培训不足等问题的存在，导致农

① 宋骁："人力资本、经济结构与流动人口从业状态"，《人口与经济》2012年第5期。

② 国家统计局：《2018年农民工监测调查报告》，来源：国家统计局网站。

③ 人力资源和社会保障部：《2017年度人力资源和社会保障事业发展统计公报》，来源：人力资源和社会保障部网站。

民工的职业流动较为频繁，而频繁的职业流动对职业经验的积累和收入水平的提升会产生负面影响，制约农民工市民化的能力。

(三)城市社会保障制度的制约

在我国，由于长期的城乡分割以及受到以户籍制度为基础的二元社会体制的制约和影响，农民工虽然为城市建设及经济发展做出了巨大贡献，但是却被排斥在城市社会之外，不能享受到与城市居民同等的社会保障权益。有研究表明，农民工在城市社会中的社会保障状况与其市民化意愿之间呈较强的正相关关系。[①] 然而，从目前的情况来看，我国城市的社会保障制度仍然是农民工市民化的重要制约因素。主要体现在以下几个方面：

首先，农民工的社会保障参与率仍然不高。近年来，党和国家相继制定和出台了许多与农民工社会保障相关的政策和措施，以此促进农民工社会保障参与率不断提高。然而，从目前的情况业看，我国农民工社会保障的覆盖面仍然较低。人力资源和社会保障部发布的《2017 年人力资源和社会保障事业发展统计公报》显示，2017 年我国参加城镇职工基本养老保障、基本医疗保险、失业保险和工伤保险的农民工分别达到 6202 万人、6225 万人、4897 万人和 7807 万人，分别比上年末增加 262 万人、1399 万人、238 万人和 297 万人，但是各项社会保险项目的覆盖面分别只有 21.65%、21.73%、17.09%和 27.25%。

其次，农民工的社会保障水平仍然较低。长期以来，我国农民工的社会保障水平明显低于城镇职工的社会保障水平。比如，根据 1998 年由国务院第 11 次常务会议通过并于 1999 年 1 月 22 发布并实施的《失业保险条例》，农民工虽然个人不缴费，但是失业后只能领取一次性生活补助金，且标准低于城镇职工失业保险金标准。除此之外，农民工的其他社会保障和就业服务长期处于缺失的状态，总体社会保障水平远远低于城镇职工。

最后，农民工社会保障立法和制度缺失。1998 年以来，我国相继制定和出台了城镇职工养老、医疗保险等方面的相关法律，但是关于农民工的社会保障问题并没有相应的立法。由于缺乏相应的法律保障，农民工的社会保障工作难以实现强制性原则。与此同时，我国广大农村的社会保障制度也尚未建立和健全。在这种情况下，我国农村社会保障与城市社会保障之间严重脱节，从而对农民工社会保障产生严重制约。[②]

---

① 王桂新、胡健："城市农民工社会保障与市民化意愿"，《人口学刊》2015 年第 6 期。

② 龚晶、赵姜："农民工社会保障制度发展演变与未来展望"，《河北学刊》2019 年第 2 期。

(四)城市教育制度的制约

随着城镇化进程不断加快，中央政府明确提出把农民工市民化作为我国推进新型城镇化的核心内容。现阶段，农民工市民化不仅仅是以促进经济发展作为单一目标，而是将完善的城市基本公共服务融入农民工市民化的进程之中，实现城市基本公共服务与农民工市民化之间的协同推进。① 近年来，我国把促进和实现基本公共服务均等化作为保障和改善民生的主要内容，城乡之间、区域之间、人群之间的基本公共服务日益均等化，越来越多的农民工可以享受到所在城市日益均等化的基本公共服务。然而，需要指出的是，目前农民工在城市中享受均等化的基本公共服务仍然面临一些制度性的障碍，其中以教育领域的情况最为突出。主要体现在以下几个方面：

首先，义务教育仍未与户籍制度彻底脱钩。长期以来，我国城乡二元经济社会结构在教育领域的体现就是城乡分割的二元教育制度，而作为维系城乡二元教育制度的核心制度设计，户籍制度既承担着人口登记管理职能，同时也是教育权利与教育资源分配的根本制度依据。2014 年 7 月，国务院发布的《国务院关于进一步推进户籍制度改革的意见》提出要建立城乡统一的户口登记制度，但是仍未剥离户籍制度所承载的城乡二元教育福利。2015 年 4 月，十二届全国人大常委会第十四次会议修订通过了《中华人民共和国义务教育法》，从形式上赋予所有适龄儿童平等受教育权，县级人民政府负有管理义务教育的主要责任。然而，在就地市民化的语境下，适龄儿童平等受教育权的行使空间亦被限定于户籍所在地范围之内，户籍制度仍发挥着对农民工子女在户籍地县城接受义务教育的强制限制作用。②

其次，义务教育的财政体制重心仍然过低。在义务教育财政投入责任方面，我国的《义务教育法》明确了“各级共担，省级统筹”的义务教育经费保障体制。这种制度安排虽然明确了省级政府在义务教育方面的筹资责任主体地位，但是并未明确各级政府尤其是中央政府在义务教育经费投入上的相应比例。因此，省级政府在投入比例划分上的高度自主性决定了“省级统筹”很可能演变为由省级政府统筹安排、由县级政府承担主要投入责任的局面。③ 事实上，目前我国的县级政府在义务教育经费投入上确实承担了投入责任主体地位，从而证明了这一体制设计确实存在漏洞。1994 年，我国开始实行分税制改革，中央每年从各省尤其是经济发达省(区、市)撮大量税赋充实中央财力，然而针对农民工子女义务教育等的基本公共服务支出，仅向地

① 姜捷：“农民工市民化进程中基本公共服务均等化问题研究”，《农业经济》2015 年第 12 期。

② 刘刚、石宏伟：“农民工子女义务教育的制度障碍及对策研究——基于就地市民化视角”，《改革与开放》2017 年第 9 期。

③ 吕普生：《纯公共物品供给模式研究：以中国义务教育为例》。北京：北京大学出版社，2013 年。

方政府提出管理和投入要求，并未赋予相应的财税权限，更缺乏对地方有力的经费支持，造成“财权上收、事权下放”的不合理局面。在这种情况下，财政能力的低水平和不可持续性使地方政府尤其是县级政府面临推动当地经济发展和加大公共服务支出的双重压力与对立博弈，其保障农民工子女就地接受义务教育的能力受到严重制约。[①]

最后，教育资源配置结构不合理。当前，我国农民工随迁子女在流入地升入普通高中的机会仍然较少，这种情况的出现很大程度上源于高中教育实行的是以地方财政为主的属地管理制度。对于户籍不在本地又不属于义务教育阶段的随迁子女的高中教育，在没有国家政府约束和财力支持的情况下，流入地政府往往采取消极甚至变相拒绝的态度。受经济发展水平和国家财力的限制，各级政府对义务教育和高等教育的投入相对较高，而对高中教育尤其是普通高中教育的投入则相对较低。随着大批农民工随迁子女的涌入，原本就紧张的城市优质高中教育资源更加供不应求。在这种情况下，许多城市基本上只能根据户籍人口的规模与分布考虑当地高中教育资源的配置，对农民工随迁子女高中教育需求缺乏足够重视，从而导致农民工随迁子女高中升学困难，进而对农民工市民化产生制约。[②]

(五)城市住房制度的制约

改革开放以来，随着城市住房制度改革的不断推进，个人购买或租赁住房成为城市居民解决住房问题的重要途径。同时，政府建立了以经济适用房、限价房、廉租房等为主要内容的城市住房保障制度，以保障城市低收入居民的基本住房需求。长期以来，由于农民工不具有城市居民户籍，因此不在城市住房保障制度覆盖范围之内。近年来，我国许多城市逐渐将农民工纳入住房保障制度的覆盖范围。[③] 然而，从目前的情况来看，能够享受到城市住房保障福利的农民工的比例仍然很少。根据国家统计局发布的《2018年农民工监测调查报告》，2018年我国的进城农民工中仅有2.9%的人能够享受保障性住房，有74.2%的进城农民工租房居住或者由单位、雇主提供住房，购买商品房的进城农民工的比例仅为17.4%。房屋是在城市中生存和发展的基本生活资料，住房问题对农民工市民化产生非常重要的影响。主要体现在以下几个方面：

首先，房租支出比重偏高，削弱了农民工市民化的经济能力。由于收入较为微

---

① 孙婧芳：“基本公共服务对农民工市民化的影响——基于义务教育和社会保险的实证分析”，《经济与管理评论》2016年第32卷第2期。

② 曲颂：“农民工随迁子女的教育融合问题、制度障碍及对策研究”，《河北学刊》2019年第2期。

③ 刘梦琴、傅晨：“城市农民工的住房问题与改革政策”，《城市观察》2013年第4期。

薄，许多农民工只能在城市租赁十分廉价的住房。尽管如此，房租对这些农民工而言仍然是一笔不小的开支。根据国家统计局上海调查总队 2014 年开展的专项调查，2013 年上海市外来农民工家庭人均居住支出 3425 元，比城市居民多支出 577 元，其中房租支出为 2162 元，占 63.1%。由此可见，房租支出是进城农民工主要的生活成本之一，而住房租金支出比重偏高必然会削弱农民工市民化的经济能力。

其次，居住质量差阻碍了农民工思想观念和行为方式的市民化。一般而言，住房不仅是遮风避雨的场所，住房及其区位也是城市公共资源（基础设施、教育、医疗、治安等）和社会资源（社会资本、工作机会）的附着物。也就是说，住房及其区位决定了居民享受公共服务和社会资源的程度以及社会交往的空间。① 目前，进城农民工是城市非正规房屋租赁市场的主要消费者，是城市最廉价、最简陋、区位和环境最差的住房的使用者。对于许多农民工而言，虽然他们身在城市，但是却过着与农村类似甚至比农村更差的生活。较差的居住条件不仅不利于农民工的身心健康和人力资本的提高，而且也不利于其培育和增强“城市性”，进而阻碍他们在思想观念和行为方式方面的市民化。

最后，居住边缘化容易造成农民工与城市市民之间的社会隔阂与对立。通常，住房及其区位在一定程度上反映了居住者的经济社会地位。我国的绝大多数进城农民工聚居在公共设施匮乏、居住环境简陋的“城中村”或者城乡接合部，住房环境的边缘化特征较为显著。受传统文化和习俗的影响，农民工通常会将农村的行为方式和社会网络“复制”到城市中，社会网络的亲缘、地缘、业缘特征较为明显，缺乏与城市居民的交往，基本上被阻隔在城市主流社会之外。② 居住的边缘化使农民工对城市产生严重的隔阂和对立，缺乏对城市的认同感和归属感，不仅难以主动融入城市，而且容易产生对城市的仇视甚至报复。

二、农民工市民化面临成本门槛

（一）农民工市民化成本的内涵及类型

随着大量农民工进城生活和工作，实现市民化日益成为他们的迫切需求。在实现市民化的过程中，为实现与城镇居民享有相同的就业、住房、子女教育、养老保险、医疗保险以及各种公共服务待遇和权力等目的，不仅农民工个人需要支付一定的代价，城市的各个相关部门和企业也需要支付一定的代付。为了研究的方便，可以把这

① 祝仲坤、冷晨昕：“住房状况、社会地位与农民工的城市身份认同——基于社会融合调查数据的实证分析”，《中国农村观察》2018 年第 1 期。

② 韩俊强：“农民工住房与城市融合：来自武汉市的调查”，《中国人口科学》2013 年第 2 期。

些代价统称为农民工市民化成本。在此基础上,我们可以根据农民工市民化成本的具体内容对其类型进行进一步的划分。

一是根据农民工市民化成本的结构,可以把其细分为个人成本和公共成本。康涌泉认为,农民工市民化的个人成本主要包括农民工在城市的衣、食、住、行、通信等方面的日常生活、医疗、职业培训、子女教育的成本,以及因进城务工所放弃的在农村原有的农业收入和政府对农业的补贴收入而形成的机会成本和其他成本;①农民工市民化的公共成本主要包括城市基础设施的建设成本、满足农民工市民化后就业所需的城市投资建设成本以及基本的社会保障成本。②

二是根据农民工市民化成本的承担者,可以把其细分为个人成本、企业成本和政府成本。具体而言,农民工市民化的个人成本包括农民工的迁移成本、生活成本、适应城市生活的融入成本和失业风险成本等;③农民工市民化的企业成本包括企业为所雇用的农民工支付的、与城市市民相同的薪酬产生的费用(如工资、福利、资金等)的增加;④农民工市民化的政府成本包括由中央和地方政府承担的公共服务成本、社会保障成本、住房成本和就业成本等。⑤

(二)农民工市民化成本分担面临的问题

从上述内涵和类型来看,农民工市民化需要多个主体的共同参与,而农民工市民化需要支付的代价——农民工市民化成本也需要由多个主体依据一定的原则和比例进行分担。需要指出的是,正是由于农民工市民化成本需要由多个主体共同承担,这就必然导致这些主体之间因利益协调、利益分配、资源配置等因素引发各种矛盾和冲突,进而使农民工市民化成本的分担陷入困境。主要体现在以下几个方面:

1.农民工市民化成本分担机制的推进和完善较为滞后

当前,对农民工市民化成本分担的责任主体、分担行为、分担对策等方面仍然仅限于理论探讨,中央和地方各级政府尚未制定和出台具体的政策和实施方案。在这种情况下,许多地方政府大都是基于人口城市化成本承担的层面推动城市基础设施

① 康涌泉:"农业转移人口市民化的成本及收益解析",《河南师范大学学报》(哲学社会科学版)2014年第6期。

② 廖茂林、杜亭亭:"中国城市转型背景下的农民工市民化成本——基于广东省实践的思考",《城市发展研究》2018年第3期。

③ 傅东平、李强、纪明:"农业转移人口市民化成本分担机制研究",《广西社会科学》2014年第4期。

④ 胡桂兰、邓朝晖、蒋雪清:"农民工市民化成本效益分析",《农业经济问题》2013年第34卷第5期。

⑤ 周春山、杨高:"广东省农业转移人口市民化成本——收益预测及分担机制研究",《南方人口》2015年第5期。

的建设和完善,涉及农民工市民化成本的公共服务供给和均等化进程较为滞后。与此同时,我国的许多企业往往基于传统观念,在生产成本范围内购买农民工的劳动力,分担的农民工市民化成本的内容和额度远远不足。[①]

2.政府间的利益博弈导致农民工市民化成本的分担工作不能有效推进和深化

从农民工市民化公共成本的角度来看,农民工市民化公共成本的分担涉及中央政府与地方政府、流出地政府与流入地政府这两对类型的政府主体。目前,上述两对类型的政府主体均已经意识到自身在农民工市民化成本分担中的责任,但是在地方本位主义思想的制约下,农民工市民化成本的分担并非"全国上下一盘棋",而是呈现出地方政府与中央政府、流入地政府与流出地政府等利益主体之间的激烈"暗战"。[②]在这种博弈状态下,各级政府对其下级政府的财政转移支付与资金配套支持等相关政策难以顺利出台和实施,从而直接制约农民工市民化成本的政府间分担工作的有效落实和推进。

3.农民工市民化成本的一次性投入与动态的、持续性的分担之间相对割裂

从国内外城镇化的经验来看,农民工市民化是一个动态的、系统的过程。因此,农民工市民化成本分担机制的建立应该坚持静态与动态相结合的原则。作为农民工市民化公共成本的主要承担主体,各级政府应适时把握农民工的流动状况和农民工群体的变动情况,在静态的一次性投入的基础上构建并深化动态的农民工市民化成本分担机制。然而,由于农民工较强的流动性,以及农民工市民化的短期成本与长期收益之间的不确定性,导致各级、各地政府和企业在农民工市民化成本分担中面临两难处境。具体而言,中央财政侧重于根据静态的农民工流入规模进行转移支付和专项资金支持;流出地政府在没有专项资金支持的情况下不愿意承担诸如技能培训之类的农民工市民化成本,更不愿意将上一级政府划拨的资金转移支付给流入地政府;流入地政府更倾向于根据既定的城市人口规模规划和实施人口城镇化层面的公共基础设施建设;企业往往更倾向于考虑农民工流动导致的成本投入风险,而不愿意承担农民工市民化成本的投入责任。[③]

最后,企业对农民工市民化成本的分担不到位。根据《劳动合同法》等相关法律和政策的规定,企业对所雇用的员工需要承担各种责任。因此,如果企业聘用农民

---

① 杨世箐、陈怡男:"农民工市民化成本分担的现实困境及对策分析",《湖南社会科学》2015年第5期。

② 胡拥军、高庆鹏:"市民化成本分担机制的'暗战'",《决策》2015年第1期。

③ 刘望辉、刘习平:"新型城镇化背景下农民工市民化:现状、困境与对策",《中外企业家》2014年第29期。

工，就必须按照法律和政策的规定承担相应的法定成本，而这就是企业在农民工市民化成本分担中应当承担的主体责任。然而，由于缺乏有效的监管，很多企业并未真正贯彻和落实《劳动合同法》规定的“同工同酬”“同工同权”等原则，只关注农民工为企业创造的效益、利润，而忽视满足农民工应得的福利和权利。目前，在农民工较为集中的建筑业等行业和企业中，农民工的利益诉求和劳动权益保障等方面仍然存在较为突出的问题。由此可见，虽然企业在农民工市民化成本分担中的责任及其分担的成本不如政府那样关键和重要，但是现阶段企业的成本分担不到位构成了农民工市民化成本分担的一个现实困境。[①]

三、农民工市民化面临能力短板

当前，我国的城镇化发展已经进入以人为核心的新型城镇化阶段，制约农民工市民化的制度障碍随着基本公共服务均等化的推进而逐渐消除，农民工市民化的意愿也随着新生代农民工成为市民化主体而得到增强。然而，随着农民工市民化的“有形门槛”逐渐消除，农民工自身市民化能力的“无形门槛”将成为制约农民工市民化的关键因素。一般而言，农民工市民化能力主要由以下两个方面构成：一是农民工市民化的经济能力，即农民工承担其市民化经济成本的能力；二是农民工市民化的社会融入能力，即农民工融入城市社会的能力。现阶段，受各种因素制约，农民工在上述两方面的市民化能力仍然存在短板，对其顺利实现市民化形成严重制约。

(一)农民工的经济融入能力较弱

从分担主体的角度来看，农民工市民化的社会成本(包括社会保障、住房保障、劳动就业、公共文化教育、医疗卫生、基础设施建设等方面的成本)主要由中央政府、地方政府和企业根据一定的比例承担，而农民工市民化的私人成本(包括个人社会保险缴费、购房或租房费用、文化教育支出、因城镇生活增加的开支等方面的成本)则需要由农民工个人及其家庭来承担。近年来，把加快推进农民工市民化作为深入实施新型城镇化战略的重要内容，已经成为我国中央和地方各级政府的共识。为此，中央政府和地方政府不断制定和出台相关政策和措施，建立和完善农民工市民化成本的分担机制，从而在明确农民工市民化社会成本分担主体及其责任的同时，不断降低农民工市民化的私人成本。然而，需要指出的是，在现有的经济社会条件下，许多农民工在承担其市民化私人成本方面的经济能力仍然略显不足。主要体现在以下几个方面：

---

① 聂飞：“农民工市民化中的企业责任研究”，《理论月刊》2018 年第 7 期。

1.农民工与城镇职工之间的收入水平仍然存在着巨大的差距

一般而言，农民工市民化与其说是其个人的自主决定，不如说是农民工家庭的理性选择。从这个意义上看，市民化意味着农民工及其家庭将长期在城市定居，而要做到这一点，就必须综合考虑农民工的家庭收入水平能否承受定居带来的家庭住房、子女教育、自身以及家庭成员养老保障等方面的成本。如果答案是肯定性的，那么农民工更倾向于实现从农民向市民的转变。[①] 否则，农民工也会因高昂的成本而对市民化望而却步。

由于工资收入是农民工家庭的主要收入来源，因此我们可以通过农民工收入水平与城镇居民收入水平之间的差距来衡量其实现市民化的经济融入能力。根据国家统计局公布的数据，我国外出农民工的月平均工资已经从 2009 年的 1417 元增加到 2018 年的 3721 元，十年间增长了 1.6 倍，与城镇非私营单位就业人员月平均工资的比例关系也从 51.9%上升到 54.1%，提高了 2.2 个百分点。然而，从这十年间外出农民工月平均工资与城镇非私营单位就业人员月平均工资之间比例关系的变动情况来看，前者与后者之间的比例关系经历了先升后降的过程(见表 6-3 所示)。即便是二者之间最为接近的一年(即 2014 年)，外出农民工的月平均工资仍不及城镇非私营单位就业人员月平均工资的三分之二。由此可见，尽管近年来我国外出农民工的收入水平有了明显的提升，但是其与城镇职工的收入水平之间仍然存在着巨大的差距，而这一差距给农民工市民化造成严重制约。

表 6-3　2009—2018 年外出农民工和城镇非私营单位就业人员月平均工资变动情况

年份(年)	2009	2010	2011	2012	2013	2014	2015	2016	2017	2018
农民工月平均工资(元)	1417	1690	2049	2290	2609	2864	3072	3572	3485	3721
城镇非私营单位就业人员月平均工资(元)	2730	3095	3539	3895	4291	4326	4726	5631	6193	6872
前者与后者的比例关系(%)	51.9	54.6	57.9	58.8	60.8	66.2	65	63.4	56.3	54.1

数据来源：外出农民工月平均工资收入数据来源于国家统计局公布的历年《农民工监测调查报告》，城镇非私营单位就业人员月平均工资收入数据来源于历年的《中国统计年鉴》。

---

① 黎红、杨聪敏："农民工市民化的成本分担与机制构建"，《探索》2018 年第 4 期。

2.农民工人力资本水平普遍偏低与城市对高水平人才的旺盛需求之间形成强烈反差

现阶段，农民工要实现市民化，必须在城市获得一定的经济地位和社会地位，而人力资本是决定农民工在城市获得这两种地位的主要因素。一般而言，农民工的经济地位主要取决于其就业状况、职业的稳定性以及收入水平；社会地位取决于其价值观念、生活方式和行为方式是否能够得到城市社会的认可。[①] 近年来，我国许多城市尤其是大城市改变了以往“重物轻人”的城市发展观念，频频出台各种优秀人才引进政策和措施，从而引发了所谓的“抢人大战”。[②] 然而，由于农民工在其实现市民化的进程中面临着人力资本障碍，导致这一群体的市民化之路绝非坦途。大体上，我们可以把农民工市民化进程中存在的人力资本障碍归结为以下三个方面：

一是农民工的人力资本存量较低，从而影响其市民化的能力。目前，我国的农民工数量非常庞大，但是这一群体的人力资本存量普遍较为低下，人力资本的质量也不高，无法充分释放其自身的技术与能力。根据国家统计局发布的《2018 年农民工监测调查报告》，截至 2018 年，在我国的全部农民工中，大专以下文化程度占 89.1%，其中未上过学的占 1.2%，小学文化程度占 15.5%，高中文化程度仅占 16.6%。根据国家统计局、教育部和农业农村部三部委的联合统计显示，截至 2016 年，我国的农民工中有 64.9%的人每年接受的教育培训不到 2 个月，只有 10.5%的农民工每年接受的培训超过 3 个月。由此可见，农民工不仅整体受教育程度低，而且在职接受培训的时间也比较短，进而导致其文化素质低、技能水平不高。这种情况既制约了农民工市民化的积极性，也在客观上阻碍了其市民化的能力。

二是农民工的人力资本结构失衡，从而影响其市民化的进程。当前，我国农民工的人力资本结构失衡主要体现在以下两个方面：一是农民工的文化程度、技术技能普遍偏低，与劳动力市场的需求不相适应；二是农民工的技术技能水平与产业结构需求不相适应。根据全国总工会 2016 年发布的《新生代农民工问题调查报告》，当前城市非农产业对劳动力市场需求量最大的是受过一定职业技术训练、具有一定专业技能的中高级技术人才，对其的需求量超过劳动力市场人才总需求量的 50%。然而，在我国的新生代农民工中，只有 23.6%的人符合劳动力市场的需求。此外，我国的农民工中只有 20.4%的人具备中级以上技能资格，其他人则没有明确的职业技能等级。在这种情况下，许多农民工在劳动力市场上无法找到与自身相对应的位置，从而无法

---

① 谭佳林、杨治国：“农民工市民化进程中人力资本障碍的职业培训路径探究”，《继续教育研究》2018 年第 11 期。

② 谭永生、潘华：“警惕‘抢人大战’的负面溢出效应”，光明网。

施展其才能。农民工的人力资本结构失衡不仅对其人力资本的提升和积累产生影响,而且也阻碍了其市民化的进程。

三是农民工的人力资本积累进度缓慢,从而影响其市民化的意愿。目前,我国农民工人力资本形成和积累的进程均较为缓慢,从而抑制了其市民化的意愿。主要表现在:首先,从人力资本投资意愿上看,受自身因素和社会文化环境因素的双重制约,部分农民工缺乏参加职业技能培训的积极性和主动性,有些人甚至还有抵触情绪;其次,从人力资本投资的能力上看,大部分农民工的经济条件较差,缺乏进行人力资本投资的足够资金;最后,从外在的投资路径上看,在推进农民工市民化进程的职业培训中,各级政府存在着较为严重的形式主义倾向,在专业设置、课程设计等方面与农民工的实际需求和劳动力市场的客观要求之间脱节,导致培训的效果不佳,进而挫伤了农民工的参与积极性。由于农民工的人力资本投资意愿不足且投资能力较差,导致其在劳动力市场上的抗风险能力不强,进而影响其就业的稳定性和收入的增长,从而对其市民化意愿产生消极影响。

(二)农民工的社会融入能力不足

改革开放 41 年来,我国农村劳动力转移经历了从流动向迁移的演变过程。在这一过程中,越来越多的农民工进城务工不再只是短暂停留,而是有了稳定居住的打算,由此产生了其从社会层面融入城市社会的问题。从能力的层面来看,农民工融入城市社会需要具备与城市居民加深社会交往、深度参与城市生活、有效维护自身权益等方面的能力。然而,从现阶段的情况来看,许多农民工的融入城市社会的能力仍然略显不足,主要表现在以下两个方面:

1.农民工的社会交往仍然存在“内卷化”的倾向

随着农民工在城市务工经商时间的不断增长,其与城市居民之间社会交往的频度、广度和深度也在不断扩展。然而,受到职业类型、居住区域、交往情境等因素的影响,部分农民工的社会交往仍然存在较为明显的“内卷化”倾向。主要体现在以下三个方面。首先,从职业生活场域来看,农民工与市民的社会交往受到行业属性和受雇状态的影响。具体而言,服务业领域的农民工与市民的交往水平要高于建筑装饰业领域的农民工,而自雇型农民工与市民的社会交往水平又高于受雇型农民工。其次,从闲暇生活场域来看,农民工与市民的社会交往受到居所类型和居住区域的影响。具体而言,居住在单人宿舍或套房里的农民工与市民的社会交往的水平要高于居住在集体工棚或宿舍里的农民工,居住在商品房小区的农民工与市民的社会交往水平要高于居住在单位小区、城中村中的农民工。最后,从交往的情境体验来看,农民工与市民的关系融洽度越高，其社会交往水平就越高。[①] 有研究表明，目前仍然有许多城市居民出于各种原因不愿意与农民工进行交往，甚至还通过各种方式对农民工进行“污名化”或者社会排斥。[②] 由上述可知，受到主观和客观因素的影响，农民工融入城市社会仍然面临各种有形或者无形的壁垒，从而使其社会交往仍然无法彻底摆脱“内卷化”的倾向，基于亲缘、地缘、业缘的社会交往在其社会生活中仍然占据非常重要的地位，而社会交往圈子的边缘化构成了其实现市民化的障碍。

2.农民工政治参与的有效制度供给依然短缺

一般而言，政治参与是公民直接或间接地以各种方式对与其利益相关的政治活动施加影响的行为，其目的是使自身的利益在公共政策中得到最大的满足。从这个意义上看，有效的政治参与对于农民工顺利实现市民化具有非常重要的意义。主要体现在：一是有效的政治参与是农民工维护自身权益的重要保障。也就是说，只有让农民工表达出自己的声音，享有务工地的政治话语权，才能改变农民工面临的工作环境差、工资低、工资被拖欠等问题，从而有效维护自身权益。二是有效的政治参与有助于推进农民工向市民身份转变。也就是说，有效的政治参与能够提高农民工在城市生活中的话语权，促进他们与城市居民的交流，在行为上向市民转化，增强自信心，形成城市主人翁意识，在心理上向市民靠拢。三是有效的政治参与是提高农民工政治素质的必要因素。也就是说，只有有效地引导农民工通过正当、合法的途径维护自己的权益，改变其弱势地位，才能从根本上防止他们被动地接受侵害，从而促进社会的和谐稳定。[③]

现阶段，农民工政治参与的有效制度供给依然短缺，对其实现市民化形成制约。主要体现在：一是户籍制度仍然是农民工在城市实现有效政治参与的最大障碍。截至目前，以城乡二元分割为基本特征的户籍制度将我国的公民划分为市民和农民两大群体，并以户籍为基础享有不同的权利、待遇和义务。结果，农民工因身在城市而使其在农村的政治参与被虚置，而在城市里的政治参与却因户籍制度的阻碍而难以有效开展。[④] 二是政治参与的机制不完善。当前，我国公民通过人民代表大会制度、民主协商制度和基层自治制度等间接参与政治事务，通过听证制度和信访制度等直

① 田北海、耿宇瀚：“生活场域与情境体验：农民工与市民社会交往的影响机制研究”，《学习与实践》2014 年第 7 期。

② 潘泽泉、何倩：“居住空间、社会交往与主观地位认知：农民工身份认同研究”，《湖南社会科学》2017 年第 1 期。

③ 王启明、张非凡：“当代农民工市民化转型中的政治参与度及提升路径”，《改革与开放》2018 年第 10 期。

④ 马正义：“农民工政治参与中的制度供给问题探析”，《理论导刊》2018 年第 4 期。

接参与政治事务。在宏观层面上,人民代表大会制度、民主协商制度和基层自治制度对于农民工政治权利的保障并未根本到位,从而导致农民工在城市选举权的缺失,其参与城市社区公共事务的权利因政策排斥和城市居民的歧视而难以实现;在微观层面上,听证制度由于限制参加人数,从而压缩了农民工的参与机会,而信访制度因时常被地方政府与"维稳"联系在一起而丧失其应有的功能。① 三是利益表达机制的缺失。由于农民工在城市里的"政治边缘人"地位,导致其既无法参与现有的社团组织,也难以成立新的组织以表达自身的利益诉求,从而进一步压缩了这一群体在城市实现政治参与的空间。②

四、农民工市民化面临认同关口

作为我国改革开放后出现的一个特殊劳动者群体,农民工兼具农民和工人的"双重身份",这就必然导致其在向市民转化的过程中不可避免地会陷入身份认同的困境。与此同时,由于长期以来形成的以城乡分割为基本特征的制度体系以及来自城市居民的歧视和社会排斥等因素的综合作用,许多农民工对城市缺乏足够的归属感。因此,身份认同困境和归属感较低导致农民工市民化面临认同关口。

(一)农民工的身份认同面临困境

身份认同是西方文化研究的一个重要概念,其基本含义是指个人对特定社会文化的认同。在这里,我们用身份认同指称农民工对自身作为农民还是作为市民的认知和描述。

改革开放 41 年来,随着老一代农民工逐渐退出城市,新生代农民工(即 20 世纪 80 年代以后出生的农民工)已经成为我国农民工的主体。在这一过程中,农民工的身份认同也发生了相应的变迁,并呈现出一定的代际差异,从而使这一群体的身份认同困境在内涵上发生显著的变化。具体而言,老一代农民工所面临的身份认同困境更多地归因于职业身份层面,即对身为农民还是身为工人的认知困境。与老一代农民工相比,新生代农民工由于长期受到城市文明的熏陶,而且越来越多的新生代农民工在商业和服务业领域就业,其与城市居民的社会交往频度、广度和深度均远远高于老一代农民工,因此也更倾向于淡化其农民身份而认同其市民身份。然而,由于我国长期以来的城乡二元户籍制度依然存在,因此新生代农民工仍然面临着是身为农民

① 许淑萍:"弱者的武器与困境:对中国农民工政治参与的思考",《黑龙江社会科学》2018 年第 3 期。

② 邓秀华:"社会转型期农民工的政治参与效能评估:以广州、长沙两市农民工为例",《湖南社会科学》2010 年第 1 期。

还是身为市民的身份认同困境。由此可见，只有彻底消除附着在户籍制度上的身份差异，才能使农民工彻底摆脱其身份认同困境。①

(二)农民工的城市归属感较低

从一般意义上来看，城市归属感是居民对现居住城市进行全面评价的肯定程度。② 就农民工群体而言，其城市归属感指的是进城务工的农村人口对城市及城市居民群体在思想和心理上的认同、满意和依恋。③ 我们大致可以把城市归属感的内容概括为以下两个方面：一是外来流动人员对于所在城市的心理上的认同程度；二是外来人员对于自己作为所在城市一分子的认同程度。

目前，农民工对城市的归属感已经成为衡量农民工能否融入城市的一个重要指标。然而，从所掌握的情况来看，进城农民工对城镇的归属感依然比较低。国家统计局发布的《2018 年农民工监测调查报告》显示，在进城农民工中只有 38%的人认为自己是所居住城镇的“本地人”，而且城市规模越大，农民工的归属感越低，在 500 万人以上的大城市中，该比例仅为 16.8%；从对所在城镇的适应情况看，仅有 19.6%的农民工表示自己非常适应，61.5%的农民工表示比较适应；在已定居的农民工中，表示非常适应的比例有所提高，但是也仅为 34.8%。

那么，农民工城市归属感低的原因到底是什么呢？我们可以从以下几个方面对此予以解答：

一是农民工的自我认同感普遍偏低。由于人力资本的存量和质量均偏低，农民工群体只能在城市从事苦力劳动，工资收入不高，易导致其产生自卑心理。与此同时，虽然近年来户籍制度改革的加快推进可以从客观上解决农民工城市身份的问题，但是许多农民工在心理层面仍然有难以融入城市的问题，而这些问题在很大程度上归因于农民工与城市居民在现实生活中存在的全方位的巨大差距。

二是传统城市居民的排外感强烈。目前，传统城市居民构成了城市人口的主体，他们对外来人口的接纳程度在很大程度上会影响外来人口能否融入城市，能否拥有对所在城市的归属感。改革开放 41 年来，尽管农民工为城市的经济社会发展做出了巨大的贡献，但是仍然有不少城市居民并不希望农民工成为城市的一分子，原因在于这些城市居民认为农民工素质低下，因而对这一群体产生心理和行为上的排斥。正是由于这种源自传统城市居民的社会排斥，使农民工难以建立对城市的归属感。

---

① 陈浩：“脱离、混乱与重塑——新生代农民工身份认同研究”，《劳动保障世界》2018 年第 24 期。

② 何艳玲、郑文强：“‘留在我的城市’——公共服务体验对城市归属感的影响”，《同济大学学报》(社会科学版)2016 年第 1 期。

③ 米庆成：“进城农民工的城市归属感问题探析”，《青年研究》2004 年第 3 期。

三是农民工对城市社会生活缺乏参与。目前，社区活动是我国城市居民联系感情、增进了解、增强对所在社区的认同感和城市归属感的活动。然而，从调研的情况来看，参与城市社区活动的农民工仍然十分稀少。一方面，多数农民工在城市的社会生活仍然局限于亲缘、地缘和业缘关系，很少与社区居民一同参与社区活动；另一方面，大部分社区活动仍然仅仅对城市居民开放，包括农民工在内的外来人口通常被排除在外。

四是城市的高房价。受传统观念的影响，在一个地方落地生根通常意味着必须在这个地方购买一套属于自己的房子，即所谓"有房才有家"。然而，近年来我国多数城市的房价不断上涨，导致既没有高收入也没有高存款的农民工尤其是新生代农民工只有望而却步。对于农民工尤其是新生代农民工而言，城市意味着希望，意味着美好的将来，但是如天文数字一般的房价却如同晴天霹雳，让他们看到了现实的残酷。理想和现实之间的巨大落差使许多农民工只能甘心做城市的过客，从而对城市缺乏归属感。

第七章　随迁子女教育：农民工市民化的融合困境

农民工随迁子女是我国城镇化进程中出现的一个特殊社会群体，其在流入地接受教育的问题尤其是接受义务教育的问题是当前我国农民工问题的重要内容，同时也是农民工市民化面临的突出问题。由于我国长期以来形成的以户籍制度为核心的城乡二元结构及其制度体系，农民工随迁子女在流入地接受义务教育面临着各种各样的困难和问题，成为农民工融入城市社会的重要障碍，对其市民化产生不利影响。本章从农民工随迁子女义务教育的现状和发展趋势入手，分析这一群体在流入地接受义务教育面临的问题，对我国农民工随迁子女教育政策的演进进行评价，并对国外进城务工农民子女教育政策及其对我国的启示进行考察，最后提出对策建议。

第一节　农民工随迁子女教育的现状与问题

为研究需要，笔者把农民工随迁子女界定为年龄在6～14周岁，跟随进城务工的父母离开户籍所在地，与父母在流入地共同生活、在流入地接受义务教育的流动儿童。20世纪90年代以来，尤其是进入21世纪以来，随着我国工业化和城镇化进程的不断加快推进，越来越多的农民工涌入城市。近年来，农民工流动不断从“单身外出”“夫妻外出”向“全家随迁”的模式转变，农民工随迁子女的规模不断扩大，其在流入地接受义务教育的问题不断凸显。

一、农民工随迁子女教育的现状

(一)农民工随迁子女规模不断扩大

总体上看，随着我国农民工群体规模的不断扩大和农民工流动“家庭化”趋势的不断增强，农民工随迁子女的规模不断扩大。2003年，国务院妇女儿童工作委员会和全国妇联根据2000年第五次全国人口普查的结果推算出2000年我国农民工随迁子女人数接近1500万人。根据2005年全国1%人口抽样调查数据计算，在0～14周岁的全部流动儿童中，户口性质为农业户口的流动儿童占76.5%。据此推算，2005年我国农民工随迁子女的数量达到1403万人。按照2005年的比例推算，2010年我国农民工随迁子女的数量达到1456万人。据专家预测，到2020年，我国农民工数量将进一步扩大，农民工随迁子女的数量将达到2000万人左右。[①]

(二)在城市接受义务教育的农民工随迁子女数量不断增长

随着农民工随迁子女规模的不断扩大，在城市接受义务教育的农民工随迁子女的规模也随之不断扩大。根据教育部公布的数据，2010—2017年全国义务教育阶段在校生中，进城务工人员随迁子女人数从1167.17万人增长到1406.63万人，其中在小学就读和在初中就读的农民工随迁子女人数从864.3万人和302.88万人增长到1042.18万人和364.45万，分别增加177.88万人和61.57万人。

表7-1 2010—2017年全国义务教育阶段农民工随迁子女就读情况(单位:万人)

年份(年)	2010	2011	2012	2013	2014	2015	2016	2017
总数	1167.18	1260.97	1393.77	1277.16	1294.73	1367.1	1394.77	1406.63
小学	864.3	932.74	1035.54	930.85	955.59	1013.56	1036.71	1042.18
初中	302.88	328.23	358.23	346.31	339.14	353.54	358.06	364.45

数据来源:《全国教育事业发展统计公报》(2011—2018年)。

(三)农民工随迁子女的教育状况不断得到改善

近年来，尤其是党的十八大以来，党和国家高度重视解决好农民工随迁子女的教育问题，促进农民工随迁子女的教育状况不断得到改善，主要体现在以下两个方面。一方面，在公办学校就读的农民工随迁子女的比例明显提高。根据国家统计局公布的《2018年农民工监测调查报告》，2018年农民工随迁子女在公办小学和公办初中就读的比例分别达到82.2%和84.1%，同时有10%的农民工随迁子女在有政府支持的民办学校接受初中阶段教育。另一方面，进城农民工家长对其随迁子女的教育状况的满意度不断提高。《2018年农民工监测调查报告》显示，进城农民工家长对其随迁子女的教育状况表示非常满意和比较满意的占75.3%，对所在学校师资认为非常好和比较好的占78.7%，均比往年有明显提升。此外，农民工随迁子女在学校受到歧视的情况也有了明显的改善。《2017年农民工监测调查报告》显示，有96.7%的农民工家长认为其子女在学校未受歧视，比上年提高了0.3个百分点，只有0.4%的农民工家长认为受到歧视，比上年下降了0.1个百分点。由此可见，在党和国家的高度重视下，通过各相关部门、流入地和流出地各级政府、各级各类学校以及农民工家长的长期共同努力，农民工随迁子女在城市接受义务教育的状况已经得到了明显的改善。

① 韩俊:“流动儿童(农民工随迁子女)的教育问题”，在“2011年儿童早期发展国际研讨会”上的发言。

二、农民工随迁子女教育存在的问题

随着以人为核心的新型城镇化战略的不断加快推进，解决好农民工随迁子女的教育问题已成为促进农民工及其随迁子女融入城市进而实现市民化的关键举措。在党和国家以及社会各方面的共同努力下，农民工随迁子女的教育状况已经得到明显改善。然而，受到户籍制度、财政体制、城市人口政策、农民工家庭状况等因素的综合影响，农民工随迁子女教育仍然存在许多亟待解决的问题。

(一)农民工随迁子女的教育公平问题依然比较突出

目前，新生代农民工已经成为我国农民工群体的主体，而且逐渐以“家庭化”的形式进入城市，由此导致新生代农民工随迁子女的规模不断扩大，其在城市接受义务教育面临的问题也越发突出。从教育公平的视角来看，现阶段农民工随迁子女的教育公平问题依然比较突出。主要体现在以下几个方面：

一是教育起点不公平。近年来，国家在教育制度、教育政策等多个方面保障农民工随迁子女的受教育权，越来越多的农民工随迁子女获得了在公办中小学接受义务教育的机会。然而，农民工随迁子女在公办中小学接受义务教育仍然面临许多障碍，主要包括部分学校将不合理的收费变成“择校费”和“借读费”，就读公办学校需要出示户口本、居住证、户籍所在地无监护人证明等相关证件。此外，新生代农民工自身的文化素质较低，甚至抱有“读书无用论”的思想，造成其对教育认识上的误区，忽视甚至无视其子女的教育，从而进一步加剧农民工随迁子女的教育起点不公平问题。[①]

二是教育过程不公平。虽然越来越多的农民工随迁子女获得了进入公办学校就读的机会，但是其处境并不乐观。由于家庭条件较差，他们的衣着、行为方式和价值观等与城市的孩子存在较大差异，因此有些城市孩子的家长要求学校将自己的子女与随迁子女区别对待、分班授课。城市的部分公办学校考虑到自身的名气、声誉以及来自城市学生家长的压力，将随迁子女单独分班，并安排一些实习教师或者资历较浅的年轻教师单独授课。长此以往，这些农民工随迁子女组成的特殊班级就成了差生集中地。由于受到被排斥感和自卑心理的影响，一些农民工随迁子女逐渐减少参与集体活动，进而沦为班级的边缘人。[②] 近年来，我国许多城市加大了对办学指标不达标的农民工子弟学校予以取缔、关闭的力度，只有少数农民工子弟学校得到政府的办

① 石宏伟、孙静：“新生代农民工随迁子女义务教育公平问题的制度研究”，《江苏大学学报》(社会科学版)2015 年第 3 期。

② 卢伟、褚宏启：“教育扶贫视角下农民工随迁子女教育改革——如何实现入学机会均等与教育起点公平”，《中国教育学刊》2017 年第 7 期。

学许可，从而获得国家财政资金的资助与扶持。在这种情况下，那些因未能得到政府批准而无法获得国家财政资金资助和扶持的农民工子弟学校，只能依靠学生缴纳的学费和办学者的投资勉强维持。

三是教育结果不公平。由于我国长期以来实行的城乡二元户籍制度并未发生根本性的变化，因此农民工随迁子女在城市接受完义务教育后还不能在流入地正常升学，而是只能回到户籍所在地参加升学考试。与城市的孩子相比，农民工随迁子女的学习成绩普遍较差。在这种情况下，即便他们回到家乡参加升学考试，并顺利入读乡镇高中，由于我国教育资源的巨大差距，农民工随迁子女很容易出现教育不接档甚至教育中断的现象，其未来接受高等教育的前景也将变得较为暗淡。[①]

(二)农民工随迁子女的社会融入教育仍然面临多重困境

对于农民工随迁子女而言，教育在其融入城市社会中发挥着至关重要的作用，原因在于：一是教育能够促进人力资本的发展，提高其城市社会融入的能力；二是教育是扩大其民主和自由、获得政治权利的基础；三是教育能够提供一种对城市社会的归属感。[②] 从当前的情况来看，随着"两为主"(以流入地为主、以公办学校为主)政策的出台和不断完善，农民工随迁子女在流入地接受义务教育的问题在很大程度上已经得到了解决。然而，随着形势的发展，许多新的问题逐渐显现出来，使得农民工随迁子女在城市接受教育的过程中依然面临许多困境，导致其对城市社会的融入仍然存在不少困难。主要体现在以下几个方面：

一是情感沟通不足。目前，我国的农民工家长以初中文化水平居多，农民工随迁子女由于父母的知识水平有限，且父母经常忙于工作，导致得到的关心不够。这些农民工家长下班后往往身心疲惫，较少关心孩子在学校的学习和生活情况。对于成绩不理想的孩子，许多农民工家长往往采取非常简单粗暴的方式，周末也少有机会和心思带孩子出去放松。久而久之，许多农民工随迁子女只能将自己的想法藏于内心，很少和家长进行沟通。与此同时，农民工随迁子女在学校中往往受困于其借读生的身份，自卑心理较为浓重，加之所在班级的学生数量众多，老师无暇顾及，导致部分农民工随迁子女在情感方面得不到有效支持。此外，在与学校沟通方面，随迁子女的家长与老师的交流也存在不足，进而导致家庭教育与学校教育之间出现脱节，更加不利于

---

① 吴楠："从权利平等到机会平等——农民工随迁子女教育公平的轨迹"，《法制博览》2018 年第 18 期。

② 徐丽敏："农民工随迁子女社会融入中的教育困境及对策研究"，《郑州大学学报》(哲学社会科学版)2015 年第 6 期。

农民工随迁子女顺利融入城市社会。①

二是社会身份认同程度低。现阶段,大部分的农民工子女并非出生在城市,而是出生后跟随父母进入城市社区,他们亲身经历了生活环境因城乡迁移而产生的巨大变化,真切地感受到生长环境的改变对人生带来的重大改变。由于我国城乡之间经济社会发展的非均衡性和差异性,以及至今仍然根深蒂固的户籍观念,农民工随迁子女的身份认同也自然而然地被贴上了外来农村人口的标签,从而对其身份融合产生巨大影响。与此同时,许多城市家长认为自己的孩子如果跟农民工随迁子女一起玩耍和学习,会对孩子的成长产生负面影响,进而不利于孩子的正常发展。因此,这些家长往往不允许自己的孩子与农民工随迁子女有过多的接触。这种城市身份的不认同使农民工随迁子女遭受到了群体性的社会排斥,进而导致其流离于城市社会之外。②

三是来自城市的社区排斥。一般而言,由于绝大多数农民工的收入水平较低,导致其所选择的城市社区大多集中于城市的外围,也就是城乡接合部,而且多为租房。由此可见,在居住位置和居住环境上,农民工及其家庭已经被城市所排斥。农民工随迁子女跟随父母来到繁华的城市,接触到的语言环境、教育环境、社区环境都发生了巨大变化,从而导致其往往出现明显的心理落差。在这种情况下,他们更加倾向于和他们有共同的生活经历,而且同样从农村迁移到城市的随迁子女一起交往。这种具有较强同质性的朋辈群体之间的交往往往会强化农民工随迁子女与城市孩子之间的心理隔阂,进而加剧其在城市社会中的边缘化地位,并最终对其在城市社会中的再社会化产生非常不利的影响。③

(三)农民工随迁子女教育权利贫困的状况尚未实现根本性改观

进入21世纪以来,随着"两为主"政策的出台和不断完善,农民工随迁子女的入学问题已经基本得到解决。然而,农民工随迁子女的城市化进程不仅是地理空间上的转移和学校教育的问题,而且还存在着在行为习惯、生活方式、文化素养和社会心理等方面与城市群体实现全方位的相互适应的问题。④ 现阶段,尽管入学问题的基本解决和长期的城市生活经历使农民工随迁子女的城市适应能力不断增强,但是户籍制度、城市人口控制政策以及来自城市群体和社区的社会排斥等仍然是横亘在这

① 赵丽:"农民工随迁子女城市融入总是研究——以哈尔滨市为例",《上海城市管理》2019年第28卷第1期。

② 陈国华:"农民工随迁子女的教育融入——起点、过程与结果",《中国青年研究》2017年第6期。

③ 王春超、张呈磊:"子女随迁与农民工的城市融入感",《社会学研究》2017年第2期。

④ 周鹏:"随迁农民工子女权利贫困与融合教育",《教育评论》2016年第2期。

一群体面前的重重障碍，其中以教育权利贫困的状况最为严重。这种教育权利贫困的状况主要体现在以下几个方面：

一是《义务教育法》空泛的授权立法给了地方政府过大的裁量空间。我国现行的《义务教育法》把具体细化的权力授权给了省、自治区和直辖市，也就是所谓的“具体办法由省、自治区、直辖市规定”，并未对授权的目的和范围作出明确的规定，而这就造成各地对随迁子女入学规定了具有地方特色的限制性条件。比如，北京市要求提供“五证”(即在京实际居住证明、在京务工就业证明、全家户口簿、北京市居住证或居住登记卡、无人监护证明)，成都市要求提供“申请人与其子女同一户籍的原籍户口簿”等。目前，虽然公立学校已经接收了超过80%的农民工随迁子女，但是面对庞大的流动人口基数，因无法进入公立学校而流入民办学校的农民工随迁子女的数量仍然十分庞大。这就造成部分农民工随迁子女无法享受到由城市公办学校提供的相对优质的、均等化的义务教育服务，而这与《义务教育法》的初衷是相违背的。①

二是流入地政府基于地方保护主义设置了限制性的条件。正是由于《义务教育法》空泛的授权，使得地方政府拥有极大的裁量权，为地方保护主义大开方便之门。在这种情况下，流入地的政府部门可以根据保护本地利益的需求对农民工随迁子女入读公办学校设置各种各样的限制性条件。在我国，接受教育是所有公民的权利和义务，也就是说，受教育权是《宪法》规定的公民基本权利。此外，我国《宪法》也规定了对基本权利的限制性条件，即行使自由和权利不得损害国家的、社会的、集体的利益，以及其他公民的合法的自由和权利。从这个意义上看，农民工随迁子女在流入地寻求接受义务教育的机会并未损害国家的、社会的、集体的以及城市市民子女的受教育权，因此并不在《宪法》规定的限制基本权利的范围内。由此可见，流入地政府设置的限制性条件完全是出于地方保护主义的考虑，即首先保障本地居民子女的受教育权而设置各种限制性条件。②

三、农民工随迁子女教育问题的原因分析

(一)各级政府之间的财政责任不清晰

在“两为主”政策的框架下，国家明确规定流入地政府需将农民工随迁子女义务教育的经费纳入正常财政支出范围，但是并未规定具体由哪一级财政进行转移支付。我国《义务教育法》规定，各级政府在义务教育方面实行“地方负责、分级管理”的体

---

① 陈永光：“农民工随迁子女教育权利保障策略研究”，《前沿》2012年第6期。

② 赵蒙成：“从施舍到赋权：农民工子女教育权利济贫的理念与方略”，《徐州工程学院学报》(社会科学版)2014年第4期。

制,县(区)级政府具体负责辖区内义务教育的管理工作。在这一体制下,县(区)级政府无疑成为义务教育最为主要的投入主体,这导致了义务教育投入主体重心过低的问题。在中央财政对地方转移支付力度明显不足的情况下,由于政府之间财政责任的不明确,各级地方政府均不愿主动承担农民工随迁子女义务教育的成本。此外,投入主体重心过低加剧了地方的财政困难,许多地方政府难以负担大量农民工随迁子女义务教育的经费。

需要指出的是,现行的分税制与"GDP 主义"主导下的经济竞争,导致地方政府缺乏对农民工随迁子女义务教育投入的利益驱动。在现行分税制下,财权划分带有明显的向上级政府集中的倾向,而上级政府在集中财权的同时又往往下放事权给下级政府,导致下级政府事权繁多而财权不足,限制了其投身义务教育等公共事业的积极性。当今城市之间的竞争主要是经济实力的竞争,而地方的财政收入主要依赖于资本的引入与增值,这使得一些地方政府只注重有利于 GDP 增长的直接性投入(比如大型工程建设等),而将短期内难以带来经济效益的城市公共事业建设摆在相对次要的位置。除此之外,农民工聚居地多在财力较差的城乡接合部,农民工工作地与居住地分离,工作贡献并不一定归居住地所有,因此其居住地的城区政府缺乏承担农民工随迁子女义务教育成本的意愿。

(二)义务教育经费投入不足

改革开放 41 来,国家财政收入大幅增长,但是国家义务教育经费投入却与经济发展脱轨。国务院早在 1993 年颁布的《中国教育改革发展纲要》中就明确,在 2000 年国家财政性教育经费要达到 GDP 的 4%,然而直到 2011 年才实现这一目标。此外,长期以来我国城乡之间义务教育经费投入存在着明显的差距,从而导致城乡之间教育资源配置不均衡。根据有关部门的统计,在义务教育阶段,国家在农村的投入仅占城市投入的六成左右,且差距还在不断扩大。根据国务院发展研究中心的调查,目前我国义务教育投入中,乡镇一级财政负担 78%左右,县级财政负担约 9%,省级和地市级财政负担约 11%,中央财政只负担 2%。也就是说,农村义务教育的费用基本上是由农民直接承担。在这种情况下,随着越来越多的农民工随迁子女涌入城市,城市原有的以城市户籍人口为标准配置的义务教育资源势必无法满足农民工随迁子女接受义务教育的需求,从而导致我国许多城市公共教育资源供给不足的局面。

(三)现行义务教育管理体制不健全

当前,我国义务教育实行国务院领导,省、自治区、直辖市人民政府统筹规划实施,县级人民政府为主的管理体制。与"以县为主"的义务教育管理体制相对应的是"以县为主"的义务教育财政体制,以及"以县为主"的教育资源配置。近年来,我国城乡二元结构逐渐趋于弱化，限制人口流动的户籍制度慢慢松动，劳动力可以在全国范围内流动。然而，城乡分割的户籍制度仍然是当前制约教育资源流动和转移的主要因素。在这种情况下，即便国家在农民工随迁子女教育政策上明确了“两为主”的政策原则和导向，但是流入地政府在贯彻落实这一政策时，必须同时执行现行的户籍管理制度和由户籍所在地负责的义务教育管理体制。在制度和体制的制约下，涉及利益调整和资源重新分配的农民工随迁子女义务教育政策必然难以得到有效执行。

第二节 农民工随迁子女教育政策的演进与评价

一、我国农民工随迁子女教育政策的演进

从新中国成立70年来以来尤其是改革开放41年以来的实践来看，农民工随迁子女问题与我国农村劳动力流动之间具有非常紧密的联系，而农民工随迁子女教育政策也随着国家农民工政策的变化而变化。[①] 从总体上看，我国农民工随迁子女教育政策的演变过程可以归纳为以下四个阶段。

（一）第一阶段（1949—1991年）：空白期

新中国成立初期，我国开始实行严格的户籍管理制度，以限制人口的随意流动。即便在改革开放初期，我国政府对农民向城镇流动的管理仍然比较严格。比如，国务院办公厅于1989年下发的《关于严格控制农民工外出的紧急通知》，同年公安部、民政部联合发出的《关于进一步做好控制民工盲目外流的通知》以及1991年国务院办公厅发出的《关于劝阻民工盲目去广东的通知》，都反映了这个时期我们国家并不鼓励农民大规模外出务工。在这种政策背景下，进城务工的农民只是少数，拖家带口进城务工的农民则更少。在这个阶段，我国各级政府没有出台专门保障随迁子女接受义务教育的政策和法规，因此其是我国农民工随迁子女义务教育政策的空白期。

（二）第二阶段（1989—2000年）：限制期

在这一阶段，我国政府对农民向城市流动持限制态度，这种限制在农民工随迁子女异地接受义务教育的政策上得到反映。我国政府在这一阶段出台了农民工随迁子女在流入地接受义务教育的专门政策和法规，但是这些政策和法规是以限制农民工子女流动为主题，并在一定程度上对那些在流入地接受义务教育的农民工随迁子女表现出了歧视，给予了不公平的待遇。

---

① 王慧、梁雯娟：“农民工随迁子女义务教育政策的变迁及走向”，《天津市教科院学报》2014年第2期。

在邓小平 1992 年的南方谈话后,我国经济开始了新一轮的发展高峰。为了促进经济的发展和增加农民的收入,国家开始放宽对农民进城务工的限制,对农民工的管理政策也由控制盲目流动调整为鼓励、引导和实行宏观控制下的有序流动。在这种政策背景下,越来越多的农民选择了外出务工。在 90 年代初期,进城务工的农民大多是单身,跟随父母进城的少年儿童的数量十分有限。因此,1992 年出台的《中华人民共和国义务教育法实施细则》第十四条规定:“适龄儿童、少年到非户籍所在地接受义务教育的,经户籍所在地的县级教育主管部门或者乡级人民政府批准,可以按照居住地人民政府的有关规定申请借读。借读的适龄儿童、少年接受义务教育的年限,以其户籍所在地的规定为准。”虽然这一规定填补了农民工随迁子女异地接受义务教育政策法规的空白,但是“批准”“申请”在一定程度上暗含了限制的意味。

随着经济的发展和政策的放宽,越来越多的农民工举家迁徙到务工的城市生活,农民工随迁子女的数量亦不断增长。[①] 1995 年,记者李建平发表在《中国教育报》上的《流动的孩子哪上学——流动人口子女教育探讨》引起了社会各界的普遍关注。同年,国家教委将流动人口子女教育问题列入议事日程,并在北京丰台等地进行了试点。在试点工作的基础上,国家教委于 1996 年 4 月发布了我国政府关于流动儿童教育的第一个专门性文件《城镇流动人口中适龄儿童、少年就学办法(试行)》(以下简称《办法》)。《办法》共有总则、就学、办学、收费、管理、罚则、附则,七章二十七条。这标志着农民工随迁子女义务教育问题得到了我国政府的关注和认可。《办法》将农民工随迁子女称为“城镇流动人口中的适龄儿童、少年”,规定那些在户籍所在地没有监护条件的适龄儿童才能在流入地接受义务教育,这些流动少年、儿童接受义务教育的管理职责由流入地的教育行政部门具体承担。流动儿童、少年的监护人必须保证被监护人接受规定年限的义务教育。在就学方面,流动儿童、少年入学的年龄以流入地政府的规定为准,而接受义务教育的年限则以户籍所在地的规定为准;流动儿童、少年应以在流入地全日制中小学借读为主,在教学班、组接受非正规教育为辅;在就学时需要其监护人持相关证件向附近小学提出申请。在办学方面,经相关部门批准,社会组织、个人及城镇全日制中小学可以开办针对流动人口中适龄儿童、少年的学校或教学班、组。可以采取晚班、星期日班、寒暑假班等多种形式,对教学质量的要求也较宽松。流入地的学校或教学班、组可向学生的监护人收取一定费用,借读生要缴纳借读费。对经济困难的学生可适当减免费用。在管理方面,流入地教育行政部门为流动人口中适龄儿童、少年设立临时学籍,毕业和升学都参照流入地教育行政部门有关借

① 李超、万海远、田志磊:“为教育而流动——随迁子女教育政策改革对农民工流动的影响”,《财贸经济》2018 年第 39 卷第 1 期。

读生的规定。但是接收流动人口中适龄儿童、少年的学校或教学班、组要将他们入学的情况通报给学籍所在学区,以做入学率统计。

20世纪90年代后期,举家迁徙的农民工的数量明显上升,随迁子女的人数亦是急剧增加,而且随迁子女在流动中失学的情况严重。在这种背景下,1998年3月,国家教委联合公安部下发了《流动儿童少年就学暂行办法》(以下简称《暂行办法》)。《暂行办法》大体沿袭了1996年颁行的《办法》,但在一些细节处有所改动,并将原来的二十七条条款缩为十九条。《暂行办法》将这些需要接受义务教育的随迁儿童、少年称为"流动儿童少年",在解释"流动儿童少年"的时候增加了"随父母或其他监护人在流入地暂时居住半年以上"以便于相关部门管理。这个政策仍旧对义务教育阶段的儿童持限制流动的态度:常住户籍所在地没有监护条件的适龄儿童才能在流入地接受义务教育。在就学方面,不同于1996年的《办法》,新政策规定有条件的地区可在保证流动儿童少年接受户籍地人民政府规定义务教育年限的基础上,执行流入地人民政府的相关规定;流动儿童少年就读的学校新增加了民办学校和专门招收流动儿童少年的简易学校;在申请流入地全日制公办学校时应先由户籍所在地的县级教育行政部门或乡级人民政府批准。这在一定程度上加重了流动儿童少年监护人的责任。在办学方面,增加了放宽简易学校设立条件的内容,取消了关于晚班、星期日班、寒暑假班,多种形式授课和放宽教学质量的条款。这说明,我国政府逐步努力为随迁儿童提供平等的教育。在管理上,强调流入地政府和流动儿童少年户籍所在地政府的相互配合,在流出地为流动儿童少年建立登记档案,在流入地为他们建立临时学籍。在这个政策中,限制义务教育阶段儿童流动的意味依旧明显,但与1996年颁行的《办法》相比,政府开始改变农民工随迁子女不公平待遇的境地。

(三)第三阶段(2001—2005年):发展期

在这一阶段,我国政府对农民进城就业持开放态度。相应地,农民工随迁子女接受义务教育也在政策上得到了适当的放宽。在这一背景下,我国政府针对农民工随迁子女教育问题提出了"以流入地区政府管理为主,以全日制公办中小学为主",并多次强调要将农民工随迁子女与当地学生"一视同仁"。

2000年7月,劳动和社会保障部等部委联合下发了《关于进一步开展农村劳动力开发就业试点工作的通知》,取消了对农民进城就业的不合理限制。在这样的政策背景下,更多的农民工选择到城市就业、生活,农民工随迁子女的数量继续增长。在这样的背景下,国务院在2001年5月发布的《中国儿童发展纲要(2001—2010年)》中将要使流动人口中的儿童基本能接受九年义务教育作为"保障儿童教育权利,提高儿童受教育水平"的目标之一,为完成这一目标又提出"切实保障残疾儿童、孤儿和流动人口中儿童受教育的权利……完善流动人口中儿童就学制度;根据国家推进城镇化的要求,做好教育规划,满足农村适龄儿童向城镇转移后的就学需要”的措施。这是我国政府首次对随迁子女教育问题提出明确的目标和措施,为我国随迁子女教育政策的发展指明了方向,标志着我国随迁子女教育政策的新发展。

2001 年 5 月,国务院印发了《国务院关于基础教育改革与发展的决定》,提出要重视解决流动人口子女接受义务教育问题,以流入地政府管理为主,以全日制公办中小学为主,采取多种形式,依法保障流动人口子女接受义务教育的权利,并形成了“两为主”的随迁子女义务教育政策。2003 年 1 月,国务院办公厅发出《国务院办公厅关于做好农民工进城务工就业管理和服务工作的通知》,提出要多渠道安排农民工子女就学,以保障农民工子女接受义务教育的权利。同年 9 月,教育部等部委联合下发《关于进一步做好进城务工就业农民子女义务教育工作的意见》(以下简称为《意见》),明确了流入地政府保障进城务工就业农民子女接受义务教育的责任。《意见》的一系列措施进一步强化了“两为主”政策,并提出了随迁子女义务教育工作的新目标,即进城务工就业农民子女九年义务教育普及程度达到当地水平。这份文件是对随迁子女义务教育的全面部署,成为我国随迁子女义务教育政策发展历程中的一个里程碑式的教育政策。

2003 年 12 月,财政部等多部门下发了《关于将农民工管理等有关经费纳入财政预算支出范围有关问题的通知》,提出教育行政部门要将进城务工就业农民子女义务教育工作纳入当地普及九年义务教育的工作范畴,并积极采取措施,在收费上做到与当地学生一视同仁,减轻进城务工就业农民子女教育费用的负担。2004 年 3 月,财政部下发了《关于规范收费管理促进农民增加收入的通知》,提出对在城市中小学就读的农民工子女,其负担的学校收费项目和标准要与当地学生一视同仁,不得向他们征收借读费、择校费。这一政策的出台在一定程度上减轻了农民工的经济负担。2005 年 12 月,国务院印发了《国务院关于深化农村义务教育经费保障机制改革的通知》,指出进城务工农民子女在城市义务教育阶段学校就读的,与所在城市义务教育阶段学生享受同等政策。

(四)第四阶段(2006 年至今):成熟期

在这一时期,我国政府明确提出要保障农民工子女平等接受义务教育,并在全国范围内实现了免费的九年制义务教育。在此之后,我国政府开始致力于将随迁子女接受教育的政策向非义务教育阶段延伸。这表明,我国农民工随迁子女义务教育政策正在逐步走向成熟。

2006 年 3 月,国务院发布了《国务院关于解决农民工问题的若干意见》,首次明确提出要保障农民工子女平等接受义务教育。同时，为保障农民工子女平等接受义务教育，国务院重申了“两为主”的原则，并将“两为主”在政策中加以细化。同年6月，新修订的《中华人民共和国义务教育法》将随迁子女义务教育的问题上升到了法律层面。同年12月，新修订的《中华人民共和国未成年人保护法》提出各级人民政府应当保障未成年人受教育的权利，并采取措施保障家庭经济困难的、残疾的和流动人口中的未成年人等接受义务教育。

2007年9月，教育部印发了《中小学学生学籍信息化管理基本信息规范》，改变了过去建立在户籍制度基础上的中小学学生学籍信息的管理模式，创造性地实现了中小学学籍统一管理，改变了过去创建临时档案、流入地定时将随迁子女就学情况回报户籍所在地的情况，为随迁子女异地就学提供了保障。

2008年8月，国务院下发了《国务院关于做好免除城市义务教育阶段学生学杂费工作的通知》，在重申“两为主”原则的基础上，提出将进城务工人员随迁子女义务教育纳入教育公共体系，根据随迁子女的情况规划学校布局和发展，对符合规定的随迁子女免除学杂费、借读费，由政府拨给学校相应的教育经费，进一步强调和细化了流入地政府的责任，提出由中央财政对较好解决随迁子女义务教育问题的省份进行奖励。同年12月，财政部和教育部联合发布了《进城务工农民工随迁子女接受义务教育中央财政奖励实施暂行办法》。这表明，我国随迁子女的教育工作得到了中央财政的支持。

2010年7月颁行的《国家中长期教育改革和发展规划纲要（2010—2020年）》提出要研究制定进城务工人员随迁子女接受义务教育后在当地参加升学考试的办法。同年10月，国务院办公厅下发了《国务院办公厅关于开展国家教育体制改革试点的通知》，提出在北京市、上海市等六个省市和地区开展完善农民工子女接受义务教育体制机制，探索非本地户籍常住人口随迁子女非义务教育阶段教育保障制度的试点工作。2012年8月，教育部等部门印发了《教育部办公厅关于做好进城务工人员随迁子女接受义务教育后在当地参加升学考试工作意见》，就随迁子女在完成义务教育后在当地参加升学考试政策的制定出台工作做了战略部署。到2012年底，全国有三十个省、区先后出台了进城务工人员随迁子女异地参加高考的相关措施。这些都说明，目前我国政府正在努力将进城务工人员随迁子女的教育政策向义务教育的两端延伸。

二、对我国农民工随迁子女教育政策的评价

20世纪90年代以来，我国农民工随迁子女教育政策发生了重大转变，而这一转变与我国的工业化和城镇化进程以及国家农民工政策的变化相适应。从演变过程和内容来看，我国农民工随迁子女教育政策体现出以下几个特点。

(一)政策导向从限制、差别对待到公平对待的转变

从政策导向上看,20 世纪 90 年代中后期出台的《城镇流动人口中适龄儿童、少年就学办法(试行)》和《流动儿童少年就学暂行办法》中体现出了较为强烈的"限制"和"差别对待"的倾向。具体而言,前者明确指出"城镇流动人口中适龄儿童、少年户籍所在地教育行政部门,应建立严格的适龄儿童、少年流动管理制度",后者更是强调"流动儿童少年常住户籍所在地人民政府应严格控制义务教育阶段适龄儿童外流"。此外,这两部教育规章均强调流入地公办中小学对农民工随迁子女按"借读生"对待,可收取借读费。进入 21 世纪以来,我国出台的农民工随迁子女教育相关政策法规逐步取消了限制政策,并淡化了"借读"的提法,政策导向转变为保障农民工随迁子女接受义务教育的权利。2006 年,随着新修订的《中华人民共和国义务教育法》的颁布实施,在流入地平等地接受义务教育成为农民工随迁子女的法定权利,这反映了国家公平对待农民工随迁子女接受义务教育的价值取向。

(二)政策理念日益凸显教育公平和均衡发展的思想

从我国农民工随迁子女教育政策的演变过程来看,经历了从 2001 年提出的"流动人口中的儿童基本能接受九年义务教育",到 2003 年提出的"保障进城务工就业农民子女接受义务教育",再到 2006 年以来强调的"保障农民工子女平等接受义务教育"的发展过程。这一发展过程体现了我国农民工随迁子女教育政策的核心理念实现了从维护农民工随迁子女受教育权利向保障其平等接受义务教育的权利的转变,表明我国的农民工随迁子女教育政策已经吸收并凸显了教育公平和教育均衡发展的思想。

(三)政策执行主体从常住户籍所在地政府、流入地政府负责向以流入地政府为主、以流出地政府配合为辅转变

从政策执行主体的职责上看,我国农民工随迁子女教育的政策执行主体的变化经历了以下两个阶段:第一阶段的政策执行主体是常住户籍所在地政府和流入地政府共同负责,时间跨度是从 1998 年到 2000 年;第二阶段的政策执行主体以流入地政府为主,以流出地政府配合为辅,时间跨度是从 2001 年至今。在第一阶段中,常住户籍所在地政府的责任是控制流动儿童、少年外流,流入地政府的责任是为流动儿童、少年提供接受义务教育的机会,两地政府互相配合,加强联系。这一阶段强调的是户籍所在地政府的责任,在一定程度上为流动儿童、少年进城就学设立了"户籍壁垒"。第二阶段对政策执行主体的职责进行了调整,强调以流入地政府管理为主,并明确了流出地政府的配合责任。

第三节 解决流动人口子女教育问题的国际经验与启示

与我国相比，世界上的其他国家并不存在农民工问题，然而许多国家在其城镇化进程中同样出现了流动儿童及其教育问题。尽管国情不同，但是国外流动儿童教育政策对解决我国农民工随迁子女义务教育问题具有一定的借鉴意义。

一、流动儿童教育政策的国外经验

(一)美国流动儿童教育政策

1."迁移者教育计划"

从20世纪20年代开始，美国农村流动儿童的教育问题就已经开始出现，但是一直没有得到美国联邦教育机构和主流社会的关注。直到20世纪60年代，随着美国人权运动的开展和约翰逊总统提出"伟大社会"的施政纲领，美国农村流动儿童的教育问题才提上议事日程。1966年，美国联邦政府教育部在全国范围内正式启动"迁移者教育计划"(Migrant Education Program，简称MEP)。这一计划的目的在于，通过扶助那些因父母工作原因而不断变动家庭住所的流动学生，为其提供高质量的、内容广泛的资助和服务。其主要内容包括：(1)确保流动儿童跨州或跨地区迁移时在诸如学校课程设置、学籍、成绩标准等方面避免受到不公正待遇；(2)通过与校方合作的方式确保流动儿童受到相应的正规学校教育；(3)制订各种计划，确保流动儿童受到良好的教育；(4)克服语言及文化障碍，获得相关医疗及保健服务；(5)给予流动儿童平等的受教育权利与机会。从资助对象上看，"迁移者教育计划"主要针对流动儿童中的中小学生；从资金来源和使用上，这一计划的资金来自联邦政府的拨款，其隶属于美国中小学教育法案的一部分。截至2001年，美国联邦政府为实施该法案共拨款296亿美元。[①]

2.《麦肯锡—闻铎无家可归人员救助法》

20世纪90年代以来，美国流动儿童的规模逐渐扩大，背景也日趋复杂。针对这一问题，1994年美国国会通过了《麦肯锡—闻铎无家可归人员救助法》(The McKinncy-Vento Homeless Assistance Act)。该法涉及无家可归儿童教育问题的内容多达18个方面，包括学校选择、入学、争议的解决、记录、转学、成绩标准等规定，以保证无家可归的孩子能够稳定入学。同时，该法要求学校登记那些无家可归的孩子，并且随时补充

① 郑琦："美国流动儿童教育保障体系的历史演进"，《外国教育研究》2017年第44卷第1期。

后来了解到的新信息或者遗失的信息，充分收集相关的信息，以确保这些孩子的学业不被耽误。针对外来移民家庭的孩子，美国政府根据移民学生和家庭的期望，对为其提供服务的学校人员进行培训，聘用懂移民母语的工作人员在招生、入学过程中对这些移民的孩子提供援助，并且建立与移民法相适应的入学政策和程序。

3."迁移学生记录传递系统"

为了便于对流动儿童进行跟踪服务，美国联邦政府于1995年建立了"迁移学生记录传递系统"(Migrant Student Record Transfer System，简称MSRTS)。这个系统由计算机进行处理，主要用于收集迁移学生的相关信息，包括学生家庭、迁移前就学的学校、学生已经掌握的技能、考试成绩、基本健康状况以及免疫记录等信息。同时，这一系统将根据移民学生情况的变化不断地调整个案和更新记录。①

4.《不让一个孩子掉队法案》

2002年，美国国会通过了《不让一个孩子掉队法案》(No Child Left Behind Act)，目的在于保证美国的每一名学生都能够接受成功的学校教育，消除流动学生与非流动学生的差别。在具体规定方面，该法案强调通过学业标准和办学责任的共同提高，缩小流动学生与非流动学生之间的学业差距，同时通过采取各种措施，为流动学生提供帮助，保证其平等地进入各类学校的权利。此外，该法案还规定对土著印第安人和服务军人家庭的子女提供补偿性援助。②

(二)以色列流动儿童教育政策

1.为新移民子女提供平等的受教育机会

自从1948年建国以来，共有280余万人移民到以色列，新移民子女的教育问题成为以色列政府面临的一个巨大的挑战。为了使来自世界各地的犹太人的子女，尤其是来自亚非各国的东方犹太移民的子女都可能接受教育，以色列议会于1949年通过了《义务教育法》，向5～13岁的少年儿童提供9年义务教育(包括一年免费学前教育)，并赋予家长和学生在当时的四个与党派相联系的"派别"学校系统之间做出选择的权利。1968年，为了使更多的处于社会底层的东方犹太人子女能够上中学，以色列议会通过了改革法案，将8∶4学制改为6∶3∶3学制，并将义务教育年限拓展到10年级(即高中一年级)。此外，以色列政府逐年增加教育投入，以保障新移民子女平等接受教育的机会。近20多年来，以色列政府的公共教育投入一直占全部教育投

---

① 尚伟伟："美国流动儿童学校教育支持体系的构建及其启示"，《教育科学》2017年第6期。

② 张绘、郭菲："美国流动儿童教育管理和教育财政问题及应对措施"，《比较教育研究》2011年第33卷第8期。

入的80%以上，占国民生产总值的7.5%～10%，居世界前列。

2.对新移民子女进行文化适应教育

从20世纪50年代起，以色列就开始对新移民子女进行“犹太意识教育”，通过学科教学(尤其是历史、文学和地理学科的教学)和学校课外活动，将一些基本的犹太民族传统的知识和价值观，比如安息日、犹太纪年、犹太风俗和犹太生活方式，引入学校生活，并成为今天以色列中小学进行传统文化教育的主要途径之一。①

3.为新移民子女提供各种服务

为了解决新移民家庭子女的照顾和看护问题，以色列从20世纪90年代开始实施《长日制学校法》。该法的主要内容包括：为新移民子女举办长日制学校(班)，在学校和社区对他们进行补偿教育；每天下午为新移民子女增加教学时间，减轻其父母的照顾和看护负担；提供各种心理咨询、教育咨询和其他服务，比如社会工作者的咨询、辍学劝导和图书馆服务等。②

(三)日本流动儿童教育政策

长期以来，日本一直面临着境外打工人员子女的教育问题。以在日本打工的巴西人的子女为例，日本政府要求本国的公立学校按照本地区学生入学标准吸纳前来日本的巴西打工者子女就近入学，其义务教育阶段的所有费用由政府承担。同时，由于打工者的家庭收入远远低于社会救济标准，因此包括学校为这些孩子供餐在内的费用也由日本政府承担。日本国内的地方教育委员会向接收巴西打工者子女入学的公立学校增派西班牙语教师，专门负责帮助巴西孩子解决在学校生活中遇到的各种困难以及与任课教师之间的沟通问题。此外，日本国内各个社区的公民馆为居住在本社区内的外国人免费开办日语补习班，派出所和警察局会安排懂相应外语的警察与外来人员交流并提供必要的帮助。③

二、国外流动儿童教育政策的经验对我国的启示

为有效解决流动儿童的教育问题，美国、以色列、日本三国政府制定和出台了具有针对性和时效性的政策措施，并取得了积极的成效。虽然我国农民工随迁子女教

① 周国华、肖玲：“印度、以色列和美国流动儿童教育政策的理论基础及其启示”，《外国中小学教育》2015年第7期。

② 周国华、陈宣霖：“流动儿童教育政策比较研究：以印度、以色列、美国为例”，《比较教育研究》2015年第4期。

③ 萧然：“日本流动儿童的教育融入问题及其解决措施”，《现代中小学教育》2016年第32卷第9期。

育问题具有一定的特殊性,而且我国与上述三国所处的发展阶段也不一样,但是这些国家的经验对我国解决农民工随迁子女的教育问题仍然具有重要的启示。

(一)提供充足的教育财政支持

一般而言,充足的经费投入是有效解决流动儿童学校教育问题的重要因素之一。政府提供充足的教育财政支持可以通过设立中央与地方配套拨款的流动儿童专项财政,建立中央政府与地方政府共同分担的流动儿童教育经费制度,保障流动儿童和其他城市儿童享受平等的教育公共服务。在经费的使用上,我们首先要对需要帮助的流动儿童进行甄别,筛选出真正需要提供学校教育支持的贫困家庭流动儿童,构建有效的流动儿童资助对象的甄别系统,对家庭贫困和处于辍学边缘的流动儿童给予特殊的关注,为这部分儿童接受学校教育、融入学校生活等行为和心理方面的需求提供有效的支持,逐步完善学校内部的流动儿童教育资助政策。

(二)制定全面系统的学校教育政策

当前,我国关于流动儿童的学校教育政策仍然处于碎片化、分散化的状态,甚至存在与城市发展政策自相矛盾的状况。因此,制定全面系统化的学校教育政策是当务之急。全面系统化的学校教育政策,必然是在对流动儿童学校教育处境深入了解的基础上制定的,之所以出现当前碎片化的学校教育政策,主要原因在于对流动儿童的需求、行为和情感心理问题了解得不深入,导致在采取干预措施时出现效率低下的结果。因此,政策决策者需要改进策略,重点解决流动儿童学习需求、课堂教学障碍和升学问题,充分提高教育治理能力,重视流动儿童学校教育的问责制度,制定关于流动儿童学习障碍的考核标准。通过制定全面系统的学校教育政策,为流动儿童学校教育的改进和具体实施提供重要的政策依据和支持,为构建系统的流动儿童学校教育支持系统提供法律依据,做到“依法治教”。

(三)探索流动儿童教育危机的预警策略

由于陌生的环境、贫困、强竞争的城市学校等,流动儿童可能会出现一系列的心理问题,严重者则可能导致辍学。因此,我们需要采取预防流动儿童教育危机的预警策略。无论社区、学校和家庭,都应重视流动儿童的心理健康问题。社区可以策划一些社区关怀活动,为低收入流动儿童家庭提供文化和心理咨询方面的服务,为家庭普及心理健康教育的知识,全方位预防流动儿童可能出现的心理问题。学校应设立专业的心理咨询中心,重点关注低收入的流动儿童的心理健康问题,进行追踪调查和记录,了解流动儿童的心理健康需求,开展一些关于人际关系、心理恢复能力等积极心理学方面的活动。对于高风险的流动儿童群体进行有效的心理干预,对有特定心理健康需求的流动儿童提供诊断和治疗。同时,教师应根据流动儿童的教育表现把握教育时机,发挥情感教育的作用,为流动儿童提供有针对性的教育支持,避免流动儿童出现严重的教育危机，不断地唤醒流动儿童的勇气和积极乐观的生活态度。

(四)营造社区、家庭与学校一体化的教育支持环境

社区、家庭、学校作为流动儿童生活的重要社会单元，三者对流动儿童的教育都发挥着越来越重要的作用。社区作为流动儿童与本地儿童和居民交往的重要场所，可以有效帮助移民家庭和流动儿童建立和谐的社会关系，突破因文化差异造成的心理或行为问题。流动儿童学校教育支持体系的构建必然离不开社区的参与，基于社区提供社会支持网络，帮助流动儿童更好地适应学校环境、学校文化，提供学校以外的课后教育支持，加强流动儿童与本地儿童的交流与合作，共同营造一个更强大、更团结的社区，进而为流动儿童学校教育提供重要的社区支持。众所周知，家长参与学校教育已经成为流动儿童学校教育过程中必不可少的重要组成部分。因此，我们应该改变传统的家长被动参与的状况，营造家长积极参与学校活动的民主氛围，尊重家长，为家长主动参与提供平等的空间，构建家长与教师平等交流的模式。学校一方面针对家长参与流动儿童教育过程中遇到的具体问题，与家长合作解决；另一方面，帮助家长提高文化素养和基本教育常识、技能，让父母成为流动儿童学习的合作伙伴。

第四节　解决农民工随迁子女教育问题的对策建议

一、坚持统筹规划的原则，将农民工随迁子女入学纳入城市建设发展规划中

首先，改变原有的按照户籍人口进行教育规划的思路，以常住人口或者实有人口为基础统筹规划教育资源的配置。在外来人口集中的城区，加大义务教育阶段学校的建设力度。同时，保障郊区新城和大型居住社区的义务教育阶段学校建设，使新增义务教育需求与新增义务教育资源供给相匹配，确保农民工随迁子女与城市学生一样就近接受义务教育。

其次，科学规划和设置公办学校。结合经济社会发展规划、产业结构发展和城镇化进程，对未来一段时期学龄人口分布特别是随迁子女分布和变化趋势等情况进行科学预测，在城市(镇)总体规划中预留足够的教育科研用地，科学设置公办学校，调整公办学校布局，满足城镇义务教育发展需求。

最后，规范新建或改建城镇住宅小区建设，按照城市(镇)总体规划确定的教育服务设施规划布局，把学校建设纳入小区规划，保障学校与小区同步建设，促使新增教育资源与新增义务教育需求相适应。

二、明确各级政府职责，健全农民工随迁子女平等接受义务教育的保障机制

首先,完善农民工随迁子女义务教育配套政策。加快推进城镇户籍制度改革和城市社会管理体制改革,不断降低农民工随迁子女就读城市公办学校的门槛,以稳定居住和稳定就业为基本的入学条件。

其次,健全农民工随迁子女接受义务教育的经费保障机制。把符合接受免费义务教育条件的农民工随迁子女纳入各级政府公共财政保障范围,根据接受免费义务教育学生人数等因素,足额拨付生均公用经费,核定教职工编制,配置教学设施设备。

最后,不断完善各级财政在农民工随迁子女义务教育上的合理分担机制。中央财政应加大对流入地的转移支付力度,切实承担义务教育的财政投入职责;省级财政根据中央政府的政策,根据下级政府实际接收的农民工随迁子女人数及其经济状况,给予适当的财政支持;市、县两级财政要继续加大义务教育规范化学校建设的投入,并向欠发达地区和薄弱学校适当倾斜,切实提高经济欠发达地区和薄弱学校的办学条件。

三、充分调动和利用各种教育资源，不断提高农民工随迁子女义务教育服务质量和水平

首先,创新教育资源配置机制和办学模式。建立学校办学经费拨付和软硬件配置城乡一体化的机制,促进城乡义务教育均衡发展。鼓励通过合并或者集团办学等形式,促进城乡优势学校与薄弱学校教育资源共建共享,扩大优势教育资源,逐渐满足农民工随迁子女对优质教育的需求。

其次,加强对民办学校的管理和指导。依法审批以接收农民工随迁子女为主的民办学校,完善民办学校的管理机制,规范民办学校的办学行为,建立预防和化解民办学校办学风险的长效机制,指导民办学校提高管理水平和教育教学质量。

最后,建立健全农民工随迁子女管理和服务制度。加强对农民工随迁子女的登记工作,建立学生电子学籍管理系统和义务教育信息平台,以及时掌握农民工随迁子女的数量、分布和流动趋势,定期发布辖区内公办学校和民办学校的学位信息,为农民工随迁子女入学、转学和升学提供“一条龙”服务。

四、加强人文关怀，促进农民工随迁子女的社会融合

首先,动员社会力量关爱农民工随迁子女义务教育工作。充分发挥居委会等社区基层群众组织的作用,建立健全农民工随迁子女所在社区的登记管理制度,充分发

挥社区在指导农民工随迁子女家长的家庭教育能力方面的功能。

其次，充分发挥公办学校的作用，加强对农民工随迁子女的社会融合教育。通过加强校园文化建设、改进学校课程设置、丰富文体活动、提高教师的心理干预能力等，促进农民工随迁子女与城市学校和城市社会的融合。

最后，健全家庭学校联系制度。加强与农民工随迁子女家长的沟通，指导他们掌握科学的子女教育方法，完善家庭教育，促进农民工随迁子女的健康成长。

第八章　城市适应：新生代农民工市民化的现实困境

近年来，以80后、90后甚至00后为代表的新生代农民工逐渐成为我国农民工的主体。与老一代农民工相比，新生代农民工在受教育程度、价值观念、行为方式、城市认同感等方面表现出许多新的特征。从新生代农民工这一群体自身来看，从经济、社会、政治和文化等方面全方位适应城市，是其融入城市的重要条件，同时也是其实现从农民向市民转变的关键环节。从我国经济社会发展的全局来看，新生代农民工全方位的城市适应不仅可以推进我国的工业化和城市化进程，而且也可以促进城市社会的和谐稳定和健康发展。然而，由于多方面的原因，新生代农民工在城市适应方面仍然存在诸多问题和阻碍，成为这一群体顺利实现市民化的现实困境。

第一节　我国新生代农民工的基本特征

一、我国新生代农民工的总量特征

近年来，随着老一代农民工逐渐退出城市，新生代农民工在我国农民工群体中所占的比重不断上升，目前已经成为我国农民工的主体。根据国务院研究室课题组2006年发布的《中国农民工调研报告》，2004年我国外出农民工约有1.2亿人，其中16～30岁的占61%。[①] 据此推算，2004年我国外出新生代农民工的人数约为7320万人。根据国家统计局2010年发布的数据，2009年我国外出农民工数量为1.45亿人，其中16～30岁的占61.6%。[②] 据此推算，2009年我国外出新生代农民工数量在8900万左右。根据国家统计局2012年1月发布的数据，2011年我国外出农民工数量为1.59亿人，其中16～30岁的占66.9%。[③] 据此推算，2011年我国外出新生代农民工已经突破1亿人，人数达到1.064亿人。从出生于20世纪80年代及以后的新生代农民工的情况来看，近年新生代农民工在我国农民工总体中的占比呈持续增长的态势，所占比

---

① 国务院研究室课题组：《中国农民工调研报告》，中国言实出版社，2006年。

② 国家统计局：《2009年农民工监测调查报告》，来源：国家统计局网站。

③ 国家统计局：《中华人民共和国2011年国民经济和社会发展统计公报》，来源：国家统计局网站。

重从 2013 年的 46.6%上升到 2018 年的 51.5%，增加了 4.9 个百分点(如图 8-1 所示)。

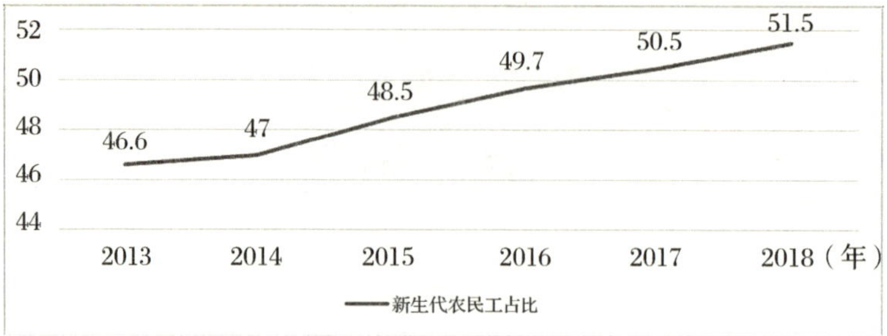

图 8-1　2013—2018 年我国新生代农民工占农民工总体比重的变动情况(单位:%)

数据来源:国家统计局发布的历年《农民工监测调查报告》。

需要指出的是,老龄化程度不断加深已经成为我国现阶段以至今后一段时期人口发展的必然趋势。在这一背景下,农民工老龄化的程度不断加深,50 岁以上农民工占我国农民工总量的比例呈不断上升的态势。与此相比,16～40 岁的新代生农民工所占的比重则不断下降,但是目前的占比仍然超过 50%。根据国家统计局 2019 年 5 月发布的《2018 年农民工监测调查报告》,2018 年我国 16～30 岁的新生代农民工占农民工总体的比重已经下降到 27.6%,比 2009 年下降了 34 个百分点,即便将年龄放大到 16～40 岁,新生代农民工的占比也仅为 52.1%(如图 8-2 所示)。由此可见,新生代农民工目前仍然是我国外出农民工的主体,但是在人口老龄化不断加深的趋势下,这一群体在农民工总体中的占比不断下降,其规模也将呈现不断缩小的发展趋势。

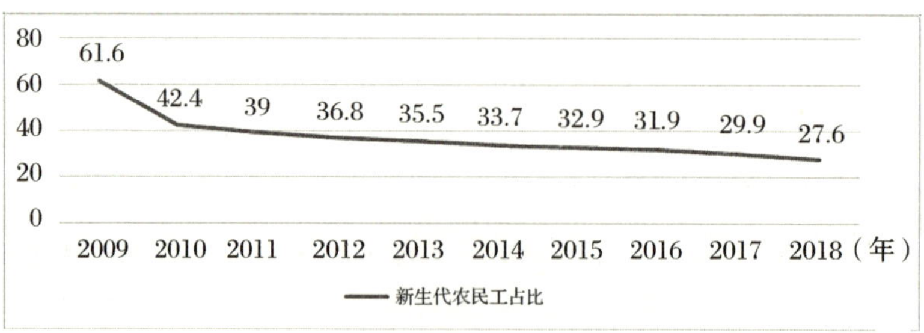

图 8-2　2009—2018 年 16～30 岁新生代农民工占比的变动情况(单位:%)

数据来源:国家统计局发布的历年《农民工监测调查报告》。

二、我国新生代农民工的结构特征

(一)新生代农民工的构成

从出生和成长的环境来看,我国的新生代农民工主要由以下四个部分组成:一是出生在农村,父母均在农村从事农业生产,从学校毕业后进入城市就业的新生代农民工;二是父母双方或者一方长年外出打工,在农村生活、读书,毕业之后像父母一样外出打工的新生代农民工;三是随外出打工的父母在城市生活,但是由于父母就业、生活不稳定,在流动状态下长大的新生代农民工;四是父母打工有相对固定的工作和住所,在城市出生、读书,毕业后像父母一样在城市就业的新生代农民工。[①]

(二)新生代农民工的类型

根据不同的分类标准,可以把我国的新生代农民工分为以下几种类型:以出生地为标准,可以把我国的新生代农民工分为在城市出生的新生代农民工和在农村出生的新生代农民工;以产业为标准,可以把我国的新生代农民工分为在第二产业就业的新生代农民工和在第三产业就业的新生代农民工;以输出地所在区域为标准,可以把我国的新生代农民工分为来自东部地区的新生代农民工、来自中部地区的新生代农民工和来自西部地区的新生代农民工;以输入地所在区域为标准,可以把我国的新生代农民工分为东部地区的新生代农民工、中部地区的新生代农民工和西部地区的新生代农民工。

三、我国新生代农民工的经济社会特征

作为我国农民工群体的主体,新生代农民工与老一代农民工共同处于城乡二元经济社会结构中,从而具有我国农民工群体的共性特征。然而,由于新生代农民工出生于改革开放之后,在改革开放和社会加速转型的时代背景下成长,因此这一群体又具有与老一代农民工不同的新特征。

(一)外出动机从生存型向发展型转变

与老一代农民工相比,大多数新生代农民工没有从事农业生产的经历,对土地的感情比较淡薄,对农村的依恋程度比较低,因此他们既然来到城市,就想在城市安居乐业,很少有人愿意再回到农村。根据深圳总工会 2017 年的调查,仅有 1%的新生代农民工愿意回乡务农。[②] 同时,新生代农民工的受教育程度普遍高于老一代农民

---

① 韩长赋:“新生代农民工社会融合是个重大问题——关于新生代农民工问题的调查与思考”,《光明日报》2012 年 3 月 16 日第 7 版。

② 深圳总工会:“深圳新生代农民工生存状况调查报告”,《深圳晚报》2017 年 7 月 15 日第 5 版。

工，因此其获取外部信息的方式更加现代化，对城市生活也更加认同和向往。根据农业部农业经济研究中心的调查，2017 年我国新生代农民工的平均受教育年限为 10.2 年，比老一代农民工高 1.6 年，其中近三分之一的新生代农民工具有高中及以上文化程度。此外，与老一代农民工相比，新生代农民工更加重视劳动关系、工作环境、劳动付出与劳动报酬的对等、工作条件的改善和工资水平的提高，因此其工作流动性也更大。根据农业部农村经济研究中心 2017 年的调查，有 57.1%的新生代农民工两年内至少更换过一次工作，而其中有 77%的人表示换工作的原因是收入太低和没有发展前途。

（二）思想观念、生活和职业均面临诸多不确定性

从年龄上看，新生代农民工大多在 20～40 岁。在这一年龄段，新生代农民工的思维和心智都处于不断发展和变化的过程中。因此，他们的思想观念必然随着其务工经历的变化而不断发展和变化，他们对各种问题的认识也不可避免地会出现变化，同时也不可避免地会陷入各种思想困境。主要体现在：

一方面，理想与现实的矛盾带来失落困惑。一般而言，新生代农民工进城务工的目的已经不仅是为了生存，更是为了个人发展。他们对城市生活有着美好的期待和憧憬，希望可以扎根城市，过上更加光鲜体面、更有品质的生活。与其父辈相比，这一群体的求职倾向于劳动强度更小、工作更轻松、收入待遇更高的职业。然而，由于自身知识储备不足、职业技能不强等原因，大部分新生代农民工在城市仍然从事技术含量低、劳动量大、环境差的职业，薪资报酬并不能令其满意。[①] 在这种情况下，理想与现实之间的巨大差异冲击着这一群体敏感脆弱的神经，导致其对未来的城市生活充满迷茫和失落。

另一方面，因认知失衡产生自卑心理。与老一代农民工相比，新生代农民工在知识水平、生活方式和消费理念等方面都更有优越感，对融入城市成为城里人显得信心满满。然而，在进城之后，他们发现城乡二元户籍制度像一堵无形的墙把自己和城里人阻隔开来，在社保、就业、子女教育等方面都无法享受到均等化的基本公共服务，处于城市社会的边缘地位。在这种情况下，新生代农民工往往不能客观地认识自我，对自身的评价失衡，从而易产生自卑情绪，对融入城市也持消极悲观的态度。[②]

（三）在城市和农村均处于边缘地位

目前，我国的新生代农民工总数已经超过 1.4 亿人，他们为城市经济社会的发展做出了巨大的贡献。与老一代农民工相比，新生代农民工有着完全不同的成长经历

---

① 姚永丽："新生代农民工市民化的思想困境及出路探析"，《学理论》2017 年第 4 期。

② 许佳佳："新生代农民工城市融入的心理困境与突破路径"，《农业经济》2019 年第 4 期。

和社会化环境，农村的生活习惯对他们的影响较小。除了户籍在农村之外，新生代农民工很少从事农业生产，对土地没有浓厚的依恋，更没有长期居住在农村的意愿。在这种情况下，农村社会对他们来说就变得越来越陌生，新生代农民工也越来越不适应农村的社会生活，成为农村社会的边缘阶层。与此同时，随着新生代农民工长期在城市里生活和工作，其思想观念、行为方式和生活习惯等已经被城里人所“同化”。然而，由于各种影响因素的存在，这一群体尚未能够完全融入城市社会，成为城市市民，因此只能作为生活和居住在城里的边缘层级。由此可见，双重边缘阶层的身份使新生代农民工处于城市与农村的中间地带，深深地陷入双重边缘化的困境。①

(四)理想与现实之间的巨大差距引发不满

与老一代农民工相比，多数新生代农民工希望在城市安居乐业，融入城市，真正成为城市人。然而，由于自身素质较低，我国城乡之间存在的制度性障碍以及由此形成的体制性、社会性的社会排斥，许多新生代农民工的梦想难以变成现实，从而引发他们的不满。首先，从与输入地基层政府的关系上看，新生代农民工希望输入地的基层政府在履行城市社会管理职责时能够一视同仁，能够向他们提供包括就业、教育、医疗等方面的公共服务。然而，从目前的情况看，我国许多城市的基层政府仍然以户籍为核心进行城市社会管理，歧视和排斥新生代农民工，并把其排斥在城市公共服务供给范围之外，从而引发新生代农民工的不满。其次，从就业结构上看，中小企业是我国新生代农民工最大的雇主群体。然而，我国的中小企业是新生的社会经济组织，各种体制机制不完善，导致企业中的劳动关系比较紧张，存在着故意压低新生代农民工工资以及拖欠工资等问题，从而引发新生代农民工的不满。最后，从与城市社区之间的关系来看，新生代农民工希望融入城市社区的社会生活，与城市居民平等相待、和谐共处。然而，从实际情况来看，新生代农民工融入城市社区的程度并不高，相反，许多城市社区存在着不同程度的排斥新生代农民工的现象，从而引发新生代农民工的不满。

第二节　我国新生代农民工城市适应存在的主要问题

一、在城市安居乐业的愿望与实际能力之间严重背离

通过稳定就业获得在城市安居乐业的各种物质资源，是新生代农民工城市适应

① 于学江、王宝海：“新生代农民工走出双重边缘化的对策”，《农业经济》2013年第8期。

的前提，而相对舒适的居住环境则是这一群体城市适应的重要保障。然而，从目前的情况来看，收入低和居住条件差仍然是新生代农民工外出打工面临的最大问题，同时也是这一群体城市适应面临的最大障碍。

(一)就业缺乏稳定性和收入偏低

与老一代农民工相比，新生代农民工的受教育程度普遍较高。然而，与城市同龄人尤其是城市大学毕业生相比，这一群体的综合素质仍然比较低，不能适应劳动力市场对高层次人才的需求，从而导致这一群体中的相当一部分人的就业缺乏稳定性，而且收入水平偏低，进而削弱了其从经济层面上实现城市适应的能力。根据中国就业网发布的信息，2018 年城市劳动力市场对高中及以上文化程度的劳动力的需求占总需求的 60.2%，对初中及以下文化程度的劳动力的需求仅占 39.8%。[①] 国家统计局发布的《2017 年农民工监测调查报告》显示，在新生代农民工中，初中以下文化程度占6.1%，初中占 60.6%，高中占 20.5%，大专及以上文化程度占 12.8%。由于文化程度比较低，大部分新生代农民工在就业单位中只能担任收入较低的一般工人或者服务人员，因此上升通道比较狭窄，而上升通道的狭窄是导致新生代农民工频繁更换工作的重要原因。职位低且频繁更换工作，使新生代农民工的收入水平难以得到提升。根据国家统计局 2010 年的调查，2009 年新生代农民工月平均收入为 1328 元，不仅低于外出农民工的月平均收入(1417 元)，而且也远远低于我国城镇单位在岗职工的月平均收入(2728 元)。[②] 近年，我国农民工的收入水平不断提升，但是新生代农民工对其收入水平的满意度仍然比较低。

(二)居住条件恶劣和改善居住状况的能力不足

拥有较为舒适的住房是新生代农民工在城市实现“安居”的重要标志，然而，从目前的情况来看，绝大多数新生代农民工不仅没有住房，甚至于连租房都力不从心。从城市的居住情况来看，目前我国新生代农民工的居住条件非常恶劣。根据国家统计局 2017 年的调查，有 51.8%的新生代农民工在由雇主或者单位提供的住房中居住，其中在由雇主或单位提供的宿舍居住的占 33.9%，在工地或者工棚居住的占 10.3%，在生产经营场所居住的占 7.6%；仅有 0.8%的新生代农民工能够在城市买房；在城市租房的新生代农民工每月平均居住支出为 245 元，超过半数的新生代农民工采取多人合租的方式居住。[③]

---

① 中国人力资源市场信息监测中心:《2018 年度全国部分城市公共就业服务机构市场供求状况分析》，来源:中国就业市场网。

② 国家统计局住户调查办公室:“新生代农民工的数量、结构和特点”，来源:国家统计局网站。

③ 国家统计局住户调查办公室:《新生代农民工的数量、结构和特点》，来源:国家统计局网站。

从定居意愿来看,有相当一部分新生代农民工打算在城市定居。然而,由于新生代农民工的收入水平普遍偏低,购房能力相对较弱,因此其购房意愿与购房能力之间存在着一条几乎无法逾越的鸿沟。根据国务院发展研究中心2010年的调查,有近40%的新生代农民工想在务工地定居并成为市民,其中有超过85%的新生代农民工希望拥有自己的住房。[①] 然而,从购房承受力来看,新生代农民工的购房能力非常弱。根据公安部2007年的调查,按照自身收入水平,有74.1%的农民工愿意承受的购房单价在3000元/平方米以内,有19%愿意承受3001~4000元/平方米的单价,愿意承受4000元/平方米以上的只有6.9%。[②] 然而,从我国目前的情况来看,3000元/平方米的房子主要集中在中、西部地区的县市及以下城镇,在农民工相对集中的东部沿海,即便是小城镇的房价也远远超过了3000元/平方米。由此可见,新生代农民工在城市购房的强烈愿望与城市不断高涨的房价之间存在着尖锐的矛盾,这一群体目前的收入水平使其在城市购房几乎成为空想。

二、城市适应所需的社会资本不足

根据社会学的社会适应理论,社会支持系统是促进城市新移民实现城市适应的重要支撑,原因在于它能够为城市新移民提供其城市适应所需的社会资本。[③] 一般而言,城市适应的社会支持系统由城市的政府、社区、单位(或者组织)和市民等组成。根据费孝通的差序格局理论,我国传统的社会支持系统呈现出以个人为中心,以血缘和亲缘关系的亲疏远近为半径展开的波纹形结构。新中国成立以来,我国形成的城乡二元结构人为地割裂了城乡之间的联系,从而使农村和城市的社会支持系统处于相对独立的状态,从而使农村居民很难在城市中获得由城市社会支持系统提供的社会资本。改革开放以来,随着越来越多的农村居民涌入城市务工经商,城乡之间的联系越来越频繁,城乡居民之间社会互动的频率、广度和深度都不断扩展。然而,在城乡二元结构尚未发生根本性变化的情况下,包括新生代农民工在内的农民工群体很难获得由城市社会支持系统提供的社会资本,从而增加了这一群体城市适应的难度。

(一)组织型社会资本不足

在特定范围内,组织以其特定性质的组织联系向其成员提供服务和便利。在现

① 国务院发展研究中心课题组:《农民工市民化:制度创新与顶层政策设计》,中国发展出版社2011年。

② 全国总工会新生代农民工问题课题组:“关于新生代农民工问题的研究报告”,《工人日报》2010年6月21日01版。

③ 郭星华、姜华:“农民工城市适应的几种理论视角”,《探索与争鸣》2009年第1期。

代社会中，社会关系是以职位为标准建立起来，以契约的形式表现出来，因此现代组织关系就是一种组织型社会资本，其具有利益诉求、信息获取、权益维护等功能，有效的组织可以增进信任，促进合作以及提高效率。① 对于城市市民而言，随着“单位制”的解体，附着在单位上的医疗、养老等功能已经由社会来承担，但是单位仍然是他们重要的工作场所，从而使他们有很强的归属感。与此相比，新生代农民工无论在进城之前，还是在进城之后，其组织关系都非常原始，因此这一群体从组织关系中所得到的组织型社会资本也相当缺乏。从求职途径来看，新生代农民工仍然主要通过亲友得到就业信息，而不是通过政府部门或者城市职业中介机构提供的就业服务。2011年11月，共青团泉州市委联合华侨大学公共管理学院对当地30多家企业2000多名新生代农民工进行的问卷调查发现，在获得现在这份工作的途径上，有47.6%的受调查者回答是通过老乡和朋友的介绍，34.1%的人是自己找的，通过中介机构介绍的占10.0%，通过劳动力市场的占6.1%，通过学校分配的占2.3%。②

在进城之后，由于城乡二元结构的影响以及自身人力资本的限制，新生代农民工大多在非正规岗位就业，就业流动性很强。在这种情况下，新生代农民工往往对单位没有很强的归属感，不仅难以获得由单位组织提供的各种保障和福利，也难以通过组织表达利益诉求和维权。

（二）制度型社会资本缺乏公正

所谓制度型社会资本，是指作为一种公用资源，规范和制度为生活于其中的个体提供足够的方便。一般而言，制度型社会资本总是建立在一定的经济基础之上，是社会生活的普遍准则，其能否公正地向所有社会成员提供，不仅会影响人们对政府的归属感和信任感，而且也会对政府自身的公信力产生影响。③ 在我国现阶段，由于社会资源的稀缺性和条块分割的管理体制尚未发生根本变化，城市地方政府的制度设计仍然以城市户籍人口为主，制定各项政策的宗旨基本上也是为了保护城市户籍人口的利益。对于城市户籍人口而言，这种由政府提供的制度型社会资本是公正的。然而，对于包括新生代农民工在内的城市非户籍人口而言，由于城市各项制度安排基本上把他们排除在外，因此他们几乎不可能获得由城市地方政府提供的制度型社会资本。因此，从这一角度看，这种制度安排是缺乏公正的，其不公正性主要体现在：一是城市劳动力市场上存在着二元分割，许多新生代农民工只能在次级劳动力市场上从

---

① 赵立新：“社会资本与农民工市民化”，《社会主义研究》2006年第4期。

② 共青团泉州市委：《泉州地区新生代农民工精神文化生活现状与影响因素调查——基于与老一代农民工、城市青年的比较分析》，来源：共青团泉州市委网站。

③ 赵立新：“社会资本与农民工市民化”，《社会主义研究》2006年第4期。

事非正规就业,劳动时间超时、劳动强度大、劳动条件恶劣、劳动报酬低廉;二是新生代农民工几乎被排斥在城市社会保障体系之外,基本上享受不到由城市地方政府提供的医疗、工伤、失业等社会保障。

三、婚恋和文化生活面临困境

与老一代农民工相比,多数新生代农民工处于未婚状态,其正处于交友、恋爱和结婚的黄金期。同时,许多新生代农民工刚刚走出校门,仍处于“半成人”阶段,对思想沟通和情感交流的需求更为强烈。然而,由于上班时间长、接受面较窄、工资收入低、就业行业男女比例失调等原因,多数新生代农民工面临着想交友没有时间、想恋爱没有人选、想倾诉没有对象的困境。与此同时,由于其所在企业的管理和文化建设不足,以及社会关怀的欠缺,婚恋和精神情感已成为困扰新生代农民工的首要心理问题。此外,新生代农民工对文化生活的需求比老一代农民工更为强烈。然而,由于消费能力较低、业余时间较少和文体设施不足等原因,这一群体的文化生活仍然相对匮乏。

(一)婚恋不顺

与城市同龄人和农村大学毕业生相比,新生代农民工的综合素质仍然比较低,缺乏必要的专业知识和技能,多数人只能在第二产业和第三产业从事繁重的体力劳动,工作时间较长、工资待遇不高、职业风险较大、交际范围较窄,从而给这一群体的婚恋带来了严重的制约。

首先,从性别上看,多数男性新生代农民工在封闭的建筑工地和工厂里就业,工友多为男性,与年轻女性交往的机会非常少,往往苦于“恋爱无机会”。与此同时,多数女性新生代农民工在玩具加工厂、电子产品组装厂和纺织制衣厂里就业,日常交往局限于同性之间,苦于“恋爱无人”。

其次,从工作时间上看,新生代农民工的工作时间普遍过长,没有时间“找朋友”。根据国家统计局发布的《2009 年农民工监测调查报告》,2009 年有 89.8%的农民工每周工作时间超过《劳动法》规定的 44 小时。从新生代农民工就业比较集中的几个行业来看,制造业农民工平均每周工作时间为 58.2 小时,服务业为 58.5 小时,批发零售业为 59.6 小时,食宿餐饮业为 61.3 小时。工作时间过长减少了新生代农民工与异性接触的机会,造成了男女关系的疏离,影响感情的开始和发展,从而阻碍了新生代农民工正常的恋爱和择偶行为。

再次,从经济条件上看,新生代农民工的收入水平普遍偏低,从而使其婚恋行为缺乏坚实的经济基础。根据国家统计局 2010 年的调查,2009 年新生代农民工月平均收入为1328元，不仅低于外出农民工的月平均收入（1417元），而且也远远低于我国城镇单位在岗职工的月平均收入（2728元）。近年，我国多数城市的房价、房租、日用消费品的价格都在不断上涨，而新生代农民工收入的上涨幅度要慢得多，新生代农民工在城市生活的成本不断上升，进一步增大了其开展婚恋行为的难度。

最后，从交际范围上看，新生代农民工的交际范围比较窄，难以找到自己满意的恋爱和结婚的对象。根据"新生代农民工城市融入与城市和谐社区建设"课题组2008年11月至2009年2月来在广东和湖南两个省的调查，在闲暇时间中，新生代农民工与"老乡"交往的比例为67.8%，与"本地居民"交往的比例仅为7.3%。[①] 由此可见，新生代农民工的社会交往通常建立在血缘、地缘或者业缘关系的基础上，交际圈子的同质性较强，很少有机会接触到其他人群，认识异性的渠道相对狭窄，接触到异性的机会也比较少。此外，由于语言不通和文化背景不同，新生代农民工很难融入其他群体，进一步增大了其开展婚恋行为的难度。

（二）文化生活匮乏

与老一代农民工相比，新生代农民工的成长经历开始趋同于城市同龄人，因此对城市生活尤其是城市文化生活更为向往。然而，由于文化消费能力低、业余时间较短、文化生活设施缺乏等原因，新生代农民工的文化需求不能得到基本满足，导致其文化生活比较匮乏。

首先，由于个人收入水平较低，新生代农民工的文化消费能力和消费水平都比较低下。根据共青团浙江省委课题组2011年的调查，60%以上的新生代农民工的文化生活主要为上网等，主要的娱乐方式是喝酒、吃饭、看电视、打牌和搓麻将；40.1%被调查的新生代农民工没有体育、文化生活方面的开支，有买书和报纸开支的新生代农民工仅占11.1%，而作为新生代农民工文化生活最主要的开支项目的上网费用，89%的被调查对象每月在100元以下，67.8%的人不足50元。

其次，新生代农民工大多居住在房租相对便宜的城乡接合部，居住区周边的公共文化设施较为缺乏，而其所在工作单位的文化生活设施和场所也同样不足，从而使新生代农民工缺乏参与城市文化生活的渠道。根据共青团浙江省委2012年1月发布的《在浙新生代农民工精神文化生活调查报告》，被调查新生代农民工居住地周边有体育活动室、篮球场、棋牌室、图书室的不足50%，利用率不足30%。同时，有一半以上的新生代农民工其所在单位没有图书室、多功能厅、阅览室、体育设施、文艺场所、健身房等，而设施的利用率也仅为20%。

---

① 邓秀华、丁少洪："新生代农民工城市融入与城市和谐社区建设"，《青年探索》2010年第3期。

最后,由于工作时间较长,业余时间相对较少,从而使许多新生代农民工缺少进行文化生活的时间和精力。目前,我国的新生代农民工多为制造业一线车间工人和建筑工人,每天的工作时间通常在10小时以上,每个月的休息时间只有1至2天,缺乏开展精神文化生活最为基本的要素——时间。

四、身份认同处于尴尬境地

在身份认同理论看来,是否认同城市市民的身份是衡量新生代农民工城市适应的重要指标,也是衡量城市化进程的一个重要因素。① 与老一代农民工相比,新生代农民工对城市的认同感更为强烈,融入城市的意愿也更为迫切,因此也更认同自己是“城里人”。然而,由于新生代农民工的制度性身份仍然是农民,导致他们在身份认同上处于“农民”和“市民”之间的尴尬境地。国家统计局的2010年的调查发现,新生代农民工对于“自己是老家的人”这一说法“非常同意”和“比较同意”的比例分别为46.3%和41.6%;对于“自己是农民”这一说法“非常同意”和“比较同意”的比例分别为23%和45.5%;对于“自己是城里人”这一说法“非常同意”和“比较同意”的比例分别为4.3%和18.5%。② 因此,从城市融入的角度来看,新生代农民工并不认为自己是“城里人”,在身份认同上更倾向于认为自己是“老家的人”甚至是“农民”。

第三节　提升新生代农民工城市适应能力的对策建议

作为我国农民工的主体,新生代农民工从经济、社会、政治、文化等方面全方位地适应城市,不仅是这一群体实现从农民向市民转变的关键环节,而且也是推进我国工业化和城市化、促进城市社会和谐健康发展的客观要求。近年,我国经济的高速发展和经济社会发展战略的调整为促进新生代农民工的城市适应提供了机遇,但是新生代农民工在城市适应的过程中仍然面临着许多问题。对此,笔者提出如下的对策建议。

一、加强对新生代农民工的教育和培训，提升其人力资本

首先,不断加大各级政府对新生代农民工教育和培训的资金投入,建立和完善政府、企业、新生代农民工共担教育和培训经费的机制,并加强对经费使用情况以及教育和培训效果的监管。其次,建立学校教育、企业培训、社会机构培训、政府培训和社

① 郭星华、姜华:“农民工城市适应研究的几种理论视角”,《探索与争鸣》2009年第1期。

② 国家统计局住户调查办公室:《新生代农民工的数量、结构和特点》,来源:国家统计局网站。

区培训等相结合的多层次的新生代农民工培训体系。再次，根据劳动力市场的变化、产业结构的调整以及新生代农民工自身的需求，及时调整教育和培训的内容，并加强对教育和培训效果的评估。最后，充分调动城市社会管理相关机构、用人单位和社区的力量，加强对新生代农民工市民行为和市民观念的教育，并综合利用广播、电视、报纸、互联网等大众传媒，加强对新生代农民工人生观和价值观的宣传和教育。

二、稳步提高最低工资标准，加快覆盖新生代农民工的保障性住房建设

相对体面的工资收入是新生代农民工从经济层面上实现城市适应的前提条件，因此应采取切实有效的政策措施，建立和完善新生代农民工工资的正常增长机制。从中央政府的角度来看，中央政府各相关部门应把新生代农民工的职业培训、子女教育、住房改善、社会保障和公共服务等纳入专项经费保障范围，制定专项规划，并督促各地因地制宜地制定地方专项规划。从地方政府的角度来看，应根据新生代农民工最低生活费用、城镇居民消费价格指数、职工平均工资、经济发展水平和就业状况等因素的变化，对新生代农民工的最低工资标准进行调整；建立按照常住人口配置土地、公共设施、预算等公共资源的制度，将新生代农民工纳入居住地的公共预算，并逐渐加大对新生代农民工公共预算的存量和增量投入；各级财政应把涉及新生代农民工就业技能培训、社会保障、子女教育、计划生育等的经费纳入本级财政预算；将新生代农民工纳入公共服务体系，使之享受到与城镇职工相同的待遇，逐渐实现公共服务统一政策、统一制度、统一管理和统一服务。

针对当前新生代农民工居住情况的现状，通过发展公共租赁住房，建设农民工公寓，鼓励和支持有条件的企业设置夫妻房，探索建立农民工住房公积金制度，鼓励有条件的城市将有稳定职业并在城市居住一定年限的新生代农民工逐步纳入城镇住房保障体系，多渠道改善新生代农民工的居住条件。

三、建立健全增强新生代农民工城市适应性的社会支持系统

相对完善的社会支持系统可以为新生代农民工提供其城市适应所需的社会资本，因此城市社会支持系统的各个环节应充分履行职责，为增强新生代农民工的城市适应性提供充足的社会资本。从政府的角度来看，中央政府应从全国范围内降低新生代农民工落户城市的门槛，提高新生代农民工的最低工资，完善新生代农民工在城市的相关福利待遇，为新生代农民工的城市适应营造优越的政策环境；地方政府应根据中央的政策，制定符合本地实际的新生代农民工具体政策，千方百计地采取措施增

强新生代农民工的城市适应性。从社区的角度来看,城市社区应针对区域内新生代农民工的具体情况,建立一套有效的社会沟通渠道,帮助他们扩展在城市的社会关系,积极落实涉及新生代农民工权益的相关政策,并主动做好新生代农民工城市适应的相关工作。从单位和组织的角度来看,应积极调动和充分发挥城市社会中包括公益性组织、企事业单位和民间社团等在内的社会组织在增强新生代农民工城市适应性中的作用。此外,还应为新生代农民工自我支持和自我发展能力的提升创造有利条件。

四、不断丰富新生代农民工的精神文化生活，加强对这一群体的人文关怀

首先,鼓励和扶持公共服务机构为新生代农民工免费提供婚恋服务,充分调动工青妇、居委会和大众传媒的作用,开展多种形式的联谊活动,帮助和引导新生代农民工正确处理婚姻和家庭关系,鼓励和引导用人单位为新生代农民工开展联谊交友活动,丰富他们的业余生活,扩大社交范围,搭建新生代农民工的婚恋平台。其次,鼓励用工企业和城市社区开展符合新生代农民工特点的喜闻乐见、丰富多彩的文体活动,把新生代农民工纳入城市公共文化的服务范围,免费向新生代农民工开放城市公共文化服务设施,保障农民工平等使用图书馆、文化馆、博物馆、体育馆等公益性文化设施,鼓励文化经营单位和文艺工作者为新生代农民工免费或者优惠提供文化产品和服务。最后,加强对新生代农民工的心理疏导和人文关怀,鼓励工青妇等社会组织对新生代农民工开展心理咨询服务,充分发挥网络媒体对新生代农民工的正面引导作用。

五、发挥大众传媒的舆论导向作用，营造有利于新生代农民工城市适应的舆论氛围

从目前的情况看,新生代农民工陷入身份认同困境的重要原因是大众传媒仍然对他们沿用“农民工”这一歧视性的称谓。因此,应充分发挥包括广播、电视、报纸、杂志和互联网等在内的大众传媒的舆论导向作用,促进新生代农民工树立市民观念。首先,大众传媒应改变对新生代农民工的称谓,按照国际惯例把这一群体称为“城市新移民”,从而逐渐纠正城市市民对新生代农民工的偏见。其次,大众传媒应扩大对成功实现城市适应的新生代农民工的宣传力度,树立典型,扩大影响。最后,大众传媒应积极宣传中央和地方各级政府关于促进新生代农民工城市适应的相关做法和成功经验,在全国范围内营造有利于新生代农民工城市适应的舆论氛围。

附：农民工老龄化对乡村振兴的机遇与挑战

——对 2019 年春节返乡中老年农民工的调研

当前，我国仍然处于城镇化和工业化的快速发展阶段，农村劳动力向城镇转移的步伐仍将延续。然而，自从进入 21 世纪以来，我国便进入了老龄化社会，且老龄化程度不断加深。2012 年，我国劳动力资源总量首次出现绝对下降，且近年来的趋势越发显著。近年，农民工的规模不断增加，但是农民工老龄化的程度却不断加深，对我国的经济社会发展提出严峻挑战。2017 年召开的党的十九大提出，要大力实施乡村振兴战略。2018 年 1 月，国务院公布了《中共中央 国务院关于实施乡村振兴战略的意见》。2018 年 9 月，中共中央、国务院印发了《乡村振兴战略规划（2018—2022 年）》。综合上述背景，笔者于 2019 年春节期间对北京市和广西壮族自治区南宁市的部分返乡中老年农民工进行调研，目的是系统地研究农民工老龄化对乡村振兴的机遇和挑战。

第一节　农民工老龄化程度不断加深

一、调研背景

近年，我国农民工的总量持续增加，但是农民工老龄化的步伐不断加快。2017 年，我国农民工的平均年龄为 39.7 岁，比 2010 年的 33.5 岁增加了 6.2 岁，其中 50 岁以上中老年农民工所占比重为 21.3%，比 2010 的 12.9%提高了 8.4 个百分点（见图 1 所示），年均提高约 1.1 个百分点，人数也从 2010 年的 3122 万人增加到 2017 年的 6092 万人，增加了将近 1 倍。2014 年以来（除 2015 年外），每年新增的 50 岁以上农民工数量甚至超过了新增的农民工数量（见表 1 所示）。未来一段时期，随着我国新增劳动年龄人口和农村剩余劳动力数量的不断减少，农民工老龄化的程度将进一步加深，速度也将进一步加快。

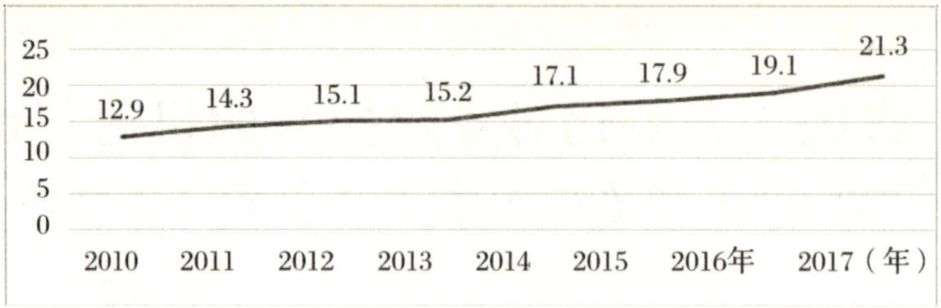

图 1　2010—2017 年 50 岁以上农民工所占比例(单位:%)

数据来源:国家统计局发布的历年《农民工监测调查报告》。

表 1　2014—2017 年新增农民工以及新增 50 岁以上农民工的数量(单位:万人)

	2014 年	2015 年	2016 年	2017 年
新增的农民工	501	352	424	481
新增的 50 岁以上农民工	597	282	441	711

数据来源:根据国家统计局公布的数据计算。

随着年龄不断增大,并受到外出打工收入遭遇“天花板”、输入地产业结构调整、乡村振兴战略实施等因素的综合影响,部分“乡土情结”较为浓厚的中老年农民工选择向输出地“回流”。与此同时,许多中老年农民工仍然活跃在城市的建筑工地、市政设施、家政公司等场所,这一群体甚至构成了部分行业劳动力市场的主要组成部分。那么,这些已经返乡、即将返乡或者选择继续外出务工的中老年农民工对正在实施的乡村振兴战略将产生什么样的影响?这就是本次调研的“初心”。

二、调研设计

(一)调研目的

了解和掌握经济新常态下中老年农民工外出打工或者返乡之后的生活、工作、心理等方面的情况,以及这一群体的未来打算,据此研判农民工老龄化对实施乡村振兴战略产生的影响,进而提出相应的对策建议。

(二)调研对象

本次调研的对象是 50 岁以上的中老年农民工,其大致由两个部分组成:一是仍然外出务工的中老年农民工;二是已经返乡创业、就业、务农、养老的中老年农民工。前者为笔者春节前夕在北京市海淀区世纪城小区、北京西站和北京南站访谈的即将返乡过年的中老年农民工,他们主要来自河北、河南、黑龙江、安徽、江苏等省,共 15 人,其中男性 9 人、女性 6 人;后者是笔者在春节期间访谈的、已经返乡的中老年农民工,他们来自广西壮族自治区南宁市,共 10 人,其中男性 9 人、女性 1 人。

(三)调研方法

本次调研采用的调查方法是结构式访谈法。所谓结构式访谈,就是根据事先设计好的、框架明确的访谈指南,对调查对象进行针对性的、系统性的访谈。这种调查方法的优点在于,可以围绕明确的调研主题,对调查对象进行系统的访谈,从而较为全面地了解和掌握调查对象的基本情况,可以为挖掘现象背后的本质、发展规律,研判其发展趋势,进而提出有针对性的对策建议,奠定较为坚实的现实基础。

(四)调研内容

本次调研主要围绕以下四个方面的内容展开:一是中老年农民工在外出务工或者返乡期间的生活、工作、心理等方面的情况;二是中老年农民工对近年经济增速下行、产业结构调整、乡村振兴战略实施等的认知;三是乡村振兴战略实施背景下中老年农民工对未来的打算;四是中老年农民工对实施乡村振兴战略的政策建议。

(五)调研过程

本次调研的过程可以分为两个阶段:第一阶段是 2019 年春节前一周,即 2019 年 1 月 28 日至 2 月 3 日;第二阶段是 2019 年春节期间,即 2019 年 2 月 4 日至 2 月 10 日。第一阶段的调研在北京市展开,调研地点是海淀区世纪城小区、北京西站和北京南站。在世纪城小区调研期间,选取的访谈对象是日常生活中经常接触且即将返乡过年的中老年农民工。在北京西站和北京南站调研期间,选取的访谈对象是正在火车站候车大厅候车的中老年农民工。第二阶段的调研在广西壮族自治区南宁市武鸣区展开,选取的访谈对象是已经返乡创业、就业、务农、养老的中老年农民工。

第二节 农民工老龄化为乡村振兴带来的机遇

一、为城乡融合发展提供新动能

(一)通过落户中小城市、小城镇,促进新型城镇化发展

当前,我国发展最不平衡的是城乡,最不充分的是农村,而受此影响最大的群体是农民。加快城乡融合发展,构建新型城乡关系,是中国特色社会主义进入新时代的重大课题。党的十九大着眼于我国城乡关系的发展实际和未来发展趋势,做出了“城乡融合发展”的战略部署。推进城乡融合发展,既要着力实施乡村振兴战略,又要持续实施新型城镇化战略,二者如车之两轮、鸟之两翼。

由于长期在外打工,许多中老年农民工已经基本适应城镇的生活方式和生产方

式，业缘关系逐渐取代地缘关系而成为这一群体人际交往的中心。随着乡情逐渐淡化，许多中老年农民工非常希望能够实现从农民向市民的身份转变。与新生代农民工对大城市的无限向往相比，中老年农民工更希望能够在中小城市甚至小城镇落户，原因在于他们认为在中小城市和小城镇更可能实现自己的“市民梦”。调研发现，有些中老年农民工已经在自己家乡的中小城市或小城镇购置房产，从而为“回流”做好准备。在已经选择“回流”的中老年农民工看来，中小城市和小城镇的落户门槛相对较低，而且非常靠近自己的老家，既有利于自己务工经商，也有利于将来养老。

访谈对象A，女，56岁，江苏省盐城人，目前在北京市海淀区世纪城小区某足疗店工作。A在北京打工已经有30多年，目前丈夫和女儿都在北京，而且已经购置房产，但均没有北京市户口。A认为这辈子也不可能成为真正的北京人，因此10多年前就已经在盐城购房，目的是为以后跟老公一起回去养老做好准备。

访谈对象B，男，55岁，广西壮族自治区南宁市武鸣区人，目前在南宁市武鸣区经营一家杂货店。B曾经多年在广东省深圳市、东莞市、中山市等地打工，因年老体衰、找工作困难才回来。B认为在废县设区之后，武鸣城区将迎来更大的发展机遇，因此动用多年的积蓄在城区购买了一套房子，并租下一个铺面经营杂货店。武鸣城区距离B的老家只有20多千米，来往非常方便。

（二）通过成为新型职业农民，助推农业现代化

当前，我国正处于由传统农业向现代农业转变的关键时期，大量先进农业科学技术、高效率农业设施设备、现代化经营管理理念越来越多地被引入农业生产的各个领域，因此迫切需要培养大批高素质的职业农民。培养新型职业农民既需要引导优秀人才向农村流动，也需要通过大力发展农民教育培训事业，使越来越多的农民成为新型职业农民。

与基本上没有务农经验的新生代农民工相比，中老年农民工普遍拥有较为丰富的务农经验。因此，许多中老年农民工希望在结束外出打工生涯后回乡继续务农。在部分中老年农民工看来，以往的农业生产方式、经营方式和农业生产服务体系已经不能适应农业现代化的需要，而他们外出打工多年积累的资金、掌握的技术、拥有的社会资本为自己成为新型职业农民奠定了坚实的基础。与从未外出打工的传统农民相比，这些中老年农民工的视野更加开阔、门路更加多元、实力更加雄厚，因此更易于在现代农业生产经营和社会化服务领域进行业务拓展。

访谈对象C，男，56岁，广西壮族自治区南宁市武鸣区人，目前在南宁市武鸣区从事机械化农耕业务。C曾经在广东打工多年，几年前才返乡。在摸索了几年后，C发现机械化农耕在农村具有非常广阔的市场，于是他花了十几万元购买了一台农用拖拉机。在春耕时节，C开着拖拉机为周边的农民提供春耕服务。因为利用农用拖拉机耕地不仅效率高，而且效果好，所以C提供的春耕服务大受欢迎，在一年之内就收回了买拖拉机的成本，并略有盈利。

访谈对象D，男，58岁，河北省承德人，目前在北京市海淀区世纪城小区某农贸市卖菜。D在北京打工已经有三十多年，曾经做过建筑工、装修工、小区保安等。D说承德离北京很近，打算几年后就回老家种地。D的家里有十几亩地，考虑再承包村里其他村民的田地，让自己的儿子帮忙，搞规模经营，并利用自己在北京的人际关系开拓市场。

（三）通过加快农村土地流转，增加农民收入

与从未外出打工的传统农民相比，中老年农民工大多长年在外务工，对农村的感情已经逐渐淡化，工资收入既是他们日常生活的主要来源，同时也是他们将来养老的主要保障，对农业用地和宅基地的依赖性已减弱。对于农业用地，许多中老年农民工的态度是希望通过使用权的流转从而获得稳定的收益。这种收益不仅是对那些未外出打工的家人的基本保障，也是他们外出打工的基本物质支撑。对于农村的宅基地，中老年农民工的看法存在较大差异，大致可以分为两类：一是认为既然已经或者准备在城镇购置房产，那么宅基地就不那么重要，因此可以流转给其他村民从而获得一笔可观的收益；二是认为宅基地是自己在农村的根基，如果连宅基地都没有了，那就真的无家可归了。持第二种看法的中老年农民工通常年纪相对较大、外出打工的收入相对较低且家庭负担较为沉重，其在城市购置房产的能力也相对较弱，因此返乡建房对于他们来说更为可行。

访谈对象E，女，51岁，河南省驻马店市人，目前在北京海淀区世纪小区某保健店工作。E说自己家里的耕地已经流转给村里的其他村民，每年都有一笔流转收益。E认为宅基地对自己而言已经不那么重要，自己和老公都已经出来打工多年，已经不可能再回农村生活。E的女儿正在上大学，儿子正在上高中，以后回农村的可能性也微乎其微。因此，E觉得以后应该还是会继续在城市打工，在合适的时候回家乡的城镇购置房产和创业。

访谈对象F,男,65岁,河南省信阳市光山县人,目前在北京市政集团公司下属企业从事市政设施维护方面的工作。F说自己先是在河南省内打工,后来去过天津、河北、辽宁,后来才来北京。F从事的工作都是体力活,工作强度大,收入不高,只能算是补贴家用而略有盈余。对于F而言,因年老体衰且外出多年,回乡种地已经不太可能,而且现在种地基本没有赚钱的希望,因此流转给别人从事规模经营会更好一些。E认为自己以后返乡养老的可能性较大,等干不动活的时候就不出来打工了,在家抱孙子、养老,宅基地还是不流转的好,以后建房用。

二、为农村产业转型升级提供内生动力

(一)通过创业,带动农村产业转型升级

对于许多中老年农民工而言,多年在外打拼使他们经受了历练,大都拥有一技之长,而且培养了职业精神,基本上完成了从农民到熟练工人的转型,这为农村地区产业转型升级提供了宝贵的人力资本积累。近年,越来越多的中老年农民工开始从跨省、市流动转变成在本地就近就业。这不仅节省了当地企业的培训成本,而且还可以提高生产效率,进而有利于缩小欠发达地区与发达地区之间的差距。此外,一些拥有市场经济头脑、商业嗅觉较为敏锐的中老年农民工选择自己创业,将自己在城市或者企业打工时掌握的技能、积累的资金、积攒的人脉服务于家乡的经济社会发展,不仅可以使自己获得可观的收益,而且也可以带动其他人就业。

访谈对象G,男,55岁,广西壮族自治区南宁市武鸣区人,目前在位于武鸣区的中国—东盟自由贸易园区的一家工厂做电工。G外出打工已经有近三十年,先后去过广东的深圳、广州、顺德、东莞等地打工,回到广西后又先后在梧州、柳州、南宁等地打工。近年,中国—东盟自由贸易园区兴建了许多工厂,对电工的需求较大,而且工资待遇与城市里差别不大,因此G选择到园区内的企业就业。

访谈对象H,女,52岁,河南省信阳市固始县人,目前在信阳市区经营一家服装店。H的老公是内蒙古人,两个人曾经一起在北京市朝阳区来广营一带租房从事服装加工业务,主要是为酒店和餐厅的服务员制作工服。后来,来广营一带拆迁,在北京租房做生意的成本又太高,于是,H和老公一起在信阳市区租下了一个铺面,开始从事“前店后厂”的服装生意。现在,H的服装店里雇用了三个女孩,都是自己从老家带出来的。

(二)通过创新,引领农业发展新业态

在当前大众创业、万众创新的大背景下,农村的生产经营方式正在朝着现代化的方向发展。随着越来越多的新生代农民工外出务工,农村“空心化”的现象越发严重,许多村庄甚至出现了因无人种地而使土地撂荒的现象。在这种情况下,如何引导返

乡的中老年农民工在推动农业现代化方面有所作为，就成为一个需要认真思考并加以解决的问题。调研发现，许多中老年农民工觉得虽然自己已经年老体衰，但是远未达到无法再种地的程度。在他们看来，面朝黄土背朝天的传统耕作方式已经不能适应当前农业现代化的要求。同时，随着越来越多的青壮农村劳动力选择外出务工，规模化经营不仅成为一种可能，而且也是一种必然的选择。与从未外出打工的传统农民相比，中老年农民工不仅见多识广、拥有一技之长，而且也更愿意接受新事物和迎接新的挑战，因此其更可能成为农业新业态的开拓者和新型农业经营的主体。

访谈对象I，男，56岁，广西壮族自治区南宁市武鸣区人，目前从事多种农业经营活动。I从20世纪90年代初就开始在广东、福建、浙江等省打工，50岁以后因家庭需要才回来。回乡之后，I曾经尝试过经商，但是因经验不足屡屡碰壁。后来，I认识了一位想在广西承包田地从事规模化农业经营的广东老板。于是，I利用国家允许农民流转农业用地的政策，承包了村里几个村民小组的耕地用于种植香蕉，每年的租金由这位广东老板承担，I从中收取一定比例的提成。此外，I每年还带着其他广东来的老板到周围的村庄寻找可以用于搞规模化经营的耕地，从中收取介绍费。据I介绍，他每年收取的提成和介绍费可以达到近20万元，远高于之前的打工收入。

三、为乡村治理现代化提供坚实的社会基础

（一）通过增进“有机团结”，促进乡村良性治理

改革开放以来，随着农村集体经济不断衰落、农民流动性不断增强，越来越多的农村居民从家庭、家族、村落、集体等社会结构中脱离出来，由集体的“社员”变成高度离散化的“村民”。当前，推进乡村治理现代化已经成为乡村振兴战略的重要内容，而把“原子化”的个体农民重新聚结起来，让他们重新嵌入社会，成为一个“有机团结”的整体，这不仅是推进乡村社会建设的关键环节，而且也是实现乡村治理现代化的必然要求。与从未外出打工的其他村民相比，许多中老年农民工不仅长期受到城市文明和工业文明的熏陶，而且长期在严格遵循科层制原则开展日常生产和经营活动的工厂或者企业中工作和生活，其组织观念和纪律观念相对较强。因此，在返乡之后，这些中老年农民工往往能够通过自身的行动影响或者带动其他村民，进而为乡村实现良性治理创造更为有利的条件。

在被问及是否愿意为其他村民树立榜样时，多数访谈对象的回答都是肯定的。他们认为，现在农村存在许多不良风气，比如兄弟之间因分田地或者宅基地问题反目成仇、赌博现象较为严重（在广西主要是“六合彩”）、在赡养老人问题上互相推诿等。许多被访者认为不仅自己不应受到这些不良风气的影响，而且有必要在纠正这些不

良风气中发挥作用。除此之外，许多中老年农民工比较关心农村的自然环境治理问题。他们认为，以往过度开荒、乱砍滥伐对农村的生态环境造成了极大的损害，需要通过系统性的治理才能恢复，而农民自身生态观念和生活方式的变革是农村自然环境治理的重要内容。与从未外出打工的农民相比，多数中老年农民工的法律观念较强，有利于促进自治德治法治有机结合，从而使依法治国的理念在广大农村扎根。

(二)通过主动返乡，营造和谐的乡村社会环境

近年，受经济增速下滑、产业结构转型升级、乡村振兴战略实施等多重因素的影响，许多中老年农民工选择返乡。与因不适应经济社会发展要求而被动返乡的中老年农民工不同，那些主动返乡的中老年农民工是由于看到乡村的发展机会而主动返乡，他们通常拥有较为雄厚的资金和丰富的经验，有些人甚至拥有在大中城市中创业的经历。这些中老年农民工通常会成为实现乡村良性治理的重要推动力，主要体现在：一是他们给农村带来了先进的生产力，在我国广大农村，缺人才、缺资金、缺技术的现象比较严重，而中老年农民工主动返乡带来了资金流、技术流、信息流，从而带动当地农业经济的发展；二是他们的创业会带动当地农民的就业，相当一部分中老年农民工带着外出务工中积累的生产技术、管理经验和行业资源返乡，在政府的鼓励和金融机构的扶持下，发展现代农业，从事农业一体化、产业化经营，将成为带动农民创业致富和思想解放的重要群体；三是他们普遍认为和谐的乡村社会环境是其成功创业就业的重要条件，因此会积极地营造和谐的乡村社会环境。

四、为打赢脱贫攻坚战提供物质支撑

(一)通过开拓、创新，摆脱贫困

打赢脱贫攻坚战，让贫困人口和贫困地区同全国一道进入全面小康社会，这不仅是党和国家的庄严承诺，也是实现“两个一百年”目标的重要基础。相较于未外出的传统农民，许多中老年农民工的思想更开放，更具开拓和创新精神，能够将城市的生活方式和思想观念带回农村，改变贫困地区的“贫困文化”，进而加快精准扶贫的进程。中老年农民工普遍具有吃苦耐劳的精神，他们在生活上省吃俭用，在工作上兢兢业业、任劳任怨，无视轻伤、小病，唯一的目标就是尽快使自己的家庭摆脱贫困。笔者在北京西站和北京南站调研时发现，许多中老年农民工所从事的基本上都是劳动强度很大或者风险很高的工作，比如建筑工人、环卫工人、小区保洁员等，而且年龄普遍偏大，有些人甚至已经是70多岁的高龄。尽管如此，他们认为外出打工比在家务农强得多，是自己的家庭脱离贫困的希望所在。未来一段时期，随着农民工老龄化的加剧，越来越多的“农民工爷爷”将继续选择外出打工，为脱离贫困继续抗争。

访谈对象J，女，65岁，黑龙江省齐齐哈尔市人，目前在北京市某写字楼从事保洁工作。J的老公体弱多病，子女没有正规的工作，家庭收入很低，光靠领取低保并不能彻底解决家庭的经济困难，因此J常年在北京打工。J目前在北京市昌平区跟别人合租，因此房租比较低。每天一大早，J便坐地铁来到自己上班的写字楼，把自己的活儿干完后，又赶回自己住的地方，经常是几个馒头就算是早饭或者午饭。

(二)通过返乡创业，助力脱贫攻坚

近年，我国从税费优惠、提供创业指导、优化创业环境、支持网上创业等方面针对农民工返乡创业给予一系列政策扶持，不断激发农民工返乡创业的热情。据农业农村部的最新统计数据，近5年有近520万农民工返乡创业。与新生代农民工相比，老一代农民工不仅拥有强烈的返乡创业的热情，而且拥有更为丰富的经验、更加雄厚的资金、更加多元的人际关系网络，因此也更容易创业成功。目前，我国许多贫困地区不断出台鼓励农民工返乡创业的政策和措施，并取得了一定的成效。在那些实现成功创业的农民工群体中，不乏中老年农民工的身影。调研发现，许多中老年农民工都有返乡创业或者就业的意愿，来自贫困地区的中老年农民工的愿望就更加强烈，他们希望通过自己的成功创业带动更多的乡亲彻底告别贫困。

访谈对象K，女，51岁，广西壮族自治区南宁市马山县人，曾经长期在广东和广西各地打工，目前在南宁市武鸣区的城区经营一家榨粉店。K的家乡——马山县是一个地处滇黔桂石漠化片区的国家级贫困县，生存环境较为恶劣。榨粉是一种风靡南宁市及周边地区的地方特色小吃，尤其是在武鸣区，每天吃一碗榨粉已经成为当地人的一种习惯，所以K的榨粉店生意相当红火。K从马山县带来三个帮手，人力成本相对较低，而且也增加了他们的收入。K说她的创业得到了地方政府的大力支持，在店面租金、税费、工商管理等方面都给予了优惠。

第三节　农民工老龄化对乡村振兴提出的挑战

一、被动承受经济波动和社会转型的代价

在经济新常态下，我国的经济结构出现战略性调整，对于一些新型产业、新型业态和新型职业的需求明显上升，如“互联网＋”、高端制造和人工智能等。由于经济增速进一步下滑和过剩产能的爆发，一些传统行业的用工需求不断萎缩，钢铁、煤炭等资源型行业和传统的餐饮、服务、酒店业的劳动需求出现下跌态势。在这一背景下，农民工首当其冲，成为失业大军中的主要群体。对于那些年龄超过50岁，而且无论

是工作技能还是工作强度都无法跟上产业调整步伐的高龄农民工来说，更是第一批受到冲击的群体。与新生代农民工相比，中老年农民工具有工资低、抗压持续时间长的特点，从而更加不平衡地承受着经济波动和社会转型的代价。调研发现，中老年农民工的家庭经济状况普遍比较困难，而他们所从事的大多是高强度、高风险、低工资的工作(比如建筑、环卫、保洁、市政设施维护等)，有些建筑工地上甚至有90%左右的工人都是中老年农民工。对于基本没有退休观念，更没有退休制度约束的中老年农民工而言，“还能干得动”是他们选择继续外出打工的最为重要的标准。

访谈对象L，男，65岁，山西省大同市人，目前在北京市某工地当建筑工人。L说之所以年纪那么大了还出来打工，是因为种地的收益较低，家里建房、孩子上学、红白喜事等都需要用钱。L说现在年纪小一点儿的农民工基本都不愿意在建筑工地上干活，嫌太累，挣得少。L的文化水平比较低，在城市找别的工作不太容易，因此只能找一些技能要求不高，对年龄没有严格要求的工作。L说自己所在的建筑工地基本上是跟他的情况差不多的中老年农民工，有些人的年纪甚至比他还大。

二、为了“老有所依”选择坚忍

随着社会快速发展，我国的农村家庭出现了重心下移的现象，家庭养老功能出现了衰退。一方面，农村家庭承担着较大的生活压力，子女教育和医疗需求使得家庭资源向下集中，城乡二元结构与资源积聚机制通过家庭内部的代际分工与剥削机制将社会问题最终转嫁到农村底层的中老年人身上，农村家庭用于养老的资源相对较少，中老年农民工不得不通过继续工作来维持生计;另一方面，农村居民的逐利意识在市场经济形势下被不断放大，多子女家庭在养老问题上相互推诿，独生子女家庭又致力于培养下一代，使得农村养老文化逐渐衰落，家庭养老功能逐渐衰退，从而使中老年农民工不得不继续从事非农职业以维持生活。

除了养老之外，中老年农民工较为关心的就是医疗问题。在城市打工的时候，中老年农民工医疗需求的特点是健康要求简单、小病城里看大病回家养、心理服务需求较少。关节及腰椎疾病是最大杀手，对此，他们的回答是“没有医生说的那么严重，我这不还能干吗，干活儿哪有不费力气、不痛不伤的”，“还能干得动”是他们对健康的诠释。因此，“忍”是中老年农民工对待疾病的第一态度。由于之前在农村和进城后高强度的体力劳动，这些农民工中腰椎疾病的患者占三分之一以上，部分人还伴有静脉曲张、关节炎等。在初期感觉到疼痛时，他们几乎都采取“忍”的态度，等病情发展到疼痛难忍、影响工作时，有些人会选择到卫生室、药店购买廉价止痛药，以此缓解疼痛，同时无视长期服用止痛药的副作用，有些则卧床休息几日，也就是继续忍，等病情发展到严重的程度，造成水肿、劳损，止痛药不起作用时，他们也就该“退休”了。

访谈对象M，男，57岁，河南省周口市人，目前在北京市一个建筑工地上开货梯。M说自己出来打工的目的就是为了赚养老钱。因为M家里的条件非常差，所以一直都没有找到媳妇。在此之前，M一直没有出过远门，但是考虑到身后事，不得不和同乡一起背井离乡。M在工地上开货梯，工作环境非常恶劣。与此相比，家里的条件要好得多，但是为了赚钱，M选择了忍受。

访谈对象N，女，55岁，安徽省无为县人，目前在北京市某家政公司从事家政服务方面的工作。在谈到医疗方面的问题时，N说一般感冒、闹肚子之类的小病到药店买点药吃，很多时候直接就忍着了，毕竟不是大病，不会影响工作。N提到自己曾经动过一个不大不小的手术，是回安徽老家做的，在北京没有关系，而且费用太高。尽管N参加了新农合，但是报销的比例比较低，所以她还是花了几万块钱，把之前几年打工的积蓄都花掉了。

三、无奈地选择重新与土地结合

目前，我国已经进入了"未富先老"的老龄社会。在当前乃至未来相当长一段时期，我国的城市很难为中老年农民工提供较好的就业机会，同时也难以为进城的中老年农民工提供在城市体面生活所需的足够的养老保障。在这种情况下，如果中老年农民工留在城市，与同样出来打工的成年子女一起生活，那么由于其子女的收入往往较为有限，而城市的生活成本较高，容易因经济问题导致家庭关系紧张甚至引发矛盾冲突。相比之下，如果中老年农民工在农村有一块土地，有自己的住房，那么他们回到农村去住自己的房子、种自己的地，日子可能就要好过得多。实际上，我国在农村实行的集体土地所有制保证了每个农民家庭都有自己的承包地、宅基地和住房。当进城的中老年农民工在城市失去就业机会或者不愿继续在城市就业时，他们既不会在城市漂泊流浪，一般也不愿意与成年子女一起在城市生活，而大都选择返乡重新与土地结合在一起。在这样的背景下，实施乡村振兴战略，使乡村与城镇互促共进、共生共存，不仅是解决新时代我国社会主要矛盾、实现"两个一百年"奋斗目标和中华民族伟大复兴中国梦的必然要求，同时也是千千万万中老年农民工的最高期盼。

在访谈过程中，尽管有些中老年农民工表示愿意留在大城市或者在中小城市落户，但是多数受访者仍然希望返回农村创业、就业或者养老。在这些打算返乡的中老年农民工看来，近年农村的面貌已经发生了很大的改变，随着乡村振兴战略的实施，广大农村地区将迎来新的发展机遇，城乡差距将进一步缩小，农村公共服务条件将进一步改善，农村将更加宜业、宜居。在已经返乡的中老年农民工看来，虽然目前农村仍然存在着这样那样的问题和短板，与城镇的发展差距仍然非常大，但是随着乡村振兴战略的实施，农村的发展将会越来越快，城乡融合发展将逐渐变成现实。

第四节 相关对策建议

一、建立和健全身体与劳动相匹配、工作与保障相匹配的中老年农民工劳动保障制度

未来一段时期，随着农民工老龄化进一步加剧，中老年农民工在我国农民工中所占的比重将越来越大。从就业的领域来看，中老年农民工主要集中在劳动密集型企业，而逐渐衰退的身体机能、较高的工作强度和劳动保障的缺失使得这一群体的就业保障成为一个严重的社会问题。对于中老年农民工继续工作不应武断地加以取缔，或视为“非法”的行为，原因在于“老而不休”在我国农村有着较强的文化和社会根源。因此，不能简单地通过强制性的手段加以规避，而应加强规范和管理，实现中老年农民工身体与劳动相匹配、工作与保障相匹配。

一方面，各级政府应加强对中老年农民工就业市场的规范和管理，建立和健全中老年农民工劳动力市场准入机制，对招收中老年农民工的企业单位加强监督，在中老年农民工进入岗位前进行审批审核，以保障中老年农民工的身体状况能够承担适当强度的非农工作。

另一方面，逐步建立中老年农民工弹性退休制度，允许仍然在就业的中老年农民工继续缴纳劳动保险费，依法享受劳动福利。

二、不断优化鼓励和引导中老年农民工返乡创业创新的政策环境

农民工返乡创业是我国大众创业、万众创新的重要组成部分，也是加速推进新型城镇化、助推乡村振兴战略的重要途径。今后一段时期，越来越多的中老年农民工将选择返乡创业。为顺应这股中老年农民工返乡创业创新的热潮，推进农业供给侧结构性改革、激活农村经济、实现乡村振兴，各级政府部门应进一步优化鼓励和引导中老年农民工返乡创业创新的政策环境。

一是结合地方实际情况，完善政策支持体系、政府与社会共担的服务体系和技术管理培训体系，为中老年农民工返乡创业创新解决好用地、用电、用水、用人、用路等方面的问题。

二是进一步营造好返乡中老年农民工创业创新落脚点、着力点和发力点，引导返乡中老年农民工创业创新向环保型、有后劲、可持续的产业发展。

三是进一步发展和鼓励中老年农民工返乡创业创新，充分发挥先进典型在农村发展

中的带头作用,带领乡亲共同致富奔小康,实现中老年农民工返乡"双创"光荣使命。

三、探索建立和完善国家、集体(用人单位或村集体)、家庭、个人合理分担的农民工养老保障制度

从调研的情况来看,养老是中老年农民工最为关心的问题。随着农民工老龄化不断加剧,这一问题将对我国实施乡村振兴战略产生重大影响。从目前的情况来看,国家和村集体对农民工的养老问题缺乏足够的重视,我国农村家庭的养老功能出现弱化的趋向,而中老年农民工个人的养老压力十分巨大。对此,应探索建立和完善国家、集体(用人单位或者村集体)、家庭、个人合理分担的农民工养老保障制度。

一是国家应切实贯彻和落实农民工是工人阶级重要组成部分的基本理念,将农民工的基本养老保障纳入城镇职工基本养老保障制度的范畴,承担起制度构建者和资金支付者的角色。

二是雇用中老年农民工的用人单位应依法继续缴纳养老保险金,有能力的村集体应承担返乡养老的中老年农民工的部分养老金支出,鼓励村集体探索建立农村老人养老基金。

三是动用广播、电视、报纸等传统媒体和微信公众号、微博等新媒体,积极营造尊老敬老助老养老的社会氛围,增强农民工家庭的养老意识,鼓励其承担中老年农民工的养老责任。

四是对选择继续外出打工的中老年农民工加强规范和管理,引导和鼓励其继续缴纳养老保险金,通过建立弹性退休制度,适时强制其退出劳动力市场。

四、加强对包括中老年农民工在内的农村低收入人群的监测与保障

目前,包括中老年农民工在内的农村低收入人群是我国社会的贫困和弱势群体,他们的收入来源渠道狭窄且不稳定,生活环境和生活水平具有较大的风险性和不确定性,是实施乡村振兴战略的重点和难点所在。对于这一群体,我国已经基本建立了个人缴费、集体补助、政府补贴相结合的新农保制度,但是保障水平总体来说还不足以覆盖其基本生活支出的需要。因此,未来一段时期,应将包括中老年农民工在内的农村低收入人群作为农村助贫工作的重点,加强对这一群体的监测和保障。

一方面,把保障农村低收入人群的基本支出需求作为乡村振兴战略的重点内容,进一步强化和完善各级政府的支出责任。

另一方面,逐步把农村低收入人群的医疗保障、基本生活护理和精神慰藉等纳入农村基本公共服务的范畴,建立和健全国家、集体、家庭、个人合理分担的公共服务支出责任。

参考文献

[1] [英]安东尼·吉登斯.社会的构成:结构化理论纲要[M].李康,李猛,译.北京:中国人民大学出版社,2016.

[2]刘少杰.以实践为基础的当代空间社会学[J].社会科学辑刊,2019(1):23-28.

[3]刘少杰.经济社会学的新视野——理性选择与感性选择[M].北京:社会科学文献出版社,2005.

[4]刘少杰.陌生关系熟悉化——优化市场交易秩序的本土化选择[J].福建论坛(人文社会科学版),2014(4):160-167.

[5]刘少杰.当代中国社会转型的实质与缺失[J].学习与探索,2014(9):33-39.

[6]刘少杰.符号价值消费的现实基础与感性选择[J].探索与争鸣,2018(9):58-64

[7]刘少杰.海量信息供应下的预期判断与选择行为[J].中国人民大学学报,2018,32(1):157-164.

[8]刘少杰.国外社会学理论[M].北京:高等教育出版社,2006.

[9]文军.回到"人"的城市化:城市化的战略转型与意义重建[J].探索与争鸣,2013(1):57-60.

[10][英]哈耶克.法律、立法与自由(第一卷)[M].邓正来,张守东,李静冰,译.北京:中国大百科全书出版社,2000.

[11][美]杰弗里·亚历山大.社会学二十讲:二战以来的理论发展[M].贾春增,董天民,等译.北京:华夏出版社,2000.

[12]梁漱溟.中国文化要义[M].上海:上海人民出版社,2018.

[13]梁漱溟.乡村建设理论[M].北京:商务印书馆,2015.

[14]李春玲.青年群体中的新型城乡分割及其社会影响[J].北京工业大学学报(社会科学版),2017,17(2):1-7.

[15]王春光.外来农村流动人口本地化的体制化困境[J].学海,2017(2):93-101.

[16]周大鸣.移民与城市活力——一个都市人类学研究的新视角[J].学术研究,2018(1):45-51.

[17]李培林,田丰.中国农民工社会融入的代际比较[J].社会,2012(5):1-24.

[18]李强.论农民和农民工的主动市民化与被动市民化[J].河北学刊,2013(4):86-93.

[19]刘精明.能力与出身:高等教育入学机会分配的机制分析[J].中国社会科学,2014(8):109－128.

[20]李汉林.关系强度与虚拟社区——农民工研究的一种视角[M]//李培林.农民工——中国进城农民工的经济社会分析.北京:社会科学文献出版社,2003:96－115.

[21]渠敬东.生活世界中的关系强度——农村外来人口的生活轨迹[M]//柯兰君,李汉林.都市里的村民——中国大城市的流动人口.北京:中央编译出版社,2001:40－70.

[22]周晓虹.中国社会心态危机蔓延[J].人民论坛,2014(17):21－23.

[23]朱力.当前我国社会矛盾的主要特征与治理延[J].中国党政干部论坛,2017(1):76－78.

[24]文军,田珺.身体、话语和权力:“农民工”群体的污名化建构过程分析[J].学术界,2017(9):154－166.

[25][美]加里·S.贝克尔.人类行为的经济分析[M].王业宇,陈琪,译.上海:上海人民出版社,2015.

[26][美]鲁思·华莱士,[英]艾莉森·沃尔夫.当代社会学理论:对古典理论的扩展(第六版)[M].刘少杰,等译.北京:中国人民大学出版社,2008.

[27]卢现祥.西方新制度经济学[M].北京:中国发展出版社,2003.

[28][英]托马斯·罗伯特·马尔萨斯.人口原理[M].杨菊华,杜声红,译.北京:中国人民大学出版社,2018.

[29][美]凡勃伦.有闲阶级论:关于制度的经济研究[M].李华夏,译.北京:中央编译出版社,2012.

[30][德]于·哈贝马斯.交往行动理论(第一卷)——行动的合理性和社会合理化[M].洪佩郁,蔺菁,译.重庆:重庆出版社,1994.

[31] [美]詹姆斯·S.科尔曼.社会理论的基础[M].邓方,译.北京:社会科学文献出版社,1999.

[32][德]卡尔·马克思.1844 年经济学哲学手稿[M].北京:人民出版社,2015.

[33][法]雷蒙·阿隆.社会学主要思潮[M].葛乘宁,译.上海:上海译文版社,2015.

[34]苏国勋.理性化及其限制——韦伯思想引论[M].上海:上海人民出版社,1988.

[35][美]刘易斯·A.科塞.社会学思想名家——历史背景和社会背景下的思想[M].石人,译.北京:中国社会科学出版社,1990.

[36][英] 弗雷德里希·奥古斯特·哈耶克.致命的自负[M].冯克利,胡冒华,等译.北京:中国社会科学出版社,2015.

[37][英]霍布斯.利维坦[M].黎思复,黎廷弼,译.北京:商务印书馆,2017.

[38][日]青木昌彦.比较制度分析[M].周黎安,译.上海:上海远东出版社,2016.

[39][美]埃利诺·奥斯特罗姆.公共事物的治理之道:集体行动制度的演进[M].余逊达,陈旭东,译.上海:上海译文出版社,2012.

[40]童星.现代社会学理论新编[M].南京:南京大学出版社,2003.

[41][德]哈贝马斯.交往与社会进化[M].张博树,译.重庆:重庆出版社,1989.

[42]费孝通.乡土中国[M].北京:商务印书馆,2018.

[43]费孝通.礼治秩序[M]//费孝通.乡土中国.北京:商务印书馆,2018:47－52.

[44]周晓虹.江村调查:文化自觉与社会科学的中国化[J].社会学研究,2017,32(1):1－23.

[45]陈阿江,朱启彬.未能随迁的乡土关系——锦镇搬迁对商贸活动影响的分析[J].中国农业大学学报(社会科学版),2016,33(3):12－18.

[46]李猛.理性化及其传统:对韦伯的中国观察[J].社会学研究,2010(5):1－30.

[47]张鸿雁."拔根"与"扎根":从"乡愁"到"城愁"[J].中国乡村发现,2018(3):91－95.

[48][美]科尔曼.社会理论的基础(上册)[M].北京:社会科学文献出版社,1999.

[49]顾朝林、刘佳燕等.城市社会学[M].北京:清华大学出版社,2013.

[50][德]马克斯·韦伯.新教伦理与资本主义精神[M].康乐,简惠美,译.上海:上海三联书店,2019.

[51]黄宗智.长江三角洲小农家庭与乡村发展[M].北京:中华书局,2000.

[52]朱力.农民工二代与中国未来[J].人民论坛,2011(24):52－53.

[53][美]马斯洛.马斯洛人本哲学[M].康译,编译.吉林:吉林出版集团有限责任公司,2013.

[54]李强.主动城镇化与被动城镇化[J].西北师大学报(社会科学版),2013,50(6):1－8.

[55]李强.非正规就业视角下农民工市民化的现实困境与路径选择[J].城市问题,2016(1):99－103.

[56][美]阿列克斯·英克尔斯,戴维·H.史密斯.从传统人到现代人——六个发展中国家的个人变化[M].北京:中国人民大学出版社,1992.

[57]蔡禾,王进."农民工"永久迁移意愿研究[J].社会学研究,2007,22(6):86－113,243.

[58]杨伟民.社会政策导论[M].北京:中国人民大学出版社,2019.

[59]唐钧.社会保护——与时俱进的社会政策新概念[N].中国社会科学报,2015－10－14.

[60]石彤.专业性别隔离的产生过程及其影响因素[J].中华女子学院学报,2013(4):47－53.

[61]李斌,张贵生.居住空间与公共服务差异化:城市居民公共服务获得感研究[J].理论学刊,2018(1):99－108.

[62][美]凡勃伦.有闲阶级论[M].蔡受百,译.北京:商务印书馆,2018.

[63][美]康芒斯.制度经济学(上)[M].赵睿,译.北京:华夏出版社,2017.

[64][美]道格拉斯·诺斯,罗伯斯·托马斯.西方世界的兴起[M].厉以平,蔡磊,译.北京:华夏出版社,2017.

[65]陆益龙.户籍:一种对中国城市化制度性的扭曲[J].探索与争鸣,2012(12):60－64.

[66]李强,陈振华,张莹.就近城镇化模式研究[J].广东社会科学,2017(4):179－190.

[67]闫伯汉.制度排斥、社会距离与农民工社会融入——基于广东省东莞市的分析[J].北京社会科学,2015(5):65－72.

[68][印]阿玛蒂亚·森,王燕燕.论社会排斥[J].经济社会体制比较,2005(3):1－7.

[69]李培林.流动民工的社会网络和社会地位[J].社会学研究,1996(4):42－52.

[70]渠敬东.生活世界中的关系强度——农村外来人口的生活轨迹[M]//柯兰君,李汉林.都市里的村民——中国大城市的流动人口.北京:中央编译出版社,2001:40－70.

[71]孙立平.城乡之间的"新二元结构"与农民工流动[M]//李培林.农民工——中国进城农民工的经济社会分析.北京:社会科学文献出版社,2003:149－160.

[72][英]齐格蒙特·鲍曼.共同体[M].欧阳景根,译.南京:江苏人民出版社,2003.

[73][法]迪尔凯姆.社会学方法的规则[M].胡伟,译.北京:华夏出版社,1999.

[74][美]格兰诺维特.弱关系的力量[J].张文宏,译.国外社会学,1998(2):39－49.

[75]边燕杰,张文宏.找回强关系[J].国外社会学,1998(2):39－49.

[76]李培林.流动民工的社会网络和社会地位[J].社会学研究,1996(4):42－52.

[77]翟学伟.中国人的行动逻辑[M].北京:社会科学文献出版社,2001.

[78]田雄,曹锦清."事件团结"与村庄生活共同体再造——基于一起乡村事件的实证分析[J].中国农业大学学报(社会科学版),2016,33(6):37－46.

[79]李培林.流动民工的社会网络和社会地位[J].社会学研究,1996(4):42－52.

[80]费孝通.差序格局[M]//费孝通.费孝通选集.天津:天津人民出版社,1988:93—100.

[81]孙哲,陈映芳.农民工权利资格问题反思:以“多重身份”为视角[J].南京社会科学,2016(3):45—51.

[82]潘泽泉、李挺.农民工身份认同的影响机制研究——基于社会资本、同群效应与社会距离关系的实证分析[J].中州学刊,2017(3):56—64.

[83][美]曼纽尔·卡斯特.认同的力量[M].夏铸九,黄丽玲,等译.北京:社会科学文献出版社,2003.

[84]黄平.寻求生存——当代中国农村外出人口的社会学研究[M].昆明:云南人民出版社,1997.

[85]曹锦清,张乐天.传统乡村的社会文化特征:人情与关系网——一个浙北村落的微观考察与透视[J].探索与争鸣,1992(2):51—59.

[86]朱伟钰.超越主客观二元对立:布迪厄的社会学认识新论与他的“惯习”概念[J].浙江学刊,2005(3):174—178.

[87][美]阎云翔.礼物的流动——一个中国村庄中的互惠原则与社会网络[M].李放春,刘瑜,译.上海:上海人民出版社,2000.

[88]杨善华.当代西方社会学理论[M].北京:北京大学出版社,1999.

[89]潘泽泉.社会、主体性与秩序——农民工研究的空间转向[M].北京:社会科学文献出版社,2007.

[90] [美]乔纳森·H.特纳.社会学理论的结构[M].邱泽奇,张茂元,等译.北京:华夏出版社,2006.

[91]郭星华,王嘉思.新生代农民工:生活在城市的推拉之间[J].中国农业大学学报(社会科学版),2011(3):5—10.

[92][英]安东尼·吉登斯.现代性的自我认同[M].赵旭东,方文译.北京:北京三联书店,1998.

[93]李小凤,赖文燕.新常态下农村剩余劳动力转移的影响因素和对策研究——以广东省为例[J].南方论刊,2018(11):45—48.

[94]刘蕾,匡萍,刘倩.农村劳动力转移、市民化与地方公共服务供给压力:基于三个层面的实证检验[J].宏观经济研究,2018(12):104—113.

[95]段娟,叶明勇.新中国成立以来农村剩余劳动力转移的历史回顾及启示[J].党史文苑,2009(6):4—7.

[96]欧阳慧.我国农村劳动力转移的阶段特征及政策演进[J].重庆社会科学,2010(2):25—28.

[97]欧阳慧.改革开放三十年我国农村劳动力转移政策演变路径[J].经济研究参考,2010(23):14－17.

[98]程名望,贾晓佳,俞宁.农村劳动力转移对中国经济增长的贡献(1978～2015年):模型与实证[J].管理世界,2018,34(10):161－172.

[99]孙中伟,刘林平.中国农民工问题与研究四十年:从“剩余劳动力”到“城市新移民”[J].学术月刊,2018,50(11):54－67.

[100]徐晓华,朱振,苏伟峰.2014—2030年我国农业剩余劳动力转移趋势预测与管理[J].管理评论,2018,30(1):221－229.

[101]何建新.我国农村劳动力转移数量测算及未来趋势预测[J].河南师范大学学报(自然版),2013(4):19－22.

[102]王国霞.我国农村剩余劳动力转移问题研究——我国农村剩余劳动力的数量估算与转移规模预测[J].山西大学学报(哲学社会科学版),2007(4):19－24.

[103]谭永生.我国农村富余劳动力转移就业的理性定位及实现路径[J].经济与管理研究,2011(10):39－44.

[104]钱正武.农民工市民化与政府职责[J].理论与改革,2005(2):66－69.

[105]刘传江,徐建玲.第二代农民工及其市民化研究[J].中国人口·资源与环境,2007,17(1):6－11.

[106]王兴周,张文宏.城市性:农民工市民化的新方向[J].社会科学战线,2008(12):173－179.

[107]王竹林,王征兵.农民工市民化的制度阐释[J].商业研究,2008(2):94－99.

[108]周小刚,陈东有.中国人口城市化的理论阐释与政策选择:农民工市民化[J].江西社会科学,2009(12):142－148.

[109]刘爱玉.城市化进程中的农民工市民化问题[J].中国行政管理,2012(1):112－118.

[110]辜胜阻,李睿,曹誉波.中国农民工市民化的二维路径选择:以户籍改革为视角[J].中国人口科学,2014(5):2－10.

[111]宋艳菊.新型城镇化进程中农民工市民化能力提升研究[D].沈阳:辽宁大学,2018.

[112]李晓飞.城市“新二元结构”与户籍制度改革的双重路径转向[J].华中科技大学学报(社会科学版),2017,31(2):77－87.

[113]蔡禾.中国劳动力动态调查:2017年报告[M].北京:社会科学文献出版社,2017.

[114]国家卫生和计划生育委员会流动人口司.中国流动人口发展报告2017[M].北京:中国人口出版社,2017.

[115]金代志,高洁.新生代农民工市民化的户籍制度障碍及应对策略[J].中国市场,2019(7):38-39.

[116]杜立芳.户籍制度改革与农民市民化[J].开发研究,2014(4):114-17.

[117]袁方,安凡所.就业稳定性、市民化意愿与农民工消费[J].中国劳动关系学院学报,2019,33(3):96-111.

[118]宋骁.人力资本、经济结构与流动人口从业状态[J].人口与经济,2012(5):87-94.

[119]王桂新,胡健.城市农民工社会保障与市民化意愿[J].人口学刊,2015(6):45-55.

[120]龚晶,赵姜.农民工社会保障制度发展演变与未来展望[J].河北学刊,2019(2):139-143.

[121]姜捷.农民工市民化进程中基本公共服务均等化问题研究[J].农业经济,2015(12):78-79.

[122]刘刚,石宏伟.农民工子女义务教育的制度障碍及对策研究——基于就地市民化视角[J].改革与开放,2017(9):90-93.

[123]吕普生.纯公共物品供给模式研究:以中国义务教育为例[M].北京:北京大学出版社,2013.

[124]孙婧芳.基本公共服务对农民工市民化的影响——基于义务教育和社会保险的实证分析[J].经济与管理评论,2016,32(2):98-104.

[125]曲颂.农民工随迁子女的教育融合问题、制度障碍及对策研究[J].河北学刊,2019(2):143-148.

[126]刘梦琴,傅晨.城市农民工的住房问题与改革政策[J].城市观察,2013(4):136-145.

[127]祝仲坤,冷晨昕.住房状况、社会地位与农民工的城市身份认同——基于社会融合调查数据的实证分析[J].中国农村观察,2018(1):96-110.

[128]韩俊强.农民工住房与城市融合:来自武汉市的调查[J].中国人口科学,2013(2):118-125.

[129]康涌泉.农业转移人口市民化的成本及收益解析[J].河南师范大学学报(哲学社会科学版),2014,41(6):116-120.

[130]廖茂林,杜亭亭.中国城市转型背景下的农民工市民化成本——基于广东省实践的思考[J].城市发展研究,2018,25(3):21-25.

[131]傅东平，李强，纪明.农业转移人口市民化成本分担机制研究[J].广西社会科学，2014(4)：72－77.

[132]胡桂兰，邓朝晖，蒋雪清.农民工市民化成本效益分析[J].农业经济问题，2013，34(5)：83－87.

[133]周春山，杨高.广东省农业转移人口市民化成本——收益预测及分担机制研究[J].南方人口，2015(5)：20－31.

[134]杨世箐，陈怡男.农民工市民化成本分担的现实困境及对策分析[J].湖南社会科学，2015(5)：93－97.

[135]胡拥军，高庆鹏.市民化成本分担机制的“暗战”[J].决策，2015(1)：44－46.

[136]刘望辉，刘习平.新型城镇化背景下农民工市民化：现状、困境与对策[J].中外企业家，2014(29)：234－236.

[137]聂飞.农民工市民化中的企业责任研究[J].理论月刊，2018(7)：149－154.

[138]黎红，杨聪敏.农民工市民化的成本分担与机制构建[J].探索，2018(4)：143－149.

[139]谭佳林，杨治国.农民工市民化进程中人力资本障碍的职业培训路径探究[J].继续教育研究，2018(11)：67－72.

[140]田北海，耿宇瀚.生活场域与情境体验：农民工与市民社会交往的影响机制研究[J].学习与实践，2014(7)：94－104.

[141]潘泽泉，何倩.居住空间、社会交往与主观地位认知：农民工身份认同研究[J].湖南社会科学，2017(1)：80－87.

[142]王启明，张非凡.当代农民工市民化转型中的政治参与度及提升路径[J].改革与开放，2018(10)：72－73.

[143]马正义.农民工政治参与中的制度供给问题探析[J].理论导刊，2018(4)：48－53.

[144]许淑萍.弱者的武器与困境：对中国农民工政治参与的思考[J].黑龙江社会科学，2018(3)：152－154.

[145]邓秀华.社会转型期农民工的政治参与效能评估：以广州、长沙两市农民工为例[J].湖南社会科学，2010(3)：97－99.

[146]陈浩.脱离、混乱与重塑——新生代农民工身份认同研究[J].劳动保障世界，2018(24)：30－31.

[147]何艳玲，郑文强.“留在我的城市”——公共服务体验对城市归属感的影响[J].同济大学学报(社会科学版)，2016(1)：78－86.

[148]米庆成.进城农民工的城市归属感问题探析[J].青年研究，2004(3)：25－32.

[149]石宏伟，孙静.新生代农民工随迁子女义务教育公平问题的制度研究[J].江苏大学学报(社会科学版)，2015，17(3)：61－65.

[150]卢伟,褚宏启.教育扶贫视角下农民工随迁子女教育改革——如何实现入学机会均等与教育起点公平[J].中国教育学刊,2017(7):57－62.

[151]吴楠.从权利平等到机会平等——农民工随迁子女教育公平的轨迹[J].法制博览,2018(18):115.

[152]徐丽敏.农民工随迁子女社会融入中的教育困境及对策研究[J].郑州大学学报(哲学社会科学版),2015,48(6):42－45.

[153]赵丽.农民工随迁子女城市融入问题研究——以哈尔滨市为例[J].上海城市管理,2019,28(1):80－83.

[154]陈国华.农民工随迁子女的教育融入——起点、过程与结果[J].中国青年研究,2017(6):101－106.

[155]王春超,张呈磊.子女随迁与农民工的城市融入感[J].社会学研究,2017(2):199－224.

[156]周鹏.随迁农民工子女权利贫困与融合教育[J].教育评论,2016(2):47－50.

[157]陈永光.农民工随迁子女教育权利保障策略研究[J].前沿,2012(6):115－116.

[158]赵蒙成.从施舍到赋权:农民工子女教育权利济贫的理念与方略[J].徐州工程学院学报(社会科学版),2014(4):99－102.

[159]王慧,梁雯娟.农民工随迁子女义务教育政策的变迁及走向[J].天津市教科院学报,2014(2):25－28.

[160]李超,万海远,田志磊.为教育而流动——随迁子女教育政策改革对农民工流动的影响[J].财贸经济,2018,39(1):132－146.

[161]郑琦.美国流动儿童教育保障体系的历史演进[J].外国教育研究,2017,44(1):76－88.

[162]尚伟伟.美国流动儿童学校教育支持体系的构建及其启示[J].教育科学,2017(6):85－91.

[163]张绘,郭菲.美国流动儿童教育管理和教育财政问题及应对措施[J].比较教育研究,2011,33(8):20－25.

[164]周国华,肖玲.印度、以色列和美国流动儿童教育政策的理论基础及其启示[J].外国中小学教育,2015(7):36－40.

[165]萧然.日本流动儿童的教育融入问题及其解决措施[J].现代中小学教育,2016,32(9):120－124.

[166]王春光.新生代农村流动人口的社会认同与城乡融合的关系[J].社会学研究,2001,16(3):63－76.

[167]罗霞,王春光.新生代农村流动人口外出动因与行为选择[J].浙江社会科学,2003(1):111－115.

[168]江立华.城市性与农民工的城市适应[J].社会科学研究,2003(5):92－96.

[169]郑欣.新生代农民工城市适应——基于传播学的视角[J].南京社会科学,2011(3):71－77.

[170]张保林.论新生代农民工城市适应:广义文化系统演化视角的探索[J].理论与改革,2014(1):114－117.

[171]李贵成.新生代农民工市民化与社会资本重构[J].内蒙古社会科学(汉文版),2016,37(5):20－25.

[172]李振刚.新生代农民工文化资本对社会融合影响的实证研究[J].社会发展研究,2017(4):85－104.

[173]聂洪辉.新生代农民工创业与城市适应研究[J].福建行政学院学报,2014(2):74－77.

[174]杨明伟.社区教育视角下新市民的身份认同与城市适应问题思考[J].教育现代化,2018,5(4):288－289.

[175]姚永丽.新生代农民工市民化的思想困境及出路探析[J].学理论,2017(4):95－96.

[176]许佳佳.新生代农民工城市融入的心理困境与突破路径[J].农业经济,2019(4):58－60.

[177]于学江,王宝海.新生代农民工走出双重边缘化的对策[J].农业经济,2013(8):103－104.

[178]国务院发展研究中心课题组.农民工市民化:制度创新与顶层政策设计[M].中国发展出版社,2011.

[179]郭星华,姜华.农民工城市适应研究的几种理论视角[J].探索与争鸣,2009(1):61－65.

[180]赵立新.社会资本与农民工市民化[J].社会主义研究,2006(4):48－51.

[181]邓秀华,丁少洪.新生代农民工城市融入与城市和谐社区建设[J].青年探索,2010(3):16－23.

[182]Mark Granovetter, *Getting a Job: A Study of Contracts and Careers*, Cambridge: Harvard University Press, 1974.

[183]Mark Granovetter , Richard Swedberg, ed., *The Sociology of Economic Life*, Boulder: Westview Press, 1992.

[184]J.B.Boeke, *Economics and Economic Policy of dual Societies as Exemplified by Indonesia*, New York: Institute of Pacific Relations, 1953.

[185]K.E.Boulding, *The Economy of Love and Fear*,Belmont,California,1973.

[186]T.W. Schultz, *Transforming Traditional Agriculture*, New Haven: Yale University Press, 1964.

[187]S.Popkin, *The Rational Peasant: The Political Economy of Rural Society in Vietnam*, Berkeley: University of California Press, 1979.

[188]Nan Lin, *Social Capital:A Theory of Social Structure and Action*, Cambridge: Cambridge University Press, 2001.

[189] H. Silver, "Reconceptualizing social disadvantage: Three paradigms of social exclusion. In Gerry Rodgers", Charles Gore and José B. Figueiredo (eds.). Social Exclusion: Rhetoric, reality and responses. International Labour Organization (International Institute of labour Studies).